中国象棋经典布局系列

中炮进七兵对反宫马

朱宝位　刘海亭　编著

时代出版传媒股份有限公司
安徽科学技术出版社

图书在版编目(CIP)数据

中炮进七兵对反宫马 / 朱宝位,刘海亭编著. --合肥:安徽科学技术出版社,2019.1
(中国象棋经典布局系列)
ISBN 978-7-5337-7442-4

Ⅰ.①中… Ⅱ.①朱…②刘… Ⅲ.①中国象棋-布局(棋类运动) Ⅳ.①G891.2

中国版本图书馆 CIP 数据核字(2018)第 000301 号

中炮进七兵对反宫马　　朱宝位　刘海亭　编著

出 版 人:丁凌云　　选题策划:刘三珊　　责任编辑:刘三珊
责任校对:沙　莹　　责任印制:廖小青　　封面设计:吕宜昌
出版发行:时代出版传媒股份有限公司　http://www.press-mart.com
安徽科学技术出版社　http://www.ahstp.net
(合肥市政务文化新区翡翠路 1118 号出版传媒广场,邮编:230071)
电话:(0551)63533330
印　　制:三河市人民印务有限公司　　电话:(0316)3650588
(如发现印装质量问题,影响阅读,请与印刷厂商联系调换)

开本:710×1010　1/16　　印张:14.75　　字数:265 千
版次:2019 年 1 月第 1 版　　2019 年 1 月第 1 次印刷

ISBN 978-7-5337-7442-4　　定价:28.50 元

版权所有,侵权必究

前　　言

反宫马俗称“夹炮屏风”，也是应对中炮进攻的一大体系，一度曾被视之为“偏局”而被棋手们所冷落。20 世纪 60 年代中期，上海胡荣华在全国大赛中重新尝试使用反宫马应战中炮，结果收效颇佳，其后一个时期甚为流行。中炮进七兵对反宫马也是中炮对反宫马布局中常见的一种布局阵势。主要包括五六炮正马对反宫马、五八炮进七兵对反宫马、中炮巡河炮对反宫马、中炮进七兵过河车对反宫马等变例。中炮进七兵对反宫马这一布局的特点是出子行棋的步调较快，重点是利用左翼子力出动较快的特点，控制黑方右翼，并且施加一定的压力。

本书专门介绍和阐述中炮进七兵对反宫马的各种局式、变化及其攻防战略。全书共分六章 93 局，最后附有实战对局，选例 20 局，以供读者在阅读研究时与本书理论部分的内容互相印证，随着实战经验的积累，不断提高这种布局的技战术水平。

限于笔者水平，书中不妥之处在所难免，希望得到棋界同好的批评、指正。

编著者

目录

第一章　五六炮正马对反宫马

五六炮正马对反宫马，是中炮对反宫马布局中最常见的一种布局阵势，自20世纪80年代开始在全国象棋大赛中流行，至今方兴未艾，现已发展成为庞大的布局体系。红方平仕角炮的优点是两翼子力均衡发展，子力结构比较紧密，稳中求变，且先手较易掌握；不足之处是左车的出路不宽，整体来说是一种比较稳健的攻法。本章列举了35局典型局例，分别介绍这一布局中双方的攻防变化。

第一节　黑补右士变例

第1局　红跃马河口对黑补右士(一)

1.炮二平五　马2进3　2.马二进三　炮8平6
3.车一平二　马8进7　4.炮八平六　…………

红方平仕角炮，是稳步进取的走法。

4.…………　车1平2　5.马八进七　炮2平1

黑方平炮亮车，对红方左翼有所牵制，是常见的走法。

6.兵七进一　卒7进1

黑方进7卒，是比较稳健的走法。

7.马七进六　…………

红方跃马河口，占据要道。

7.…………　士4进5

黑方上右士，预先为右马留出退路，也属正常应法。

8.车九进二　…………

红方高左车，疏通左翼子力。

8.…………　车9平8

黑方邀兑左车，正着。如改走象3进5，则车二进六；车9平8，车二平三；车8进2(如马7退9，则马六进五；车8进3，炮六进四；车8平7，炮六平三；马3进5，炮五进四，红方多兵占优)，车九平八；车2进7，炮五平八；炮1进4，马六进

四,红优。

9. 车二进九　马 7 退 8　　10. 车九平七　马 8 进 7

11. 车七进一　…………

红方高车兵线,是含蓄、待变的走法。如改走兵七进一,则卒 3 进 1;车七进三,象 7 进 5;车七进一,车 2 进 2;马六进五,马 3 进 5;炮五进四,车 2 平 3,黑方足可抗衡。

11. …………　象 7 进 5　　12. 兵五进一　车 2 进 4(图 1)

黑如改走炮 6 进 1,红则车七平四;炮 6 平 8(如炮 6 平 7,则相三进一;车 2 进 4,兵五进一;卒 5 进 1,车四进三;炮 7 进 3,马六进七;卒 5 进 1,马七进九;车 2 退 2,兵七进一;车 2 平 1,兵七进一;马 3 退 1,车四退三;马 7 进 8,炮六进四;象 5 退 7,仕四进五,红优),兵五进一;车 2 进 5,马六进五;马 7 进 5,兵五进一;车 2 平 3,车四平五;象 5 退 7,兵五平四;炮 8 退 1,仕四进五;炮 8 平 5,车五平八;炮 5 进 2,马三进五;炮 5 进 3,相三进五;车 3 平 5,炮六平七;马 3 退 1,马五进七;炮 1 平 9,马七进六;车 5 平 4,马六进七;车 4 退 4,车八进五,红方得子占优。

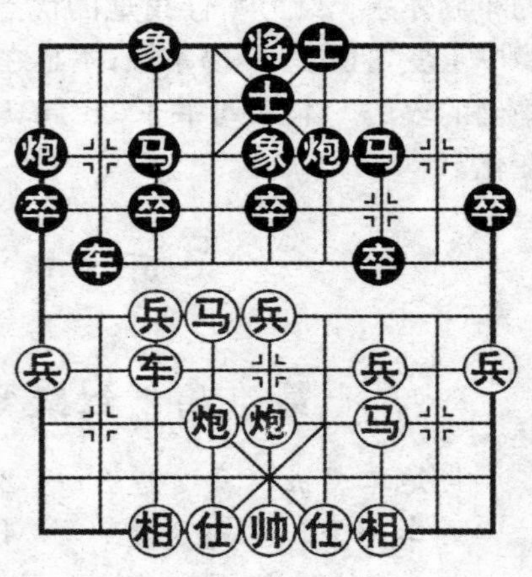

图 1

如图 1 形势下,红方有两种走法:马六进五和兵五进一。现分述如下。

第一种走法:马六进五

13. 马六进五　…………

红方马踏中卒,捞取实惠。

13. …………　马 3 进 5　　14. 炮五进四　炮 6 进 1

15. 炮六平五　炮 6 平 7　　16. 相三进一　卒 1 进 1

17. 仕六进五　…………

红如改走车七平六,黑则卒 9 进 1;仕六进五,马 7 进 5;炮五进四,炮 1 进 1;炮五退一,红方略优。

17. …………　炮 7 平 8　　18. 前炮退一　车 2 平 4

19. 兵三进一　卒 7 进 1　　20. 相一进三　炮 8 平 5

黑可抗衡。

第二种走法:兵五进一

13.兵五进一　…………

红方冲中兵展开攻势,正着。

13.…………　卒5进1

黑方另有两种走法:

①车2平5,马三进五;车5平2,炮六平七;车2平1,兵九进一;车1进1,兵三进一;卒7进1,马五进三;车1进1,车七平五;车1平5,马三退五,红方先手。

②炮6进3,兵五平六;马7进6,兵七进一;炮6平5,仕四进五;车2进1,马六进八;马3退2,马八进九;马2进1,车七平四;马6进4,车四平六;马4进2,车六平七;卒3进1,兵六平七,红优。

14.马六进七　炮6进3

黑方进炮,伏平中叫将的消势手段,是必走之着。如改走卒5进1,则马七进九;车2退2,兵七进一;炮6进3,炮五退一,红方易走。

15.马七进九　…………

红方换炮,是稳健的走法。如改走炮六平七,则炮6平5;仕四进五,马3进5;帅五平四,炮1平3;车七平四,炮3进3;相七进九,炮3平2;车四平七,炮2进4;相九退七,车2平4;炮五进三,炮2退5;炮七平五,炮2平5;炮五进三,车4平3;车七进二,马5进3;相三进五,双方均势。

15.…………　炮6平5　　16.车七平五　…………

红方平中车兑炮,正着。

16.…………　象3进1

黑方以象飞马,正着。如误走马7进6,则马九进七;将5平4,炮五进二;马6进5,炮五平六,红方速胜。

17.炮五进二　卒5进1　　18.车五进一

红方稍优。

第2局　红跃马河口对黑补右士(二)

1.炮二平五　马2进3　　2.马二进三　炮8平6

3.车一平二　马8进7　　4.炮八平六　车1平2

5.马八进七　炮2平1　　6.兵七进一　卒7进1

7.马七进六　士4进5　　8.车二进六　…………

红方进过河车，准备压马取势，是力争主动的走法。

8. ………… 车9平8 9. 车二平三 …………

红方平车压马，保持变化。如改走车二进三兑车，则马7退8；马六进五，马3进5；炮五进四，象3进5；兵五进一，马8进7；车九进一，车2进4；车九平七，炮6进1；炮六平五，炮6平7；相三进一，炮1进4，黑可对抗。

9. ………… 炮6退1 10. 马六进七 …………

红马踩卒，试探黑方应手。

10. ………… 车2进3

黑方高车捉马，正着。如误走炮6平7，则马七进九；炮7进2，马九进七；将5平4，炮六进一；车2进7，车九进二；车2平5，相七进五，红方大占优势。

11. 兵七进一 …………

红如改走炮六平七，黑则炮6平7；车三平四，车8进5；马七退五，马3进4，黑方易走。

11. ………… 炮6平7 12. 车三平四 …………

红如改走炮六进四，黑则车2进4；车三平四，炮1退1；车九进二，车2进2；车九平七，车8进8；兵五进一，马7进8；炮五进四，马3进5；车四平五，象3进5；车五平二，卒7进1；兵三进一，炮1进5；车七平九，炮1平7；马三进五，前炮平8；车二退一，炮7进8；仕四进五，车8进1，黑方弃子有攻势。

12. ………… 炮1退1(图2)

如图2形势下，红方有两种走法：马七退五和车九进二。现分述如下。

第一种走法：马七退五

13. 马七退五 车2进2

14. 兵七进一 …………

红如改走炮六平七，黑则马3退2；马五退四，车2平3，黑方反先。

14. ………… 马3退4

15. 马五退六 车2进1

黑应改走车2平3，红如接走兵五进一，黑则车8进6，黑优。

16. 马六进七 车2平3

17. 马七进五 车3退3

18. 车四进一 …………

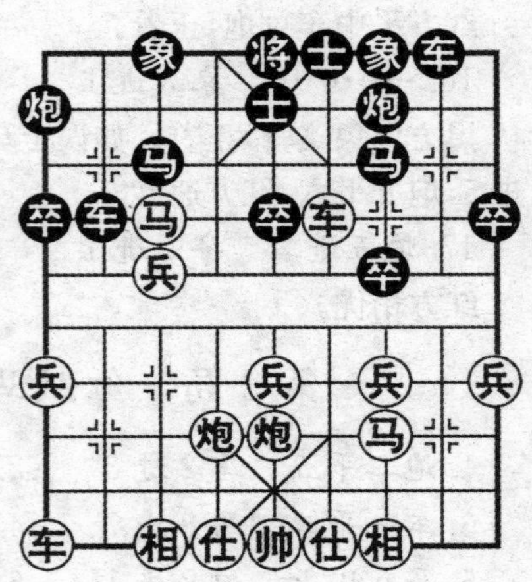

图2

红方献车，是争先之着。

18. …………　车3平5

黑方平车吃马，正着。如改走士5进6吃车，则马五进六；士6退5，马六退七，红优。

19. 车四平三　车5平4　20. 炮六进七　将5平4

21. 仕六进五　象7进5　22. 车九平八　车8进3

23. 炮五平六　将4平5　24. 相七进五

红方略优。

第二种走法：车九进二

13. 车九进二　象7进5

黑方飞左象巩固阵势，是稳健的走法。这里，另有两种走法：

①卒7进1，兵三进一；车8进4，马七退五；车2进2，马五退六；车2进1，马三进四；炮1进5，炮五平三，红优。

②炮1平3，车九平八；炮3进2，兵七进一；车2平3，车四进二；炮7平8，车八平七；车3进4，炮五平七；马3进4，红方稍好。

14. 车九平八　…………

红如改走马七退五，黑则车2进2；兵七进一，马3退4；马五退六，车2进1；马六退八，车8进5，黑优。

14. …………　车2进4　15. 炮五平八　卒7进1

16. 炮八进五　…………

红如改走兵三进一，黑则车8进4，黑方易走。

16. …………　马7进8

正着。如改走卒7进1，则马七进五；象3进5，炮八平五；士5退4，炮六进五（如车四进二，则马7进6，黑方易走）；马7进8，车四平三；车8进1，马三退五，红方弃子有攻势。

17. 车四退一　…………

红方退车，势在必行。如改走车四平三，则马8进6（如象5进3，则兵三进一，红方占先手）；车三退二，马6进7；马七进五，象3进5；炮八平五，士5退4；车三进四，车8进2，黑方多子占优。

17. …………　卒7进1　18. 马三退五　马8退7

19. 车四进一　车8进4　20. 马七进五　象3进5

21. 炮八平五　士5退4　22. 车四进二　马7进6

23. 车四平三　马6退5　　24. 车三退一　车8平3
25. 车三平五　士4进5　　26. 车五平三　炮1进5

黑方虽少双象,但多卒且子力占位好,易走。

第3局　红跃马河口对黑补右士(三)

1. 炮二平五　马2进3　　2. 马二进三　炮8平6
3. 车一平二　马8进7　　4. 炮八平六　车1平2
5. 马八进七　炮2平1　　6. 兵七进一　卒7进1
7. 马七进六　士4进5　　8. 车二进六　车9平8
9. 车二平三　炮6退1　　10. 车九进二　…………

红方高边车,是稳健的走法。

10. …………　炮6平7　　11. 车三平四(图3)　…………

如图3形势下,黑方有四种走法:炮1退1、车8进5、象7进5和车8进8。现分述如下。

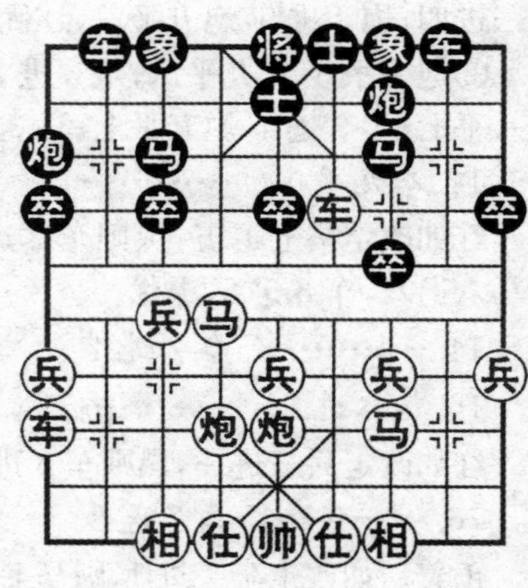

图3

第一种走法:炮1退1

11. …………　炮1退1
12. 车九平八　车2进7

红方兑车变换阵势,是后手争先的走法。

13. 炮五平八　车8进5
14. 炮八进二　象3进5

黑如改走卒3进1,红则马六进五;车8平3,马五进七;车3平2,马七进九;炮7平1,车四平三,红方主动。

15. 相七进五　…………

红如改走马六进五,黑则车8平3;马五进七,车3平2;车四平九,车2退3,黑不难走。

15. …………　车8进3　　16. 仕六进五　马7进8
17. 车四平三　车8平6　　18. 炮八退三　车6退3
19. 兵三进一　…………

红方不逃马而进兵欺车,是巧妙之着。黑不能接走车6平4吃马,因红伏

有炮八平六打死车的手段。

19. …………　车6退3　20. 兵三进一　马8退9

黑如改走炮7进3，红则马六进五，红方多兵占优。

21. 车三平二　象5进7　22. 炮八进六　…………

红方进炮捉车，是争先佳着。

22. …………　马3退2　23. 炮八退一　马2进3

24. 马六进五

红方多兵易走。

第二种走法：车8进5

11. …………　车8进5　12. 兵三进一　车8退1

13. 马三进四　卒7进1

黑如改走卒3进1，红则马四进五；马3进5，马六进五，红方主动。

14. 马四进六　马3退4　15. 炮五平三　象7进5

16. 相三进五　车8平5　17. 前马退八　马7进8

18. 车四平三　炮1退1

黑如改走马8退9，红则车三退二；炮7进6，炮六平三；车5进2，马八进七；车2进3，红方易走。

19. 马八进七　车5进2　20. 马六进四　车5平4

21. 马四进二　炮7平6　22. 车三退二

红方优势。

第三种走法：象7进5

11. …………　象7进5　12. 马六进七　…………

红如改走车九平八，黑则车2进7；炮五平八，也是红方先手。

12. …………　车8进5　13. 兵七进一　…………

红如改走兵三进一，黑则车8退1；炮六平七，卒7进1；马七进九，车2进2；车四进二，炮7退1；车四平三，车8平7；车九平八，车2平1；炮七退一，双方各有顾忌。

13. …………　车8平3　14. 车九平七　车2进5

15. 相七进九　车3进2　16. 炮五平七　象5进3

17. 马七进九　象3退1　18. 车四进二　车2平4

19. 仕四进五　炮7平9　20. 车四平三　车4退3

21. 炮七进二

红方优势。

第四种走法:车8进8

11.………… 车8进8

黑方进车红方下二路,是改进后的走法。

12.炮六平七 车8平4 13.马六进七 炮1退1

14.车九平八 …………

红平车邀兑正确,否则黑有车2进9破相的手段。

14.………… 车2进7 15.炮五平八 车4平2

黑方平车捉炮,防止红方炮八进五骚扰,是稳健的走法。

16.炮八平九 炮1平3 17.相三进五 车2退1

18.马三退五 …………

红如改走马七退六,黑则马3进4;车四平二,炮3平4;兵七进一,炮4进4;兵七平六,车2平3;车二进二,炮4进3,黑方反先。

18.………… 炮3进2

黑炮兑马嫌软,应以改走车2退1为宜。

19.炮七进四 象7进5 20.马五进七 马7进8

21.仕四进五 马8进7 22.马七进六 卒9进1

23.兵七进一 …………

红兵乘机渡河,其势渐盛。

23.………… 车2退2 24.马六进八 马3退1

25.炮七平六

红方优势。

第二节 黑补左士变例

第4局 黑补左士对红右车过河(一)

1.炮二平五 马2进3 2.马二进三 炮8平6

3.车一平二 马8进7 4.炮八平六 车1平2

5.马八进七 炮2平1 6.兵七进一 卒7进1

7.马七进六 士6进5

黑方补左士,使主将免受红方六路炮的牵制,是比较流行的走法。

8.车二进六 …………

红方右车过河,准备平车压马,展开攻击。

8. ………… 　车 9 平 8

黑方兑车，正着。

9. 车二平三　炮 6 退 1　　10. 马六进七　…………

红如改走车九进二，黑则炮 6 平 7；车三平四，象 7 进 5；车九平八，车 2 进 7；炮五平八，车 8 平 6；车四进三，士 5 退 6；炮六平七，马 7 进 8；相三进五，马 8 进 7；炮七进四，马 7 进 9；帅五进一，炮 1 进 4；马三进四（如兵七进一，则炮 7 进 6；炮八平三，炮 1 平 9，黑可抗衡），马 9 进 7；炮八退一，红方略优。

10. ………… 　车 2 进 3

黑方高车捉马，是必走之着。如改走炮 6 平 7，则马七进九；炮 7 进 2，马九进八；马 3 退 2，车九平八；马 2 进 1，车八进七；象 7 进 5，炮六进六，红方大占优势。

11. 兵七进一　炮 6 平 7　　12. 车三平四　炮 1 退 1

13. 马七退五　…………

红方退马，准备冲兵捉双。如改走车九进二，则炮 1 平 3；车九平七（如车九平八，则车 2 进 4；炮五平八，卒 7 进 1；兵三进 1，车 8 进 4，黑优），象 7 进 5，黑方反先。

13. ………… 　车 2 进 2

黑方进车骑河，防止红方中马退至相位，正着。如改走车 2 进 3，则兵七进一；马 3 退 2（如卒 5 进 1，则兵七进一，红方稍优），马五退七，红优。

14. 炮六平七（图 4）　…………

红方平炮攻马，是寻求变化的走法。如改走兵七进一，则马 3 退 2；马五退六，车 2 进 1；马六进七，车 2 平 3；马七进五，车 3 退 3，黑不难走。

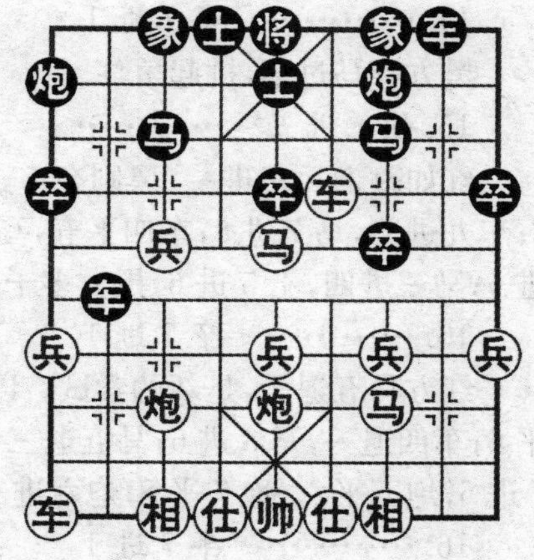

图 4

如图 4 形势下，黑方有两种走法：卒 5 进 1 和卒 7 进 1。现分述如下。

第一种走法：卒 5 进 1

14. ………… 　卒 5 进 1

15. 炮七进五　卒 7 进 1

黑如改走马 7 进 8，红则炮五进三；象 7 进 5，车四平三；马 8 进 7，车九进二（如车三退一，则车 8 进 4）；车 8 平 6，车九平六；车 6 进 4，炮五进一；车 2 平 6，炮七平八；炮1平2，兵七平六；后车退1，车三平四；车6退2，兵六平五；卒7进1，炮八退四；卒9进1，仕四进五；卒1进1，相七进五；卒7平8，车六进二；车6平8，炮八平三；炮7进6，炮三进二，红优。

16. 炮五进三　象7进5　17. 炮七平三　卒7进1
18. 马三退五　车2平7　19. 炮三平一　车8平6
20. 车四进三　将5平6　21. 车九进二　车7平6
22. 马五进三　炮7进6　23. 仕六进五　象5进3
24. 炮一平八　车6进1　25. 兵五进一　炮1进5
26. 炮八退六　象3退5　27. 炮八平九　炮1平2
28. 车九进四　炮2进3　29. 相七进五　车6平3
30. 车九平八　炮2平1　31. 炮九平六　车3进3
32. 炮六退一　车3退6　33. 车八退六　炮1退3
34. 车八进三　炮1进3　35. 炮六进四　车3进6
36. 炮六退四　车3退3　37. 车八进三

和势。

第二种走法：卒7进1

14. …………　卒7进1

黑方弃马过卒，挑起争斗。

15. 炮七进五　…………

红如改走兵三进一，黑则卒5进1；炮七进五，车2平7；炮五进三，象7进5；车九进二，马7进8；车四平五，马8进6；车五进一，将5平6；车九平四，象3进5；马三进四，士5进6，黑方多子占优。

15. …………　卒7进1　16. 马五退七　…………

红方马五退七，是新的尝试。以往多走马三退五，马7进8；车四退一，车2平6；车四退一，马8进6；马五退三，车8进4；车九进二，车8平7；相三进一，象7进5；炮五平六，炮7平8；炮六进二，红方多子易走。

16. …………　卒7进1　17. 炮五平七　马7进8
18. 车四平三　马8进6　19. 车三退二　车8进8

黑方进车下二路，是取势要着。

20. 仕四进五　…………

红如相三进五，黑则马6进4；马七退六，车2平7；相五进三，车8退2，黑优。

20. …………　马6进4　21. 车九进一　卒7平6

22. 兵七平八　象 7 进 5　　23. 车九平六　车 8 进 1
24. 车六进二　炮 7 进 8　　25. 仕五进四　炮 7 退 3
26. 帅五进一　炮 7 平 4

黑方大占优势。

第 5 局　黑补左士对红右车过河(二)

1. 炮二平五　马 2 进 3　　2. 马二进三　炮 8 平 6
3. 车一平二　马 8 进 7　　4. 炮八平六　车 1 平 2
5. 马八进七　炮 2 平 1　　6. 兵七进一　卒 7 进 1
7. 马七进六　士 6 进 5　　8. 车二进六　车 9 平 8
9. 车二平三　炮 6 退 1　　10. 马六进七　车 2 进 3

11. 炮六平七(图 5)　…………

红方平边炮，着法含蓄有力。

如图 5 形势下，黑方有两种走法：车 8 进 5 和炮 6 平 7。现分述如下。

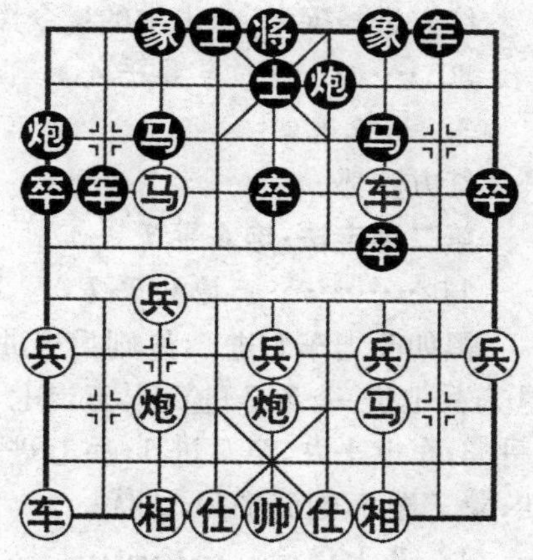

图 5

第一种走法：车 8 进 5

11. …………　车 8 进 5
12. 兵三进一　车 8 平 7

黑如改走车 8 进 3，红则兵三进一；炮 6 平 7，车三平四；炮 7 进 3，马三进四；车 8 平 4，车四平三，红方易走。

13. 马七退五　…………

红方退马，是取势要着。

13. …………　炮 6 平 7

黑如改走车 7 平 4，红则炮七进五；车 2 平 4，仕四进五；卒 5 进 1，炮五进三；后车平 5，车三平五；马 7 进 5，车九平八；车 4 平 3，车八进六；车 3 退 3，车八平五；将 5 平 6，马三进二，红优。

14. 车三平四　…………

红方平肋车，是改进后的走法。如改走车三平二，则车 7 进 1；车九进一，士 5 退 6；兵七进一，马 3 退 1；车九平六，象 3 进 5，局面混乱，双方可战。

14. …………　车 7 进 1　　15. 兵七进一　…………

红方七兵渡河，其势愈盛。

15. …………　马 3 退 1　　16. 车九进一　车 2 进 2

黑方以改走象7进5为宜。

17. 车四进二　炮7平9　18. 马五进七　炮1平3

19. 车四平三　象3进5　20. 马七进五　象7进5

红方马踏中象，凶猛有力，摧毁了黑方屏障，并由此展开攻击。

21. 炮七进五　马1进3　22. 车三退一　车2平3

23. 车九平四　炮9退1　24. 马三退一　炮9平6

25. 车三平五　车3退1　26. 炮五平二　…………

红方平炮闪击，使黑方猝不及防，是取胜的佳着！

26. …………　卒7进1　27. 炮二进七　炮6进5

28. 车五平三　车7平5　29. 仕四进五　车3平8

30. 马一进三　…………

红方进马捉车，一击中的！令黑方难以应付。

30. …………　车5平4　31. 车三进二　士5退6

32. 马三进四

红方胜势。

第二种走法：炮6平7

11. …………　炮6平7　12. 车三平四　马7进8

黑如改走车8进5，红则兵三进一；车8退1，兵三进一（如马七退五，则车2退1；兵七进一，象7进5；马五退七，车2进3；相七进九，炮1进4；车九平七，炮1平3；车七平九，卒7进1；兵七进一，马3退2，黑方易走）；车8平7，马三进四；象7进5，炮五平三，红优。

13. 马七退六　…………

红如改走车四退二，黑则炮7进5；相三进一，炮7平1，双方互缠。

13. …………　卒7进1　14. 车四平五　车2平5

15. 炮五进四　象7进5　16. 炮七进五　卒7进1

17. 马三退一　马8进9　18. 车九进一　马9进8

19. 车九平四　炮7进8　20. 仕四进五　炮7平9

21. 马六进四　马8退9　22. 仕五进六　车8进8

23. 车四平二　马9进8　24. 马四进二　将5平6

25. 炮五平四　将6平5　26. 炮七退一　士5进6

27. 马二进三　将5进1　28. 炮四平二

红方优势。

第6局　黑补左士对红右车过河(三)

1. 炮二平五　马2进3　2. 马二进三　炮8平6
3. 车一平二　马8进7　4. 炮八平六　车1平2
5. 马八进七　炮2平1　6. 兵七进一　卒7进1
7. 马七进六　士6进5　8. 车二进六　象7进5

黑方补象固防，静观其变。

9. 车九进二　…………

红方高九路车，是缓步进取的走法。

9. …………　车9平7

黑方平车保马，预先作防范。除此之外，还有两种方法：

①车9平8，车二平三；车8进2(如车8进5，则兵三进一；车8平7，马六进四；马7退6，车九平七；车2进4，相三进一；车7进2，兵七进一；车7平5，相七进五；象5进3，车七进一；象3退5，马四退六；车2进3，车七退一；车2平3，马六退七；卒3进1，车三平一，红优)，马六进四；马7退6，车九平八；车2进7，炮五平八，红方先手。

②车2进4，车二平三；车9平7，车九平八；车2进3，炮五平八；炮1进4，马六进四；马7退9(如马7退6，则马四进六；炮1平4，车三平四，黑方难应)，车三平一；马9进7，马四进六；炮1平4(如马7进9，则马六进七；将5平6，炮六平四；炮6进7，炮四退一，红重炮杀)，车一平四，红方主动。

10. 车二平三　…………

红方平车压马，是改进后的走法。除此之外，还有两种走法：

①车九平八，车2进7；炮五平八，炮1进4；炮八进一，卒1进1，黑可抗衡。

②炮六平七，车2进4；炮七进四(如马六进七，则马7进6，红无便宜)，卒1进1；车九平七，车2平4；车二退二，马7进6；马六进四，车4平6；炮五平六，炮1进4；车七进一，炮1退1；兵七进一，炮6平7；相三进五，炮7进4；车七退一，卒7进1；车二平三，车7进5；相五进三，马3进1，黑方反先。

10. …………　马7退6　11. 车三进三　象5退7

12. 炮六平七　…………

红方平七路炮来威胁黑方右翼，是保持变化的走法。如改走马六进五，则马3进5；炮五进四，象7进5，局势趋向简化。

12. …………　象7进5

黑方补象,正着。如改走车 2 进 5,则炮五退一;象 7 进 5,马六进七;车 2 进 3,兵五进一;炮 1 退 1,兵五进一;炮 1 平 3,马三进五;炮 3 进 2,炮七进四;卒 5 进 1,炮五进四;马 3 进 5,马五进六,红优。

13. 车九平八 …………

红方兑车,是后中先的走法,也是这一布局变例常用的战术手段。

13. ………… 车 2 进 7 14. 炮五平八 炮 1 进 4

15. 炮七进四 马 6 进 7 16. 兵七进一 卒 1 进 1

17. 炮八进五(图 6) …………

红方进炮管马,是上一着兵七进一的续进手段,目的是通过对黑方右翼的封锁、压制来扩大主动权。

如图 6 形势下,黑方有两种走法:炮 1 平 7 和卒 1 进 1。现分述如下。

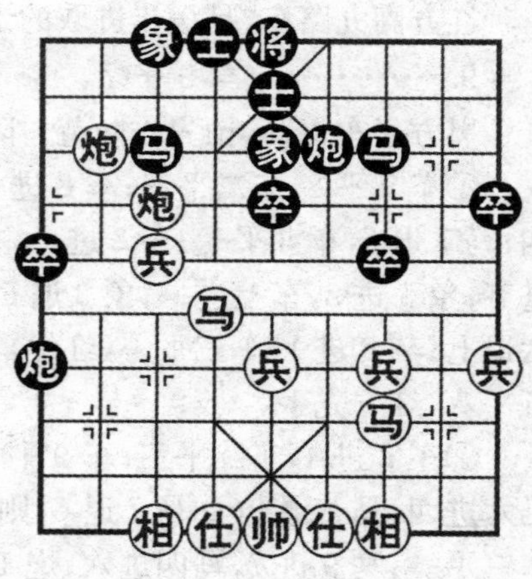

图 6

第一种走法:炮 1 平 7

17. ………… 炮 1 平 7

18. 相三进五 卒 1 进 1

19. 仕四进五 …………

红方补仕,巩固阵形。如改走兵一进一,则卒 7 进 1;相五进三,马 7 进 8;马六进四,炮 6 退 1;兵七平六,马 8 进 6;兵五进一,士 5 进 6;马四退二,马 6 进 7;马二退三,炮 7 平 2;相三退五,炮 6 平 9;马三进二,炮 9 进 4;马二进四,炮 9 平 6;兵六进一,士 6 退 5;仕四进五,卒 1 平 2;炮八退四,卒 2 进 1;炮七平八,双方再兑一炮后,形成马炮双兵对马炮三卒的残棋,红虽不多兵,但马炮兵占位极佳,仍占有较大攻势。

19. ………… 炮 6 退 1 20. 炮七平六 炮 6 平 9

21. 兵七进一 马 3 退 2 22. 炮八平三 …………

红炮兑马,以利谋取中卒,是简明实惠的走法。

22. ………… 炮 7 退 4 23. 马三进四 卒 5 进 1

24. 马四进三 卒 9 进 1 25. 马三退一 炮 9 进 5

26. 马一进三 炮 9 退 5 27. 马三退五

红方优势。

第二种走法:卒1进1

17. ………… 卒1进1　18. 炮七平六 …………

红方平炮,准备兵七进一欺马,却忽略了黑方跃马先弃后取的手段。这里以改走兵七平六为佳。

18. ………… 马3进4

黑方虎口献马,伏有先弃后取的手段,是摆脱红方牵制的巧妙之着!

19. 炮八平四　马4进6　20. 马六进四　马6进7
21. 马四进三　炮1平7　22. 马三进一　炮7进3
23. 仕四进五　士5进6

黑方谋得一相,已呈反先之势。

第7局　黑补左士对红右车过河(四)

1. 炮二平五　马2进3　2. 马二进三　炮8平6
3. 车一平二　马8进7　4. 炮八平六　车1平2
5. 马八进七　炮2平1　6. 兵七进一　卒7进1
7. 马七进六　士6进5　8. 车二进六　象7进5
9. 车九进二　车9平7　10. 车二平三　马7退9
11. 车三平一　马9进7　12. 车一平三　马7退9
13. 车三进三　马9退7　14. 炮六平七 …………

红方平炮牵制黑方3路线,是保持变化的走法。如改走马六进五,则马3进5;炮五进四,局势趋向简化。

14. ………… 车2进5

黑车骑河,是力争主动的走法。

15. 马六进七 …………

红如改走马六进四,黑则炮6进1;车九平八,车2进2;炮五平八,炮1进4,双方均势。

15. ………… 车2平3　16. 炮五退一　炮6进5
17. 炮五平七　炮6平1　18. 后炮进三　前炮平7
19. 前炮进三　炮1进4　20. 后炮平五　炮1平7
21. 相三进一　前炮平8　22. 炮五进四(图7) …………

双方经过一番拼杀,形成双炮马兵对双炮马卒的残棋,红有中兵,仍占主动。

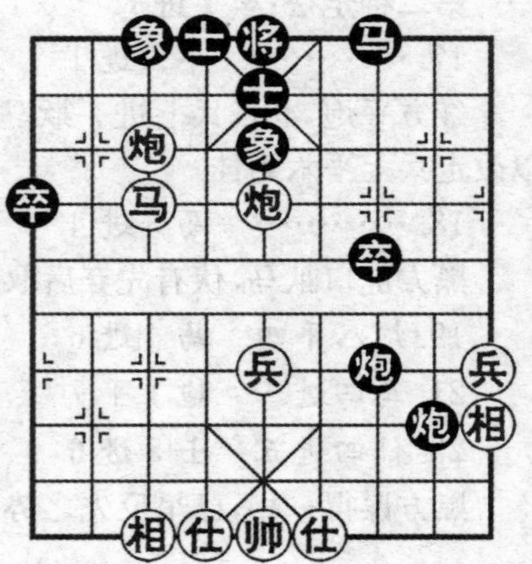

图7

如图7形势下，黑方有两种走法：炮8进2和将5平6。现分述如下。

第一种走法：炮8进2

22. ………… 炮8进2

23. 帅五进一 炮8退7

黑方退炮兑炮，是力求稳健的走法。如改走炮8退3捉兵，则兵五进一；炮7平9，炮五平九；卒7进1，炮九进三，也是红优。

24. 炮七平二 马7进8

25. 炮五平九 炮7平8

黑可考虑改走炮7平6，红如兵五进一，黑则炮6退3；炮九进三，象5退7，以后再炮6平9，下伏马8进6谋和取红方边兵的手段，这样要比实战走法好。

26. 相七进五 马8退7　27. 兵一进一 炮8进3

28. 兵一进一 炮8平4　29. 兵五进一 马7进6

30. 兵五进一 炮4退2　31. 兵五平四 炮4平9

32. 兵四进一 马6进8

黑如改走马6退7，红则兵一平二；炮9退4，兵二进一，黑方亦难守和。

33. 马七进五 …………

红方舍马硬踏黑方中象，伏有先弃后取的手段，已算准交换后可以演变成炮双兵单仕相胜炮单卒缺象的残棋，是简明有力的走法。

33. ………… 象3进5　34. 炮九平二

红方优势。

第二种走法：将5平6

22. ………… 将5平6

黑方将5平6，是改进后的走法。

23. 兵一进一 …………

红如改走炮七进一，黑则炮8进2；相一退三，卒7进1；炮五平九，卒7平6；马七退八，炮8退7；炮七退六，将6平5；马八进六，炮8进4；兵一进一，马7进6；炮九退一，卒6进1；兵五进一，炮8退5；兵一进一，红方多兵占优。

23. ………… 炮8退1　24. 马七退五 马7进9

25. 兵一进一　马9进8　　26. 炮七退三　马8进6

27. 炮五平四　将6平5　　28. 炮七平五　象5进3

29. 炮四平五　象3退5　　30. 前炮平六　象5退7

31. 炮六平五　象7进5　　32. 前炮平八　象5进3

33. 炮八退一　炮8平5　　34. 马五进四　士5进6

35. 炮八平四　炮5平1

和势。

第8局　黑补左士对红右车过河(五)

1. 炮二平五　马2进3　　2. 马二进三　炮8平6

3. 车一平二　马8进7　　4. 炮八平六　车1平2

5. 马八进七　炮2平1　　6. 兵七进一　卒7进1

7. 马七进六　士6进5　　8. 车二进六　象7进5(图8)

如图8形势下，红方有三种走法：仕四进五、仕六进五和车二平三。现分述如下。

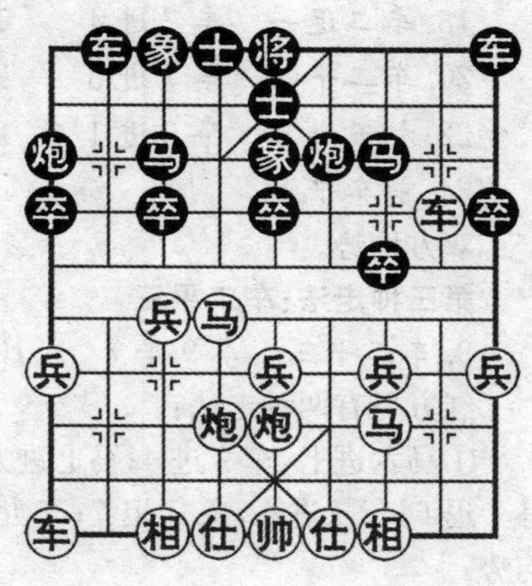

图8

第一种走法：仕四进五

9. 仕四进五　车9平7

10. 车九进二　卒1进1

黑方挺卒，准备从边线侧袭，是灵活的走法。

11. 车九平八　车2进7

12. 炮五平八　炮1进4

13. 相三进五　卒1进1

14. 炮八进四　车7平8

黑方邀兑车，简化局势。双方进入无车棋的中局较量。

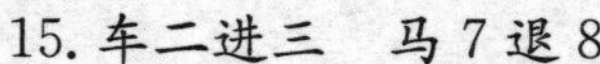

15. 车二进三　马7退8

16. 马六进五　…………

红方也可改走炮八平五炮击中卒，保留双马炮。

16. …………　马3进5　　17. 炮八平五　炮1平7

18. 炮六进二　卒1进1　　19. 兵五进一　炮6进4

20. 炮六进二　马8进7　　21. 炮五平七　卒1平2

22. 兵一进一　卒 2 平 3

黑如改走卒 7 进 1，红则炮六退二；炮 6 退 1，兵五进一，黑方无便宜可占。

23. 兵七进一　卒 7 进 1　　24. 兵七平六　卒 7 平 8

双方各有顾忌。

第二种走法：仕六进五

9. 仕六进五　车 9 平 7　　10. 炮六退二　…………

红如改走车九进二，黑则车 2 进 9；车九平七，炮 1 进 4；兵五进一，炮 1 退 1；马六进七，炮 1 平 5；车二退二，炮 5 退 1；兵七进一，马 7 进 6；兵七平六，卒 7 进 1；车二平三，车 7 进 5；兵三进一，炮 5 进 1，双方均势。

10. …………　卒 1 进 1　　11. 马六进五　马 3 进 5

12. 炮五进四　炮 6 进 4　　13. 炮五退二　炮 6 平 1

14. 相三进五　马 7 进 6　　15. 车九进二　卒 7 进 1

16. 车二退一　马 6 进 7　　17. 炮五进二　卒 7 平 6

18. 车二退一　车 2 进 4　　19. 车九平六　前炮进 3

20. 车二平四　车 7 进 3　　21. 炮五退二　车 2 平 8

22. 相五进三　卒 3 进 1　　23. 车六平四　马 7 退 5

24. 前车平五

双方均势。

第三种走法：车二平三

9. 车二平三　车 9 平 7　　10. 车九进二　…………

红方另有两种走法：

①马六进七，车 2 进 4；马七进九，象 3 进 1；车九进一，车 2 平 4；炮六平八，马 7 退 6；车三进三，象 5 退 7；车九平二，车 4 进 1；车二平七，象 7 进 5，双方均势。

②马六进四，马 7 退 9；车三平一，车 2 进 4；马四进五，象 3 进 5；车一进二，卒 7 进 1；兵三进一，车 7 进 5，黑方虽失一象，但子力位置较佳，黑方易走。

10. …………　卒 1 进 1

黑方进边卒，有续冲边卒和挺卒林炮守护中卒的意图。如改走马 7 退 6，则车三进三；象 5 退 7，马六进五；马 3 进 5，炮五进四；象 7 进 5，双方平稳。

11. 车九平七　车 2 进 4　　12. 车七进一　炮 1 进 1

13. 马六进七　车 2 退 1　　14. 兵七进一　象 5 进 3

15. 车七进二　炮 1 平 3　　16. 炮六进四　象 3 进 5

17. 相七进九

红方得象易走。

第 9 局　黑补左士对红右车过河(六)

1. 炮二平五　马 2 进 3　　2. 马二进三　炮 8 平 6
3. 车一平二　马 8 进 7　　4. 炮八平六　车 1 平 2
5. 马八进七　炮 2 平 1　　6. 兵七进一　卒 7 进 1
7. 马七进六　士 6 进 5　　8. 车二进六　车 2 进 6(图 9)

黑方右车过河,是创新的方法。

如图 9 形势下,红方有三种走法:仕六进五、仕四进五和车九进二。现分述如下。

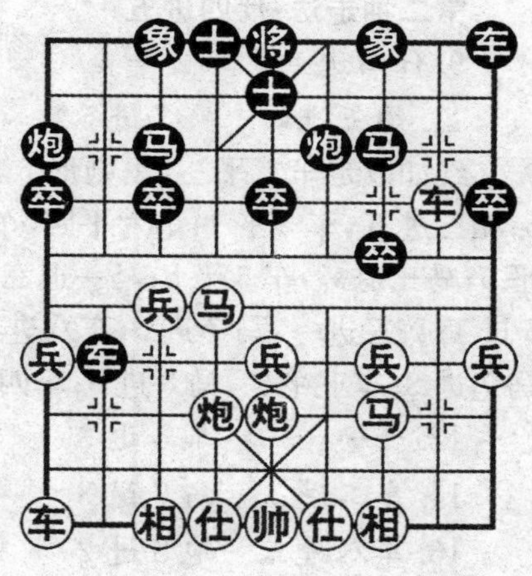

图 9

第一种走法:仕六进五

9. 仕六进五　车 2 平 4

黑如改走象 7 进 5,红则车二平三;车 9 平 7,兵七进一;车 2 退 1,马六进七;象 5 进 3,兵五进一,红方稍好。

10. 马六进七　马 7 进 6

黑如改走车 4 平 3,红则炮五进四;马 3 进 5,车二平五;炮 1 进 4,车五平四;象 7 进 5,炮六平五;马 7 退 6,马七退五;炮 6 平 7,炮五平六;炮 7 进 4,相三进五,红方易走。

11. 炮五进四　马 3 进 5　　12. 车二平五　象 7 进 5
13. 车九平八　车 9 平 7　　14. 车八进五　马 6 进 7
15. 马七退五　车 4 平 3　　16. 相三进五　马 7 进 9

红方子力占位较好,黑方进马袭槽,对红方进行骚扰,制造混乱局面。

17. 车五平四　炮 6 平 8　　18. 车四平二　马 9 进 7
19. 帅五平六　卒 7 进 1

黑方冲卒是突破红方封锁的关键之着,否则红方退车捉马,黑方不利。

20. 车二退五　卒 7 进 1

红如改走马五退三,黑则炮 1 平 4;车八平六,车 7 进 4;车六退一,车 3 平 1,红方子力受制,黑方易走。

21. 车二平三　卒 7 进 1　　22. 车三平二　…………

红如改走车三进一吃卒，黑则炮 8 进 7；车三退二，车 7 进 9；相五退三，车 3 进 3；帅六进一，车 3 退 1；帅六退一，车 3 平 5，也是黑方占优。

22. ………… 卒 7 进 1　23. 车二进五　车 7 进 4

黑方进车牵制红方车马，是老练之着。

24. 帅六平五　卒 7 平 6　25. 炮六进二　车 7 进 5

黑方进车底线，一击中的！

26. 车二退五　车 3 平 5　27. 马五进七　车 5 平 6

黑方大占优势。

第二种走法：仕四进五

9. 仕四进五　车 2 平 4　10. 马六进五　马 3 进 5

11. 炮五进四　象 7 进 5　12. 车九平八　…………

红如改走车二平三，黑则炮 6 进 5；炮五平九，车 9 平 6；车九平八，车 4 平 5；相三进五，车 5 平 1；炮六平四，车 1 退 3；车八进三，车 1 进 1；车三平七，车 1 平 5；马三退一，车 6 平 8；马一退三，车 8 进 8；车七平三，车 8 平 7；兵三进一，车 5 进 1；兵三进一，马 7 进 5；车八进三，马 5 进 7；车八平四，炮 1 进 7；车四进二，马 7 进 8；车三平二，马 8 进 6；车四退六，双方平稳。

12. ………… 车 4 退 3　13. 兵五进一　车 9 平 8

14. 车二进三　马 7 退 8　15. 兵五进一　炮 6 平 8

16. 车八进三　炮 8 进 2　17. 车八平五　马 8 进 6

18. 炮六平五　马 6 进 7　19. 车五平四　炮 8 平 5

20. 车四进三　马 7 退 8　21. 兵三进一　车 4 进 3

22. 车四平二　炮 1 退 1　23. 兵三进一　车 4 平 7

24. 兵三平四　车 7 进 1　25. 兵四平五　车 7 进 2

26. 仕五退四　车 7 退 5　27. 前炮平一　马 8 进 9

28. 车二平一　车 7 平 5　29. 车一平七

双方均势。

第三种走法：车九进二

9. 车九进二　车 2 平 4　10. 马六进七　马 7 进 6

11. 马七进九　象 3 进 1　12. 炮五进四　…………

红如改走仕六进五，黑则象 7 进 5；车二平四，马 6 进 7；炮五进四，马 3 进 5；车四平五，象 1 退 3；车九平八，卒 1 进 1；车五平二，车 9 平 7；车八进四，红方易走。

12. …………　炮6平5　13. 炮五退一　马6进5
14. 炮六平五　马3进4　15. 车二平六　马5进7
16. 炮五进五　象7进5　17. 车九平三

红方稍好。

第10局　黑补左士对红高边车(一)

1. 炮二平五　马2进3　2. 马二进三　炮8平6
3. 车一平二　马8进7　4. 炮八平六　车1平2
5. 马八进七　炮2平1　6. 兵七进一　卒7进1
7. 马七进六　士6进5　8. 车九进二　…………

红方高边车蓄势待发,是稳健的走法。

8. …………　车9平8

黑方兑窝车,减轻左翼压力,是稳健的走法。

9. 车二进九　…………

红方兑车,是简化局势的走法。

9. …………　马7退8　10. 炮六平七　…………

红方平七路炮遥控黑方3路马,是目前流行的走法。如改走车九平八,则车2进7;炮五平八,炮1进4;炮六平七,炮1平3,黑方可以抗衡。

10. …………　象7进5

黑方飞左象,是常见的走法。

11. 车九平八　…………

红方兑车形成无车棋,是后中先的走法,也是这一布局变例常用的战术手段。

11. …………　车2进7　12. 炮五平八　炮1进4
13. 炮七进四　马8进7

黑方进马,正着。如改走卒1进1(如炮1平7,则相三进五;马8进7,兵七进一,红方稍好),则炮八进五;马8进7,相三进五;炮1平7,兵一进一;卒1进1,兵七进一;卒1平2,仕四进五;炮6进3,炮七进三;象5退3,炮八平三;炮7退4,马三进四;炮7平5,兵七进一;马3进1,马六进五;炮5进4,马四进六;炮5平9,马六进八,红方易走。

14. 兵七进一　…………

红如改走相三进五,黑则卒1进1;炮八进五,炮1平7;兵七进一,卒1进

1;兵七平六,红方易走。

14. ………… 卒1进1

黑如改走炮1平7,红则相三进五;炮6进3,兵七平六;炮6平8,炮八进五;炮8退3,仕四进五;卒7进1,相五进三;马7进8,炮八退三;卒1进1,炮八平七;马3退2,红方易走。

15. 炮八进五(图10)…………

红如改走相三进五,黑则马3进1;兵七平八,卒1进1;兵三进一,卒7进1;相五进三,马1进2;炮七退二,炮6进5;炮八退一,炮1平4;仕四进五,马2进3;炮七退一,卒1平2;仕五进四,卒2平3;炮八平六,卒3进1;仕四退五,马7进8;兵一进一,卒5进1;炮六进一,马8进7;炮六平五,马3退5;马三进五,卒5进1;炮五平一,马7退9;炮一进四,卒5平4,双方均势。

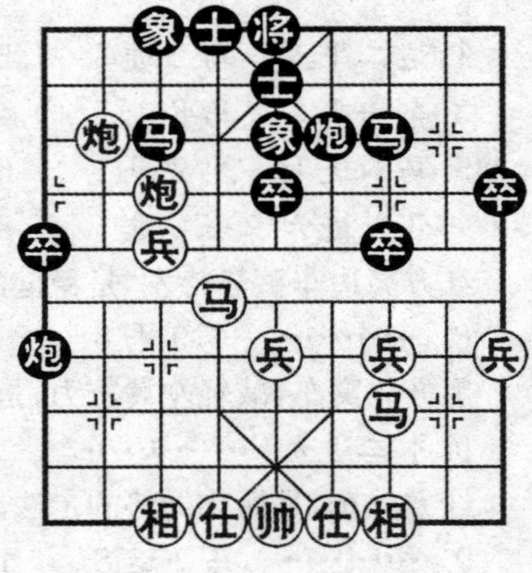

图10

如图10形势下,黑方有两种走法:炮1平7和卒1进1。现分述如下。

第一种走法:炮1平7

15. ………… 炮1平7

16. 相三进五 卒9进1

黑如改走炮6退1,红则炮七平六;卒9进1,兵七进一;马3退2,炮八平三;炮7退4,马三进四;卒5进1,马四进三;炮6进2,炮六进二,红优。

17. 仕四进五 …………

红如改走兵七平六,黑则马7进8;兵六进一,卒7进1;炮八退三,马8进6;炮八平七,马3进1;后炮平四,卒7平6;马六进五,卒6进1;马五退六,炮6平7;炮七退四,后炮进5;炮七平三,炮7平5;仕四进五,炮5退1;马六退八,卒1进1;炮三平一,马1进2;马八退七,炮5进1;炮一进三,炮5平9,黑优。

17. ………… 卒1进1　　18. 兵七平六 马7进8

黑方进马,是改进后的走法。如改走炮6退1,则兵六进一(如马六进八,则马3退2;炮八平三,炮7退4;马三进四,马2进1;马八进九,炮7平1;马四进五,炮6平9;兵六平五,炮9进5,局势简化,红方难以进取);卒5进1,炮七退一;马3进4,炮七平五;炮6平9,炮八平三;炮7退4,马三进四;马4进2,马六

进五;炮 7 退 1,马五退三,红优。

19. 兵六进一　卒 5 进 1　20. 炮七退一　炮 6 平 7

21. 炮七平九　马 3 进 2　22. 马六进八　后炮平 2

23. 兵六平五　…………

红方应以改走炮九平五为宜。

23. …………　卒 7 进 1　24. 马八进六　马 8 进 6

25. 马六进八　马 6 进 7　26. 炮九进四

红方优势。

第二种走法:卒 1 进 1

15. …………　卒 1 进 1　16. 马三退五　…………

红方退窝心马,是改进后的走法。如改走炮七平六,则马 3 进 4;炮八平四,马 4 进 6;马六进四,马 6 进 7;马四进三,炮 1 平 7;马三进一,炮 7 进 3;仕四进五,士 5 进 6,黑方反占主动。

16. …………　将 5 平 6

黑方另有两种走法:

①炮 1 平 7,则相七进五;卒 5 进 1,马五进七;炮 6 进 2,马六进四;马 7 进 6,兵七平六;炮 7 进 1,相五进七;炮 7 平 8,兵六平五;马 6 进 7,双方虽然各有一兵(卒)过河,但红方中兵优于黑方边卒,黑方右马占位不佳,红方仍持先手。

②卒 1 平 2,马五进七;炮 1 退 1,相七进五;卒 5 进 1,炮八退二;炮 1 退 1,炮八进一;炮 6 进 3,兵七平六;卒 5 进 1,兵五进一;炮 6 平 4,马七进六;炮 1 进 1,马六退七;炮 1 平 5,仕六进五;卒 2 进 1,兵六平五;马 3 退 1,炮八退一;炮 5 平 8,马七进五;炮 8 退 1,马五进六;士 5 进 4,炮八进三;炮 8 退 3,炮七平三;炮 8 进 3,炮三平七;炮 8 退 3,炮七平二;象 5 进 3,炮八平三;马 1 进 2,马六退五;士 4 退 5,炮三退三;象 3 退 5,炮三进一;马 2 退 4,兵五平六,红优。

17. 马五进七　炮 1 平 4　18. 相七进五　卒 9 进 1

19. 兵三进一　卒 7 进 1　20. 相五进三　炮 4 平 9

21. 炮七平六　卒 9 进 1　22. 兵七进一　马 3 退 2

23. 兵七平八　马 2 进 3　24. 兵八平七　马 3 退 2

25. 炮八进一　炮 6 退 1　26. 炮八平四　将 6 进 1

27. 兵七平八　马 2 进 3　28. 马六进七

红方优势。

第11局　黑补左士对红高边车(二)

1. 炮二平五　马2进3　　2. 马二进三　炮8平6
3. 车一平二　马8进7　　4. 炮八平六　车1平2
5. 马八进七　炮2平1　　6. 兵七进一　卒7进1
7. 马七进六　士6进5　　8. 车九进二　车9平8
9. 车二进九　马7退8　　10. 炮六平七　象7进5

11. 炮七进四(图11)…………

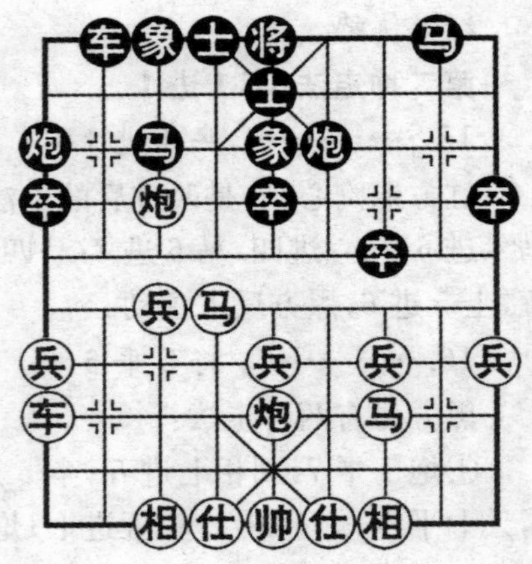

图 11

红方先平七路炮，再用炮打卒压马，是创新的走法。

如图11形势下，黑方有两种走法：车2进4和车2进5。现分述如下。

第一种走法：车2进4

11. …………　车2进4

12. 马三退五　…………

红方马退窝心，准备进七结成连环，是以退为进的战术手段，也是创新的走法。

12. …………　马8进7

黑如改走炮6进5，红则马五进七；马8进7，车九退一；炮6平3，马六退七；马3退2，车九平六；炮1平3，车六进七；炮3平4，炮五平二；象3进1，车六平七；象1退3，兵七进一；车2进2，炮二进六；马2进1，车七平八；车2退5，炮二平八；象5进3，炮八退一；马7进6，兵九进一；卒9进1，相七进五；炮4平9，仕六进五；炮9进4，兵三进一；卒7进1，相五进三；卒9进1，相三退五；卒9平8，黑方易走。

13. 炮五平一　…………

红方平边炮，准备侧袭黑方左翼，是马三退五的续进手段。

13. …………　卒1进1

黑如改走车2平4，红则马五进七；马7进6，马六进四；车4平6，车九退一，也是红方易走。

14. 车九平二　炮1进4　　15. 马五进七　炮1退1
16. 车二进四　炮1平4　　17. 马七进六　车2平4

18. 车二退二

红方易走。

第二种走法:车 2 进 5

11. ………… 车 2 进 5

黑方进车牵制,是争先的佳着。

12. 车九平七　马 8 进 7　13. 车七进一　炮 6 进 3

黑方进炮骑河,下伏炮 6 平 8 再卒 7 进 1 攻击红方河口马的手段,是力争主动的走法。

14. 炮五退一　炮 6 平 8　15. 马六退七　马 3 退 2

黑方回马,以退为进,下伏炮 1 平 3 再马 2 进 1 的反击手段。

16. 炮五平七　车 2 进 3　17. 马七退五　炮 1 平 3

18. 车七平六　马 7 进 6　19. 车六进二　炮 8 退 1

20. 相三进五　马 6 进 7　21. 车六平三　…………

红方平车吃卒,正着。如改走车六进一,则炮 8 退 1;车六平五,炮 8 平 3;炮七进五,马 7 进 9;车五平四,马 2 进 1,黑方占优。

21. ………… 车 2 平 3　22. 车三退二　车 3 平 4

23. 车三进六　士 5 退 6　24. 车三退三　炮 8 平 2

25. 车三平五　士 4 进 5　26. 马五退三　炮 2 进 5

黑方占优。

第 12 局　黑补左士对红高边车(三)

1. 炮二平五　马 2 进 3　2. 马二进三　炮 8 平 6

3. 车一平二　马 8 进 7　4. 炮八平六　车 1 平 2

5. 马八进七　炮 2 平 1　6. 兵七进一　卒 7 进 1

7. 马七进六　士 6 进 5　8. 车九进二　车 9 平 8

9. 车二进九　马 7 退 8　10. 炮六平七　车 2 进 4(图 12)

黑方右车巡河,是寻求变化的走法。如改走车 2 进 5,则炮五退一(如马六进七,则车 2 平 3;炮五退一,炮 6 进 5;炮五平七,炮 6 平 1;后炮进三,前炮平 7;前炮进三,炮 1 进 4;兵三进一,象 7 进 5;兵三进一,象 5 进 7;兵一进一,象 7 退 5,黑方多一卒,稍占优);象 7 进 5,马六进七;车 2 进 1,炮五平七;马 3 退 1,马七进六;炮 1 平 3,兵七进一;马 8 进 7,马六退五;炮 3 进 5,车九平七;马 7 进 6,相七进五;马 1 进 3,马五进七;炮 6 平 3,兵七平六;炮 3 进 6,车七退一;马 6 进 5,马三进五;车 2 平 5,双方均势。

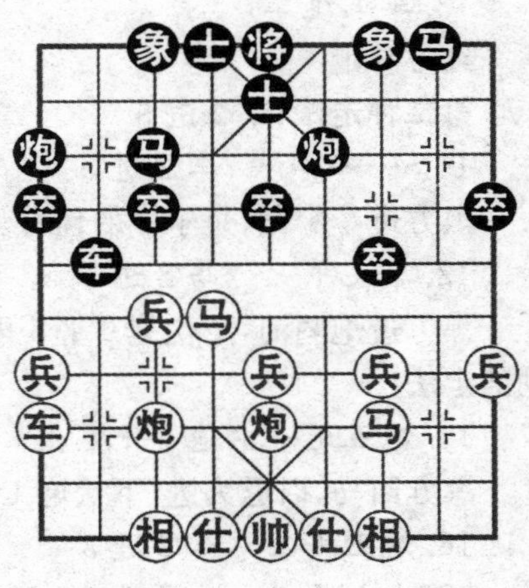

图 12

如图 12 形势下，红方有两种走法：炮五平六和马六进七。现分述如下。

第一种走法：炮五平六

11. 炮五平六　…………

红如改走炮七进四，黑则象 7 进 5；马三退五，马 8 进 7；马五进七，炮 6 进 5；车九退一，炮 6 平 3；马六退七，马 3 退 2；车九平六，炮 1 平 3，黑方可以满意。

11. …………　卒 3 进 1

黑方硬兑 3 卒，摆脱红方七路炮的牵制，是力求简明的走法。如改走象 7 进 5，则相三进五；马 8 进 7，炮七进四，红方占先。

12. 车九平八　…………

红方平车邀兑，是强行求变的走法。红方亦可改走炮七进三，黑如象 7 进 5，红则炮七进一；马 8 进 7，车九平七；车 2 进 1，车七进一；炮 6 进 3，相三进五；卒 5 进 1，车七退二；车 2 进 1，车七平四；炮 6 平 3，车四平七；车 2 平 4，车七进三；车 4 进 1，仕四进五；车 4 退 1，炮七进三；象 5 退 3，车七进三；车 4 退 1，车七平三；卒 5 进 1，车三进二；士 5 退 6，车三退四；卒 5 平 6，车三进一；炮 1 进 4，车三平九；炮 1 平 7，车九平一；卒 6 进 1，车一平四；炮 7 平 5，车四退三；炮 5 退 4，车四平七；车 4 平 7，马三退四；车 7 进 3，兵一进一；车 7 平 9，车七进一；士 6 进 5，和势。

12. …………　车 2 进 3　　13. 炮六平八　卒 3 进 1
14. 马六进五　马 3 退 1　　15. 马五退三　象 7 进 5
16. 前马退五　…………

双方经过一番交换，红方虽多一兵，但黑方有卒过河，比较起来，黑方较为易走。

16. …………　炮 1 进 4　　17. 炮八平九　马 1 进 2
18. 炮九进四　炮 6 平 7　　19. 相三进五　马 2 进 4

黑方右马盘活，局面渐趋有利。

20. 炮九平五　卒 3 平 4　　21. 马五进三　…………

红如改走马五进六，黑则马 4 进 6，可以得子。

21. …………　马 8 进 6　　22. 炮五退一　马 4 进 2

黑方进马赶走红方七路炮，为攻击红方右翼双马创造了有利条件。

23. 炮七退一　…………

红如改走炮七平六，黑则卒4进1，红方也难应付。

23. …………　马2进4　24. 炮七平六　炮1退2

黑方退炮，利用红方中炮不宜动弹的弱点，巧妙擒得一马，为取胜奠定了基础。

25. 兵三进一　炮1平7　26. 马三进二　…………

红如改走兵三进一，黑则炮7进5，黑亦多子胜势。

26. …………　前炮平8

黑方多子占优。

第二种走法：马六进七

11. 马六进七　象7进5　12. 炮五退一　…………

红方退炮，是保持变化的下法。除此之外，还有两种走法：

①马七进九，象3进1；炮七进五，炮6平3；炮五平七，炮3平4；炮七平六，马8进7；相三进五，象1退3；兵三进一，卒7进1；相五进三，炮4平1；相三退五，卒1进1；车九退一，双方平稳。

②车九平八，车2进3；炮五平八，炮1进4；相三进五，炮1退1；炮八退一，马8进7；炮八平七，马7进6；马七退八，马3退1；兵三进一，卒7进1；相五进三，马6进4；相三退五，炮1进4；马三进四，卒1进1；前炮平六，卒1进1，黑方可以满意。

12. …………　马8进7

黑如改走炮1退1，红则炮五平七，红方易走。

13. 炮五平七　车2退1

黑方退车别马，势在必行。除此之外，还有两种走法：

①马7进6，则马七进九；车2退2，马九进八，红方得子胜势。

②马3退1，马七进六；炮1平3，马六退五；炮3进5，车九平七；马7进6，兵七进一；车2进4，兵七进一；马6进7，车七进二；车2退1，炮七进一；马7退6，相三进五；卒1进1，仕四进五；车2退1，马五退四；车2平1，兵五进一；车1退1，兵五进一；车1平3，相五进七；马6退7，马三进五，红优。

14. 马七退六　马3退1　15. 兵七进一　车2平4

16. 马六退五　车4平2

黑如改走马7进6，红则兵七进一；车4进5，兵五进一；马6进7，马五进三；车4平3，前马进四；车3进1，马四进六；炮1平4，仕四进五；车3平2，炮七平五;车2退3,炮五进四;车2平7,相三进一,红优。

17.兵九进一　马7进6　　18.车九进一　马6进4

黑方似可改走车2进4,红方则前炮进二;马6进7,兵七进一;卒7进1,马三退五;炮6进4,黑方尚可抗衡。

19.前炮进二　车2进2　　20.相七进九　炮1平4

21.兵五进一　马4进5　　22.相三进五　车2进2

23.相九退七　车2平3　　24.后炮平一　象5进3

黑方飞象去兵,失算,造成局面落入下风。应以改走炮4进6为宜。

25.仕四进五　车3平2　　26.兵三进一　象3进5

27.兵三进一　炮4平3　　28.炮七进三　炮6平3

29.马三进四

红方优势。

第13局　黑补左士对红高边车(四)

1.炮二平五　马2进3　　2.马二进三　炮8平6

3.车一平二　马8进7　　4.炮八平六　车1平2

5.马八进七　炮2平1　　6.兵七进一　卒7进1

7.马七进六　士6进5　　8.车九进二　车9平8

9.车二进九　马7退8

10.炮六平七　象3进5(图13)

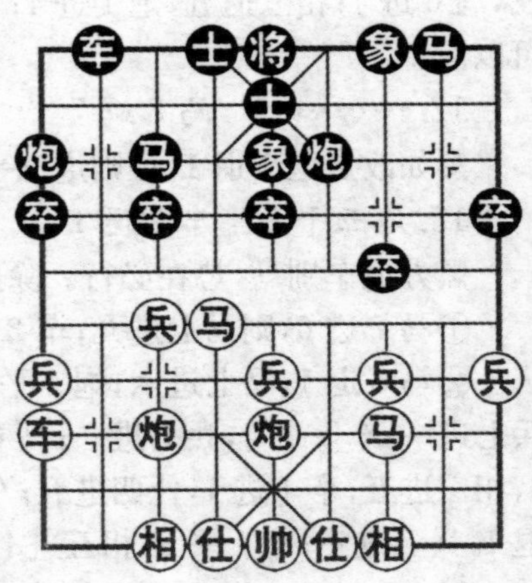

图13

黑方飞右象,另辟蹊径。

如图13形势下,红方有三种走法:马六进七、车九平八和炮七进四。现分述如下:

第一种走法:马六进七

11.马六进七　炮1退1

12.车九平八　车2进7

13.炮五平八　炮1进5

14.相三进五　…………

红如改走马七退六,黑则炮1平3;相七进五,士5退6;兵三进一,卒7进1;相五进三,马8进7;兵七进一,象5进3;炮七进三,马3进4;炮八进七,将5进1;炮八退四,炮6平4;炮八平六,炮4进3;仕六进五,象7进5;炮七平八,将5退1;相三进五,双方均势。

14. ………… 炮1平3　15. 马七退六　士5退6

16. 兵七进一　…………

红应改走炮八进四,黑则马8进7;炮八平六,马3进4;兵七进一,马4进6;兵三进一,卒7进1;马三进四,卒7平6;马六进五,马7进6;炮六平一,红方较优。

16. ………… 象5进3　17. 炮七进三　马8进7

18. 兵三进一　卒7进1　19. 相五进三　马3进4

20. 炮八进七　将5进1　21. 炮八退四　…………

红方应以改走炮七进四为宜。

21. ………… 炮6平4　22. 马六退五　炮3进1

23. 炮八平六　炮3平7

黑方易走。

第二种走法:车九平八

11. 车九平八　车2进7　12. 炮五平八　马8进7

黑如改走炮1进4,红则炮七进四;士5退6,马六进四;士4进5,相三进五;卒5进1,兵五进一;卒5进1,马四进六;炮6退1,马六退五,红方略优。

13. 相三进五　…………

红可走炮八进一,黑如炮1进4,红则炮八平七,红方易走。

13. ………… 炮1进4　14. 炮七进四　士5退6

15. 炮八进五　…………

红方应改走炮七平六,准备过七路兵,这样红方占主动。

15. ………… 士4进5　16. 兵七进一　炮1平7

黑方平炮打兵,是随意之手。应改走炮1平4,以防红方兵七平六和炮七平六,待红方炮七平八后再打兵,黑方可以抗衡。

17. 兵七平六　…………

红方平兵嫌软,应改走炮七平六,这样红方占主动。

17. ………… 卒1进1　18. 炮八平九　卒7进1

19. 相五进三　马7进8　20. 马六进四　…………

红方进马嫌急,应改走兵六进一。黑如马8进6,红则炮七退三,红方主动。

20. ………… 马8进6　21. 兵五进一　炮6平8

22. 炮九进二　将5平4　23. 仕四进五　炮8进2

24. 兵六进一　象5进7　25. 炮七退二　炮8平6

26. 炮七平四　炮6退1　27. 兵六平五　马3进5

28. 兵五进一　马 5 进 3　　29. 炮四平七

红方稍好。

第三种走法:炮七进四

11. 炮七进四　…………

红方进炮打卒,是改进后的走法。

11. …………　马 8 进 7　　12. 马六进五　马 7 进 6

黑应改走车 2 进 3,红如炮五平七,黑则马 7 进 6;兵七进一,卒 1 进 1,黑方满意。

13. 炮七平一　车 2 进 8　　14. 兵五进一　马 6 进 7
15. 兵五进一　马 3 进 2　　16. 车九平六　炮 1 进 4
17. 马五进三　马 2 进 3　　18. 炮一进三　士 5 退 6
19. 炮五进一　炮 1 平 5　　20. 后马进五

红方优势。

第 14 局　黑补左士对红高边车(五)

1. 炮二平五　马 2 进 3　　2. 马二进三　炮 8 平 6
3. 车一平二　马 8 进 7　　4. 炮八平六　车 1 平 2
5. 马八进七　炮 2 平 1　　6. 兵七进一　卒 7 进 1
7. 马七进六　士 6 进 5　　8. 车九进二　象 7 进 5
9. 车二进六　车 2 进 6

进过河车对抢先手,也是黑方的一种应法。

10. 车二平三　车 2 平 4(图 14)

黑如改走车 9 平 7,红则炮五退一;车 2 平 4,炮五平六;车 4 平 3,相三进五;马 7 退 6,车三平一;车 3 进 3,前炮平七;车 3 平 2,炮六平七;车 7 平 8,马六进四;马 3 退 1,车一平五;炮 1 平 4,仕四进五;车 2 退 1,前炮进四;车 8 进 7,相五退三;车 8 退 2,马四进六;马 1 进 2,车五退二;车 8 平 5,兵五进一;炮 6 进 4,车九平四;炮 6 平 3,后炮进一;炮 3 退 3,炮七进四,红方多兵占优。

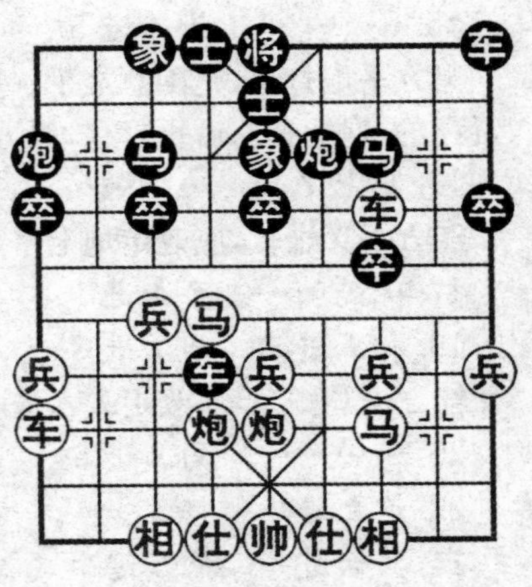
图 14

如图 14 形势下,红方有两种走法:马六进七和马六进四。现分述如下。

第一种走法:马六进七

11. 马六进七　车9进2　　12. 马七进九　象3进1

13. 炮五平四　…………

红方卸中炮,是含蓄有力之着。

13. …………　炮6退2　　14. 炮四进一　车4退1

15. 车三平二　炮6平7

黑如改走车4平3,红则相三进五;车3退1,车九平八;象1退3,双方均势。

16. 相三进五　马7进6　　17. 车二进三　车4平6

18. 炮四进二　车6退1　　19. 车九平八

红方易走。

第二种走法:马六进四

11. 马六进四　马7退8　　12. 炮五退一　…………

红方退中炮掩护红马,似笨实佳。如改走兵五进一,则马8进9;车三平一,马9退7;车一平三,炮1退1;炮五进四,车4退2;马四退五,炮6退2;炮五退一,炮6进3;炮六平五,炮6平5;仕四进五,车9平6,双方均势。

12. …………　马8进9　　13. 车三平一　马9退7

14. 车一平三　马7进9　　15. 车三平二　…………

红如改走车三平一,黑则马9退7;车一平三,马7进9;车三平一,马9退7,双方不变作和。

15. …………　车9平8　　16. 车二平一　马9退7

17. 炮五平六　车4平2　　18. 马四进六　炮6退1

黑如改走士5进4,红则车一平五,红优。

19. 车一平三　马7进9　　20. 车三平四　炮1退1

21. 车九平七

红方主动。

第三节　黑飞左象变例

第15局　黑飞左象对红右车过河(一)

1. 炮二平五　马2进3　　2. 马二进三　炮8平6

3. 车一平二　马8进7　　4. 炮八平六　车1平2

5. 马八进七　炮2平1　　6. 兵七进一　卒7进1

7. 马七进六　象7进5

黑方飞左象巩固中路，是近期比较流行的走法。

8. 车二进六　…………

红方进车过河抢占卒林要道，是力争主动的走法。

8. …………　车2进6

黑车过河，准备平4路驱赶红方盘河马，是针锋相对的走法。如改走车2进4，则车二平三；车9平7，车九进二，红方先手。

9. 仕四进五　…………

红方补仕，预防黑方平车捉马，是正常之着。如改走车九进二，则车2平4；马六进七（如马六进五，则马3进5；炮五进四，士6进5；仕四进五，马7进6，黑可对抗），士6进5；车二平三，车9进2，黑方阵形稳固，可与红方抗衡。

9. …………　士6进5

黑方补士，准备弃子取势，是改进后的走法。如改走车2平4，则马六进七；士6进5（如炮1退1，则炮五进四，红方多兵易走），车二平三；车9平7，马七进九；象3进1，车九平八，红方多兵易走。

10. 车二平三　车9平7　　11. 车九进二　…………

红方高车，是稳健的走法。如改走马六进四，黑则马7退6，红无便宜可占。

11. …………　车2平4　　12. 马六进五　马3进5

13. 炮五进四　炮1进4

黑方炮打边兵，是谋取实利的走法。如改走炮6进5，则炮六进七；将5平4，车九平四；马7进5，车三平五，红方优势。

14. 相七进五（图15）　…………

红方补左相，免得右翼空虚，是稳健的走法。如改走相三进五，则炮1平5；炮六进七，将5平4；马三进五，车4平5；炮五进二，车5平4；炮五平九，象3进1；车九平八，炮6退2；车三平四，炮6平5；炮九进一，炮5平1；车八进七，象5退3；车八平九，车7平8；相五退三，车4进2，黑方多子，大占优势。

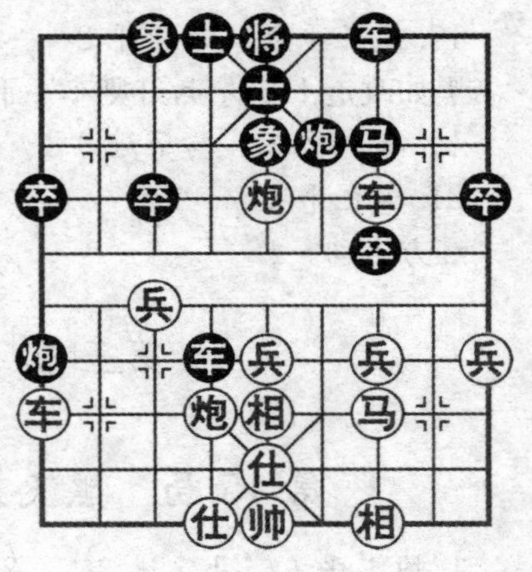

图15

如图15形势下，黑方有两种走法：卒1

进1和炮1平5。现分述如下。

第一种走法:卒1进1

14. …………　卒1进1

黑挺边卒,以防止红炮打边兵。

15. 炮五退二　卒1进1　16. 炮五平九　炮1平5

17. 炮九进五　…………

红方沉底炮,为以后进攻埋下伏笔,是含蓄有力之着。

17. …………　炮6进4　18. 马三进五　车4平5

19. 车三平六　炮6退6　20. 车九进六　…………

红方进车,佳着!

20. …………　车7平8　21. 仕五退四　…………

红方退仕调整阵形,攻不忘守,走得十分老练。

21. …………　车8进8　22. 仕六进五　车8平6

23. 车六平三　车6退6　24. 炮六进六

红方优势。

第二种走法:炮1平5

14. …………　炮1平5

黑方炮打中兵,是改进后的走法。

15. 炮六进七　…………

红炮轰底士,准备弃子抢攻,是积极有力的走法。如改走马三进五,则车4平5;炮五平九,黑可炮6进2或炮6进6,对攻中黑方易占主动。

15. …………　炮6进5

黑方进炮反捉红车,并不接受弃子,是炮打中兵的后续手段。如改走将5平4,则马三进五;车4平5,炮五进二;车5平2,炮五平九;象3进1,车九平八,红可弃子抢攻。

16. 炮六平三　炮6平1　17. 马三进五　车4平5

18. 炮五平九　象5退7　19. 车三进一　炮1进2

20. 相五退七　车4平7

黑方平车吃兵,是稳健的选择。

21. 相三进五　象3进5　22. 车三退一　炮1退3

23. 车三平一　炮1平5　24. 车一平四　车7平9

25. 炮九退二

双方均势。

第16局 黑飞左象对红右车过河(二)

1. 炮二平五　马2进3　2. 马二进三　炮8平6
3. 车一平二　马8进7　4. 炮八平六　车1平2
5. 马八进七　炮2平1　6. 兵七进一　卒7进1
7. 马七进六　象7进5　8. 车二进六　车2进6
9. 仕四进五　士6进5　10. 车二平三　车9平7

11. 兵七进一　…………

红方冲七兵胁马，是力争主动的走法。

11. …………　车2退1(图16)

如图16形势下，红方有三种走法：马六进四、马六进五和马六退七。现分述如下。

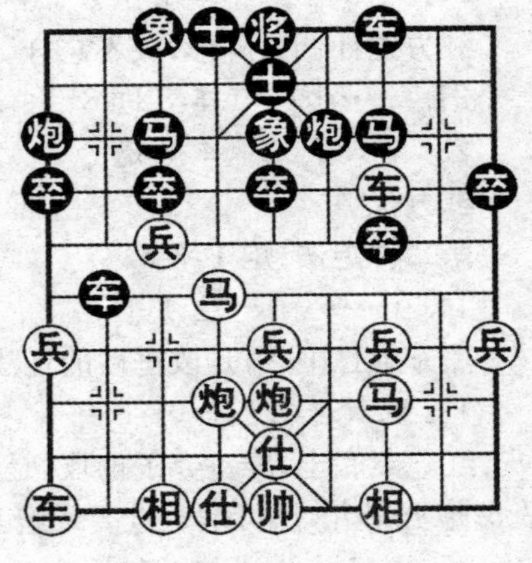

图16

第一种走法：马六进四

12. 马六进四　卒3进1

黑方挺卒吃兵，准备弃马争先，是早已预定好的作战方案。如改走马7退9，则车三进三；马9退7，兵七进一，红方有兵过河，占优。

13. 车三进一　车7进2

14. 马四进三　卒3进1

15. 车九进二　…………

红方高车并无好点可占，似不如改走炮六平七，黑如接走马3进4，红则炮五进四；卒3平4，炮五退一；车2退2，车九进一；车2平7，车九平六，红可找回一子，保持先行之利。

15. …………　卒3进1　16. 炮六进四　…………

红如改走车九平八，黑则车2进2；炮五平八，卒3进1；炮八进四，马3进4；炮八平一，卒3平4；仕五进六，马4进6；后马退一，炮1进4，黑方得回一子，易走。

16. …………　马3进2　17. 炮六平一　炮1平3

18. 仕五进六　…………

红如改走车九退二，黑则马2进4，也是黑方弃子占势易走。

18. …………　马2进4　19. 车九平八　炮3进7

20. 仕六进五　卒3平2　21. 车八退一　车2平3

22. 炮五平四　…………

红如改走车八进二吃卒,黑则炮3平7;车八平六,马4进6,黑方大占优势。

22. …………　炮3平1

黑方弃子有攻势,占优。

第二种走法:马六进五

12. 马六进五　…………

红方马踏中卒,舍弃七路兵,是创新之着。

12. …………　马3进5　13. 炮五进四　卒3进1

14. 炮五退二　炮6进2

黑方升炮巡河,准备平中牵制红方,不失为顽强有力之着。如改走车2进1,则相七进五;卒3进1,相五进七;炮6进5,炮六平七;车2平3,炮七退二,红方主动。

15. 相七进五　炮6平5　16. 炮六平七　车2退5

黑应改走车2进2,则较为顽强有力。

17. 车九进一　卒3进1　18. 车九平六　车7平6

黑如改走炮1平4,红则炮七进七;车2平3,炮五进三;士5进6,车六进六,红方大占优势。

19. 车六进七　…………

红方进车塞象眼,可谓一击中的,令黑方难以应对。

19. …………　车6进2　20. 车三平八　车2平1

21. 车八平七

红方大占优势。

第三种走法:马六退七

12. 马六退七　…………

红方退马捉车,保留过河兵,是保持变化的走法。

12. …………　车2平3　13. 兵七平六　卒3进1

14. 兵六平五　…………

红方平中兵,意在打通黑方的卒林要道,正着。如改走兵六进一,则马3进4;兵三进一,车3平7;相三进一,车7进1;马七进六,马4进6;马六进四,卒5进1,黑方占优。

14. ………… 卒5进1 15. 车九进二 马7退8

黑方退马兑车，减轻左翼压力，正着。

16. 车三进三 象5退7 17. 炮五进三 …………

红方炮打中卒，略嫌急躁。不如改走车九平八，黑如接走象7进5，红再炮五进三打卒。

17. ………… 马3进5 18. 相三进五 车3进1

19. 车九平八 炮6平5

黑方兑中炮消势，是灵活之着。

20. 兵五进一 卒3进1 21. 炮六退一 炮1平3

22. 马三进五 车3平4 23. 仕五进六 炮5进2

黑方打炮舍车，是求变之着。如改走车4进1，则相五进七(如炮六平七，则车4退1；炮七进三，炮3进5；车八平七，炮5进2；兵五进一，车4平5；兵五进一，车5平7，黑优)；车4退1，相七退九；炮3进4，炮六平五；炮5进2，兵五进一；炮3平5，马七进五；车4平5，兵五进一；车5退3，立成平稳之势。

24. 炮六进二 炮5进2 25. 仕六退五 炮3进5

26. 兵五进一 …………

红如改走车八平七吃炮，黑则卒3进1；车七平六，卒3平4；车六进一，炮5平9；兵三进一，炮9退2，黑方多子占优。

26. ………… 马5进3 27. 炮六平八 卒3平2

28. 炮八平七 马3进5 29. 车八平七

红方优势。

第17局 黑飞左象对红右车过河(三)

1. 炮二平五 马2进3 2. 马二进三 炮8平6

3. 车一平二 马8进7 4. 炮八平六 车1平2

5. 马八进七 炮2平1 6. 兵七进一 卒7进1

7. 马七进六 象7进5 8. 车二进六 车2进6

9. 仕六进五 …………

红方补左仕，使炮“生根”，是近期较为流行的走法。

9. ………… 士6进5 10. 车二平三 …………

红方平车压马，准备展开攻势。

10. …………　车9平7

黑如改走车2平4,红则马六进四;马7退6,兵三进一;马6进8,车三平二;炮1退1,炮六退二,红优。

11. 兵七进一　…………

红方先平车压马,再冲兵逐车,是常见的走法。

11. …………　车2退1(图17)

如图17形势下,红方有三种走法:马六进四、马六进五和马六进七。现分述如下。

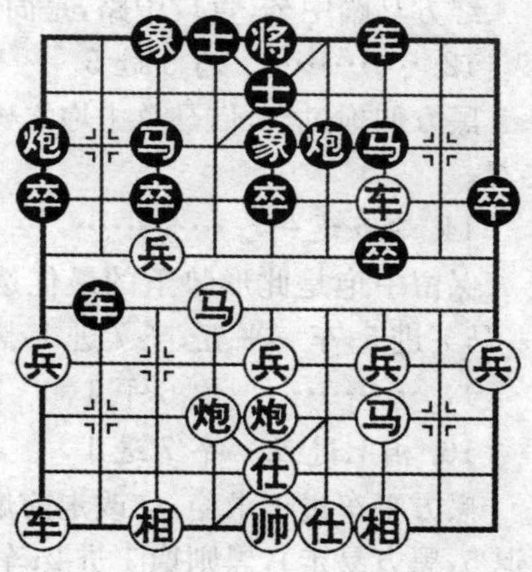

图17

第一种走法:马六进四

12. 马六进四　卒3进1

黑如改走马7退9,红则车三进三;马9退7,兵七进一;炮6进1,兵七进一;车2平6,炮五进四;车6退1,相七进五,红优。

13. 车三进一　车7进2

14. 马四进三　卒3进1

黑方利用红车晚出、马位略差的弱点,弃子取势,形成黑方弃子有攻势、双方各有顾忌的局面。

15. 炮六退二　…………

红方退炮,是改进后的走法。以往红多走车九进二,黑则卒3进1;炮六退二,马3进4(如卒7进1,则后马退一;卒7进1,炮五平一;车2平7,马三退四;马3进4,车九平二;车7退2,形成红方多子、黑方占势,双方各有顾忌的局面);兵三进一,卒7进1;车九平六,马4退3;前马退四,炮1进4,形成红方多子、黑方占势,双方各有顾忌的局面。

15. …………　马3进4　16. 车九平八　…………

正着,红方兑子,保持多子的优势。

16. …………　车2进4　17. 炮六平八　炮1进4

黑如改走马4进6,红则仕五进四;炮1进4,兵三进一;马6进4,兵三进一;炮1平5,炮五进四;炮5退1,后马进二,红方多子易走。

18. 前马退四　马4进6　19. 马三退二　炮1平7

20. 炮八进六　卒9进1　　21. 炮五进四　炮7平6

22. 马四进六　卒3平4　　23. 炮五退一　卒7进1

24. 相三进一　卒7进1　　25. 炮八退二

红胜。

第二种走法:马六进五

12. 马六进五　…………

红方马踏中卒,直攻中路,是简明的走法。

12. …………　马3进5　　13. 炮五进四　炮6进4

黑方伸炮过河,借马兑中炮之机,谋取红方九路兵,是争得反击之势的有力之着。

14. 炮五退一　…………

保留中炮是此形势下的最佳选择。如改走兵七进一,则炮6平1;兵三进一,马7进5;车三平五,卒7进1,黑方易走。

14. …………　炮6平1　　15. 兵三进一　卒7进1

16. 相七进五　卒7进1　　17. 兵七平六　车7平6

黑方平车过于求稳,应改走前炮进1,红如接走车九平七(如炮六平七,则车2退5,黑方易走),黑则炮1进2;车七进六,车2进4;炮六退二,卒7进1;车七进三,后炮平4;车七退九,车2平3;相五退七,炮1平4;仕五退六,车7平6,黑方多子易走。

18. 炮六平七　前炮平3　　19. 车九进六　卒3进1

黑挺3卒,败着。应改走卒7进1吃马,以下红如接走车三平七,黑则车2进4;炮七退二,车6进4;车七退三,将5平6,黑方可以对抗。

20. 车三退三

红方优势。

第三种走法:马六进七

12. 马六进七　…………

红方进马踩卒,是改进后的走法。

12. …………　象5进3

黑如改走车2平3,红则马七进九;象3进1,炮五进四;车3退1,炮五退二;象1退3,相七进五;炮6退2,炮五平七;马3进5,兵五进一;车7平8,车三平四;车8进6,炮六平七;车3平4,兵三进一;炮6平7,兵三进一;车4平7,车九平六;车8平3,后炮平六;马5进3,车四平七;马3进5,炮六进六;象3进1,

车六进四；马5进7，炮六平七，红方优势。

13. 兵五进一　车2平5

黑方也可考虑改走炮1退1，这样下伏炮1平3攻马的手段，后续走法也相对含蓄、多变。

14. 车九平八　马7退9　15. 车三平一　马9进7

16. 车一平四　…………

红如改走车一平三，黑则马7退9；车三平一，双方不变作和。

16. …………　象3进5　17. 车四退三　马7进9

黑方进边马，失算。不如改走马7进8稳健。

18. 马七进九　象3退1　19. 马三进五　车5平8

黑方车5平8，属无奈之举。如改走车5平4，则马五进四；车4进2（如炮6进4，红则炮五进五，再马四退六，红方占优），炮五进五；士5退6，仕五进六；炮6进4，炮五平九，红方弃子占势易走。

20. 车四进三　马9退8　21. 马五进四　…………

红方硬进肋马，为中炮攻象打开通道，并伏有借炮使马的战术手段，是紧凑有力之着。

21. …………　车7进3

黑如改走象1退3，红则马四进六；车8进4（如车7进3，则马六进七；将5平6，炮六进四，红方大优），马六进七；车4退4，炮六平七，红方大占优势。

22. 炮五进五　士5退6

黑如改走将5平6，红则车四平三；马8进7，马四进三；将6进1，炮六平四；车8平6，马三进二；将6退1，炮五平九，红方优势。

23. 车四平三　马8进7　24. 炮五平九　…………

红方炮打边象，伏有先弃后取的手段，是简明有力的走法。

24. …………　炮6平1　25. 车八进七　车8平3

26. 相三进五　车3退1　27. 车八平九

红方优势。

第18局　黑飞左象对红右车过河（四）

1. 炮二平五　马2进3　2. 马二进三　炮8平6

3. 车一平二　马8进7　4. 炮八平六　车1平2

5. 马八进七　炮2平1　6. 兵七进一　卒7进1

7. 马七进六　象 7 进 5　　8. 车二进六　车 2 进 6

9. 仕六进五　士 6 进 5　　10. 炮六退二　…………

红退炮掩护河口马，是创新的走法。

10. …………　车 9 平 7

黑方平车保马，预作防范。也可考虑改走车 2 平 3，这样较具反弹力。

11. 炮五平六(图 18)　…………

如图 18 形势下，黑方有两种走法：车 2 退 2 和车 2 平 3。现分述如下。

第一种走法：车 2 退 2

11. …………　车 2 退 2

12. 车二平三　…………

黑方左马已生根，红再平车压马，并不能对其构成威胁。似不如改走相七进五，黑如接走马 7 进 6(如卒 3 进 1，则车九平七，红优)，红则马六进四；车 2 平 6，后炮平七，红占主动。

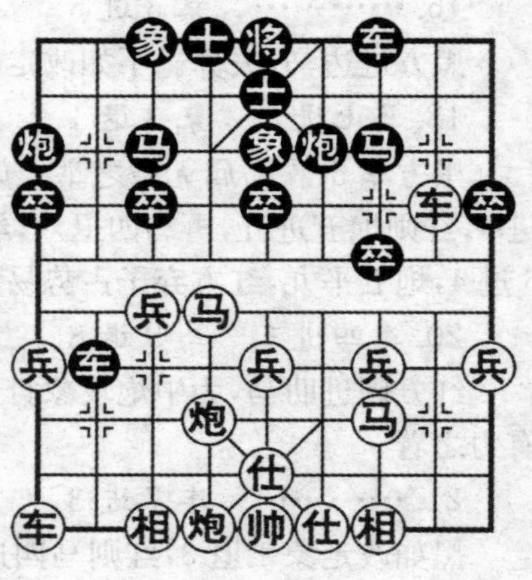

图 18

12. …………　卒 3 进 1

13. 马六进四　卒 3 进 1

14. 马四进六　…………

红如改走马四进三，黑则卒 3 进 1，黑方弃子占先，并不难走。

14. …………　车 2 平 6　　15. 相七进五　…………

红方飞相，保持变化。如改走马六退五，将演变成大体均势的平稳局面。

15. …………　卒 3 进 1　　16. 车九平七　马 3 进 2

黑方进马逼兑，简化局势，是机警之着。

17. 马六退八　车 6 平 2　　18. 车七进三　炮 6 进 4

19. 车七进一　炮 6 平 1　　20. 前炮平七　后炮平 4

黑方易走。

第二种走法：车 2 平 3

11. …………　车 2 平 3　　12. 相七进五　炮 1 进 4

13. 车二平三　卒 1 进 1　　14. 前炮平七　车 3 平 4

15. 马六进七　卒 1 进 1　　16. 车九平八　炮 1 进 1

17. 炮六平七　马 7 退 9　　18. 车三平一　马 9 进 7

19. 车一平三　马 7 退 9　　20. 车三平四　马 9 进 7
21. 车四退二　马 7 进 8　　22. 车四平二　卒 7 进 1

黑方冲卒弃马，是力求一搏的走法。

23. 车二进一　卒 7 进 1　　24. 马三退二　炮 6 进 6
25. 马七进五　…………

红方弃马踏象，是抢先的走法。

25. …………　炮 1 平 5　　26. 仕五进四　士 5 进 4
27. 前炮进五　车 4 平 5　　28. 马五进三　将 5 平 6
29. 车八进五

红方大占优势。

第 19 局　黑飞左象对红右车过河（五）

1. 炮二平五　马 2 进 3　　2. 马二进三　炮 8 平 6
3. 车一平二　马 8 进 7　　4. 炮八平六　车 1 平 2
5. 马八进七　炮 2 平 1　　6. 兵七进一　卒 7 进 1
7. 马七进六　象 7 进 5　　8. 车二进六　车 2 进 6
9. 仕六进五　车 2 平 4

黑方平车捉马，步数上容易吃亏。

10. 马六进七　…………

红方马踏 3 卒，是保持变化的走法。如改走马六进五，则马 3 进 5；炮五进四，士 6 进 5，红方虽然多兵，但是局面趋向简化。

10. …………　士 6 进 5
11. 车二平三（图 19）　…………

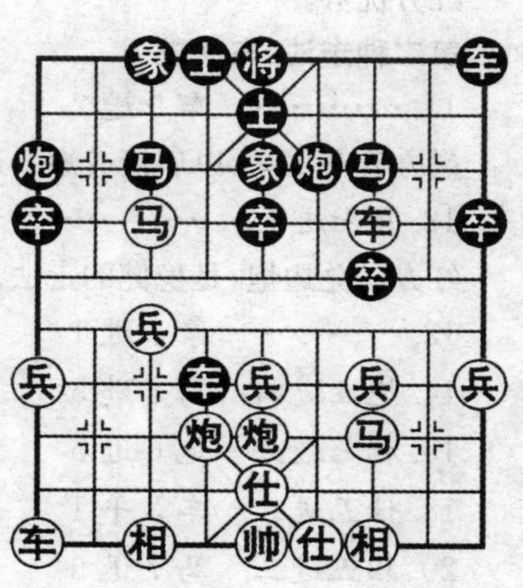

图 19

如图 19 形势下，黑方有两种走法：车 9 平 7 和车 9 进 2。现分述如下。

第一种走法：车 9 平 7

11. …………　车 9 平 7
12. 马七进九　…………

红方以马换炮，易于控制局势，是简明的走法。

12. …………　象 3 进 1

13. 车九平八　马7退6

黑方退马兑车，急于解除左翼的压力。似不如改走象1退3，红如接走车八进六（如兵三进一，则卒7进1；车三退二，马7进6；车三进五，象5退7，黑方可以应付），黑则车4平3；相七进九，马3进4，要比实战走法好。

14. 车三进三　象5退7　　15. 车八进六　车4平3

16. 相七进九　炮6平7　　17. 炮五进四　…………

红方炮打中卒，可以获得多兵之利，是简明实惠的走法。

17. …………　马3进5　　18. 车八平五　卒7进1

黑方硬过7路卒，似不如改走炮7进4，红如相三进五，黑则马6进7，要比实战走法好。

19. 车五平三　卒7进1

黑如改走卒7平6，红则兵三进一；卒6进1，马三进二，也是红占优势。

20. 车三退三　车3进1

黑方进车捉相，似不如走车3平1吃兵实惠。

21. 车三进三　炮7平5

黑如改走炮7进5，红则车三退四；象7进5，兵五进一；车3平1，车三进一，也是红方多兵占优。

22. 炮六进三

红方优势。

第二种走法：车9进2

11. …………　车9进2

黑方升车保马，以后伏有炮6退1再炮6平7的反击手段。

12. 马七进九　…………

红方马兑边炮，是稳健的走法。

12. …………　象3进1　　13. 车九进八　车4平3

14. 炮五进四　马3进5　　15. 车三平五　象1退3

16. 相七进五　炮6进5　　17. 车五平三　炮6平4

18. 仕五进六　车3平1　　19. 兵三进一　卒7进1

20. 相五进三　马7退6　　21. 仕六退五　车9平6

22. 相三退五　卒9进1　　23. 车八进六

红方优势。

第 20 局　黑飞左象对红高左车(一)

1. 炮二平五　马 2 进 3　　2. 马二进三　炮 8 平 6
3. 车一平二　马 8 进 7　　4. 炮八平六　车 1 平 2
5. 马八进七　炮 2 平 1　　6. 兵七进一　卒 7 进 1
7. 马七进六　象 7 进 5　　8. 车九进二　…………

红方高左车,加快左翼主力的出动速度。

8. …………　车 2 进 6(图 20)

黑方进车,争取对攻。

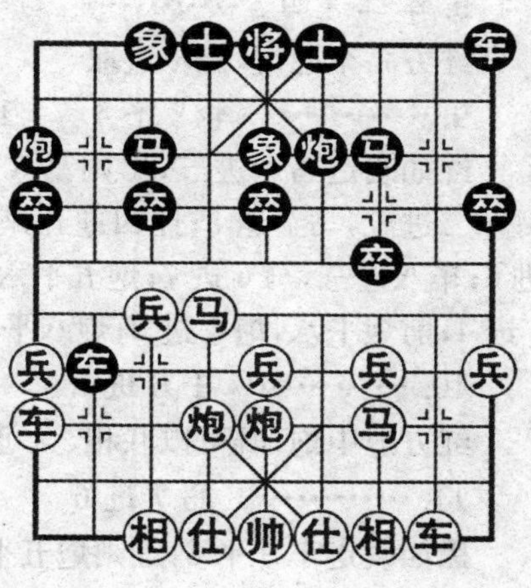

图 20

如图 20 形势下,红方有两种走法:车二进六和车二进四。现分述如下。

第一种走法:车二进六

9. 车二进六　车 2 平 4
10. 马六进五　…………

红方马踏中卒,正着。如改走马六进七,则炮 1 进 4,黑方可抗衡。

10. …………　马 3 进 5
11. 炮五进四　士 6 进 5
12. 仕四进五　车 9 平 8

黑如改走马 7 进 6,红则车二平四;马 6 进 7,车四平三;车 4 退 3,车九平八;车 9 平 6,车八进三;炮 6 平 7,双方大体均势。

13. 车二平三　炮 6 退 2　　14. 炮五退二　车 8 进 6
15. 车九平八　车 8 平 7　　16. 相三进五　炮 6 平 7
17. 车三平七　…………

红车吃卒胁象,势在必行。

17. …………　卒 7 进 1　　18. 车八进三　卒 7 平 6
19. 炮五进一　马 7 退 6　　20. 车七进三　…………

红方弃马破象,暗伏杀机。黑方如接走炮 7 进 7 打马,红方则炮六进七轰士;车 4 退 6,车八进四绝杀,红方速胜。

20. …………　炮 1 进 4　　21. 车八进三　马 6 进 7
22. 车七退二　马 7 进 6　　23. 炮六进七　…………

红方弃炮轰士,迅速入局。

23. ………… 将5平4　24. 车八平五　象5进3

25. 车七平四　马6退7　26. 炮五平二　…………

红方平炮马口催杀,弈来煞是好看!

26. ………… 炮7平8　27. 车五平三　将4平5

28. 车四平三

红方胜势。

第二种走法:车二进四

9. 车二进四　…………

红方高车巡河,稳步进取。

9. ………… 车2平4　10. 车二平四　…………

红如改走马六进五,黑则马3进5;炮五进四,士6进5;相三进五,车9平8;车二进五,马7退8;仕四进五,马8进7;车九平八,车4退3;炮五退一,马7进6;车八进三,马6进7;炮五平六,车4平7;前炮退二,卒7进1;车八平一,炮1进4;前炮平八,炮1进3;炮八平三,卒7进1,黑优。

10. ………… 士6进5　11. 炮五退一　…………

红方退中炮,既可以联相,又可对黑方过河车展开攻击,是灵活的走法。

11. ………… 马7进6

黑如改走车9平8,红则炮五平六;车4平1,车九平八,红方占先手。

12. 车四进一　车4退1　13. 相三进五　车4进1

14. 炮五平七　炮1进4　15. 炮七进五　象3进1

16. 车九平八　卒9进1　17. 炮七平八　车9平6

18. 炮八进一　象1退3　19. 兵七进一　车4平3

20. 炮六进六　象5进3　21. 炮六平七　炮6平2

22. 车四进四　将5平6　23. 车八进五

红方大占优势。

第21局　黑飞左象对红高左车(二)

1. 炮二平五　马2进3　2. 马二进三　炮8平6

3. 车一平二　马8进7　4. 炮八平六　车1平2

5. 马八进七　炮2平1　6. 兵七进一　卒7进1

7. 马七进六　象7进5　8. 车九进二　车9平8

黑方兑车，是改进后的走法。

9. 车二进九　马 7 退 8（图 21）

如图 21 形势下，红方有两种走法：炮六平七和车九平七。现分述如下。

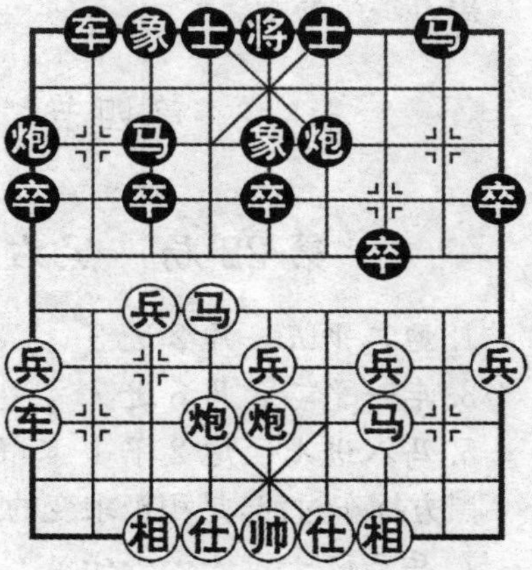

图 21

第一种走法：炮六平七

10. 炮六平七　…………

红如改走马六进七，黑则马 8 进 7；兵五进一，炮 6 进 1；马七进九，象 3 进 1；炮六进五，马 7 进 8；兵五进一，卒 5 进 1；炮六平九，马 3 进 2；炮九进一，马 2 进 4；炮九平三，炮 6 平 3；炮三平七，马 8 进 7；兵七进一，炮 3 平 7，黑优。

10. …………　车 2 进 5

11. 马六进五　马 3 进 5

12. 炮五进四　士 6 进 5

13. 相三进五　马 8 进 7

14. 炮五退二　车 2 进 1　　15. 车九退一　马 7 进 6

16. 车九平二　炮 1 进 4　　17. 炮七进四　马 6 进 5

18. 马三退二　车 2 退 2　　19. 马二进四　车 2 平 5

20. 马四进五　车 5 进 1　　21. 马五退七　炮 1 平 4

黑方满意。

第二种走法：车九平七

10. 车九平七　炮 1 进 4

黑如改走马 8 进 7，红则车七进一；士 6 进 5，兵五进一；车 2 进 4，马六进七；炮 1 退 1，炮六平七；炮 1 平 3，兵七进一；象 5 进 3，炮七进三；象 3 进 5，炮七退一；炮 3 进 2，炮七进三；炮 6 平 3，车七进三；车 2 平 3，车七退一；象 5 进 3，仕六进五；炮 3 平 5，双方大体均势。

11. 车九进一　炮 1 进 3　　12. 马六进五　车 2 进 9

13. 马三退五　士 6 进 5　　14. 前马退六　马 8 进 7

15. 兵五进一　炮 1 退 4　　16. 马六进七　炮 1 平 5

17. 车七平五　炮 5 进 2　　18. 相七进五　马 7 进 6

19. 车五进二　马 6 进 7　　20. 马五进三　车 2 退 3

21. 仕六进五　炮 6 进 6　　22. 车五退二　车 2 平 5
23. 马三进五　马 7 退 5

黑方多卒易走。

第四节　黑右车过河变例

第 22 局　黑右车过河对红挺三兵(一)

1. 炮二平五　马 2 进 3　　2. 马二进三　炮 8 平 6
3. 车一平二　马 8 进 7　　4. 炮八平六　车 1 平 2
5. 马八进七　炮 2 平 1　　6. 兵七进一　车 2 进 6

黑方挥车过河，是积极求变的走法。

7. 兵三进一　…………

红方挺兵制马，演变成"两头蛇"阵势，着法紧凑有力。

7. …………　车 9 进 1(图 22)

黑方高横车，是力争主动的走法。

如图 22 形势下，红方有两种走法：仕六进五和仕四进五。现分述如下。

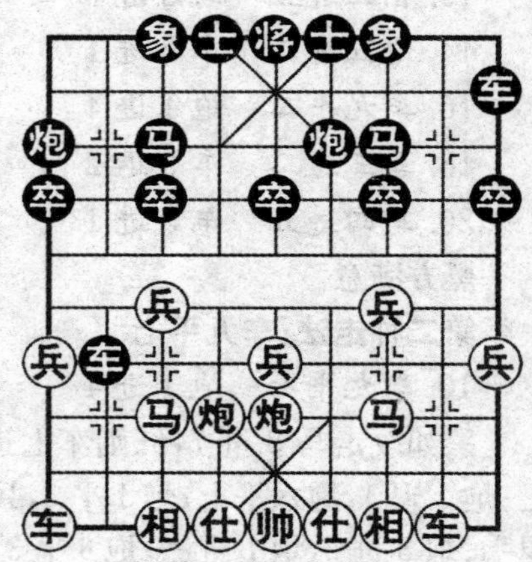

图 22

第一种走法：仕六进五

8. 仕六进五　车 9 平 4

9. 马三进四　…………

红方右马盘河，针锋相对。如改走车二进六，则士 4 进 5；车二平三，炮 6 退 1；车三平四，炮 6 平 7；相三进一，车 4 进 1，黑可抗衡。

9. …………　车 2 平 3

黑方平车压马，正着。如改走炮 6 进 7 打仕，则车二进五；卒 7 进 1，车二平三；象 7 进 9，车三平六；车 4 平 6，马四退三；炮 6 退 5，车九平八；车 2 进 3，马七退八，红优。

10. 车二进五　…………

红方进车骑河，是大局感极强的走法。

10.…………　车4进4　11.马四进六　象7进5

黑方补象,嫌软。应改走卒7进1,红则车二平三;象7进9,车三进二;车4退1,黑方下伏炮6平5的反击手段,足可应战。

12.马六进八　车4退4

黑方退车防守,正着。如误走炮1平2顶马,则马八退九;炮2进3,车九平八;卒7进1,车二进一;卒1进1,车八进四;卒1进1,车八进四,红方占优势。

13.车九平八　车2平2　14.兵七进一　象5进3

红方冲兵,展开攻击。黑不能卒3进1,否则马八进六,黑方丢车。

15.炮五平三　炮6平5　16.兵三进一　卒7进1

17.车二平三　马7退9　18.炮三平二　炮5平8

19.炮六平四　象3退5　20.车三进一　车3退2

21.相七进五　车3平7

黑方平车邀兑,以求减轻左翼压力。

22.车三退一　象5进7　23.炮四进四　炮8进1

24.马七进六　象3进5　25.马六退四

红方易走。

第二种走法:仕四进五

8.仕四进五　…………

红方补右仕,是改进后的走法。

8.…………　车9平4

黑如改走车2平3,红则车九平八;车9平4,车二进六;车4进4,车二平三;炮6平4,车三进一;象3进5,炮六进五;炮1平4,车三进一;士4进5,车八进二;车4平3,马七退八;前车进3,炮五平四;前车退3,相三进五;后车退1,炮四进一;前车进2,兵三进一,红方多子占优。

9.车二进六　…………

红方挥车过河,对黑方左翼施加压力。如改走马三进四,黑则车2平3;车二进五,车4进4;马四进五(如马四进六,则象3进5;马六进八,炮1平2,红无便宜可占),马3进5;炮五进四,车4进2;仕五进六,车3平5;仕六退五,车5退3,黑方可以抗衡。

9.…………　卒3进1

黑方弃卒,是先弃后取之着。除此之外,还有两种走法:

①炮6退1,马三进四;车2退2,炮六进三,红方先手。

②士 4 进 5,车二平三;炮 6 退 1,黑可抗衡。

10. 兵七进一　车 2 平 3　　11. 车九平八　…………

红应先走车二平三,黑如接走炮 6 进 4,红则车三平四;炮 6 平 7,相三进一;车 3 退 2,车四退三;马 7 进 8,兵五进一;士 4 进 5,车九平八,这样更为紧凑。

11. …………　车 3 退 2　12. 车二平三　炮 6 进 4

13. 马三进四　…………

红方亦可改走兵三进一,这样较为简明。

13. …………　炮 6 平 7　14. 车三平四　象 7 进 5

15. 车八进七

红方易走。

第 23 局　黑右车过河对红挺三兵(二)

1. 炮二平五　马 2 进 3　　2. 马二进三　炮 8 平 6

3. 车一平二　马 8 进 7　　4. 炮八平六　车 1 平 2

5. 马八进七　炮 2 平 1　　6. 兵七进一　车 2 进 6

7. 兵三进一　象 7 进 5(图 23)

黑方飞左象巩固中防,是稳健的走法。

如图 23 形势下,红方有三种走法:车九平八、车二进六和车九进二。现分述如下。

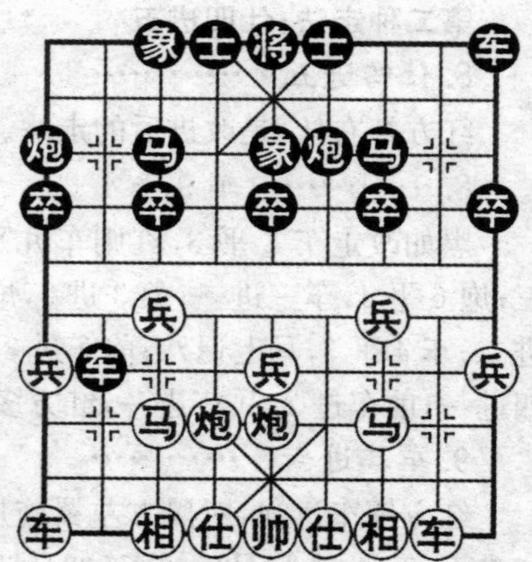

图 23

第一种走法:车九平八

8. 车九平八　车 2 平 3

9. 相七进九　…………

红方飞相护兵,是稳健的走法。如改走马三进四,则士 6 进 5;仕四进五,车 3 退 1;马四进六,卒 3 进 1;相七进九,车 3 平 7,黑优。

9. …………　炮 1 退 1

10. 车八进一　…………

红如改走车八进八,黑则车 9 进 1;车八平一,马 7 退 9,再马 9 退 7 借机调整黑马位置,红无便宜可占。

10. …………　士 6 进 5　　11. 马三进四　卒 3 进 1

12. 兵七进一　炮1平3　　13. 兵七平六　卒7进1
14. 兵三进一　象5进7　　15. 车八进三　车9平6
16. 车二进六　马7进6　　17. 车二平四　炮6平5
18. 车四进三　士5退6　　19. 仕四进五

红方稍优。

第二种走法:车二进六

8. 车二进六　车2平3

黑如改走车9平8,红则车二进三(如车二平三,则炮6进4,黑方易走);马7退8,车九平八;车2平3,相七进九;士6进5,双方均势。

9. 车二平三　车9平7　　10. 车九平八　士6进5
11. 仕四进五　车3退1　　12. 兵三进一　车3平7
13. 车八进四　车7退1　　14. 车三退一　象5进7
15. 马七进六　象7退5　　16. 马三进四

红方易走。

第三种走法:车九进二

8. 车九进二　…………

红方高左车,是含蓄多变之着。

8. …………　士6进5

黑如改走车2平3,红则炮六退一;士6进5(如炮6进5,则炮六平七;车3平4,仕四进五,红方易走),炮六平七;车3平4,炮七平四;炮6进5,仕四进五;炮6平3,车九平七;车4退1,相三进一;马3退1,炮四进七;炮1进4,车二进七;车9平7,马三进二;车7平8,车二平三;车8进5,炮五进四,红优。

9. 车二进六　…………

红如改走马七进六,黑则车2平4;马六进七,炮1进4;仕四进五,炮1平3;马七退八,车4退1;兵五进一,车4平3;车二进三,车9平8;车二平六,车8进4;车九进一,炮3进2;马八退九,炮3退1;车九平七,炮3平5;相三进五,车3进1;车六平七,卒7进1;兵三进一,车8平7,黑方多卒稍优。

9. …………　车9平8

黑如改走卒1进1,红则车九平八;车2进1,炮六平八;炮1进1,炮八进四;车9平7,车二平三;马7退6,车三进三;象5退7,马三进四;象7进5,马四进五;马3进5,炮八平五;炮1平5,炮五进四,红方多兵略优。

10. 车二平三　炮6进4　　11. 相三进一　炮6平7

12. 车三平四　车8平6　　13. 车四进三　将5平6
14. 车九平八　车2进1　　15. 炮六平八　炮1进4
16. 马七进六　炮1平3　　17. 炮五平四　将6平5
18. 炮四进四　卒3进1　　19. 兵七进一　象5进3
20. 兵三进一

红方优势。

第24局　黑右车过河对红挺三兵(三)

1. 炮二平五　马2进3　　2. 马二进三　炮8平6
3. 车一平二　马8进7　　4. 炮八平六　车1平2
5. 马八进七　炮2平1　　6. 兵七进一　车2进6
7. 兵三进一　车2平3(图24)

如图24形势下，红方有三种走法：车九进二、车二进六和车九平八。现分述如下。

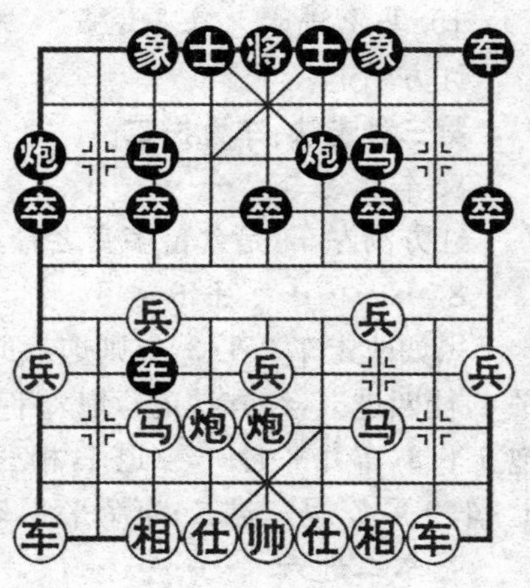
图24

第一种走法：车九进二

8. 车九进二　车9平8

黑方如改走象7进5，红方则有两种走法：

①车二进六，士6进5；车二平三，车9平7；仕四进五，炮1退1；炮六退一，炮1平4；炮五平四，炮4进2；炮四进四，炮4平6；车三平四，马7进8；车四退四，车7进5；炮六平七，车3平4；相七进五，车7进1；马七进八，炮6平7；兵七进一，车4进2；炮七进二，车7平5；马八进六，车5平7；炮七进三，炮7进5；马六进七，车4退6；马七退九，马8进9；车九退一，炮7进1；车九进一，炮7平9；车四平二，车4进4；马九进七，马9进7，黑方攻势强大，红方难应。

②炮六退一，车3退1(如炮6进5，则炮六平七；车3平4，仕四进五；炮6平3，车九平七，红方占主动)；兵五进一，车3退1；炮六平七，车3平2；车二进六，车9平7；马七进五，士6进5；兵五进一，卒5进1；车二平三，炮1退1；车九平六，车2进4；炮七平五，红优。

9. 车二进九　马7退8　　10. 炮五平四　车3退1
11. 相七进五　车3退1　　12. 马三进四　卒7进1
13. 马七进八　车3平2　　14. 马四进六　卒3进1
15. 马六进七　车2进1　　16. 兵三进一　卒5进1
17. 兵三平四　车2平6　　18. 车九平八　象7进5
19. 马七退九　车6退1　　20. 炮四进五　炮1平6
21. 车八进四　炮6进1　　22. 马九进八　士6进5
23. 车八平六　炮6退2　　24. 马八退七　马8进7

双方大体均势。

第二种走法:车二进六

8. 车二进六　卒3进1　　9. 兵七进一　车3退2
10. 马七进六　士6进5　　11. 车九进二　象7进5
12. 车九平七　…………

红方兑车,是抢先之着。

12. …………　车3进3　　13. 炮五平七　车9平7
14. 炮七进四　炮1退1　　15. 车二平三　马7退9
16. 车三进三　马9退7　　17. 兵三进一　马7进8
18. 兵三平四　炮1进5　　19. 相三进五　炮1平3
20. 炮七平一　卒1进1　　21. 兵一进一　炮3退2
22. 炮六退一　炮6平7　　23. 马三进一

红方优势。

第三种走法:车九平八

8. 车九平八　士6进5　　9. 车二进六　象7进5
10. 相七进九　…………

红方飞边相保兵,是稳健的走法。

10. …………　车9平7　　11. 车二平三　炮1退1
12. 兵三进一　卒3进1　　13. 兵七进一　车3退2
14. 马七进六　车3平7　　15. 车三退一　象5进7
16. 炮六平七　象7退5　　17. 马三进四　炮1进5
18. 炮七退一　炮1退1　　19. 炮五平七　象3进1
20. 马六进七　象1进3　　21. 马四进六

红方易走。

第25局 黑右车过河对红高左车

1.炮二平五　马2进3　2.马二进三　炮8平6
3.车一平二　马8进7　4.炮八平六　车1平2
5.马八进七　炮2平1　6.兵七进一　车2进6
7.车九进二　…………

红方高左车，是后中先的走法。

7.…………　卒7进1

黑方进卒活马，是静观其变的走法。如改走车2平3压马，红则兵三进一；象7进5，炮六退一，红方占先手。

8.车二进六　…………

红车过河进占卒林，着法积极。

8.…………　车2平3

黑方平车压马，继续贯彻保持变化的战略意图。如改走象7进5，则车二平三；车9平7，马七进六；士6进5，仕四进五；车2平4，马六进五；马3进5，炮五进四；马7退9，车三平一；马9进7，车一平三；马7退9，车三平四；卒7进1，兵三进一；车7进5，相三进五；车7进1，兵五进一，红方多兵易走。

9.车二平三　车9进2(图25)

如图25形势下，红方有两种走法：仕四进五和炮五平四。现分述如下。

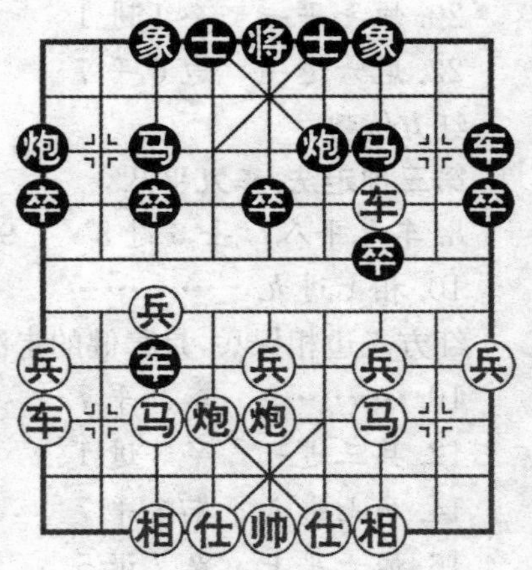
图25

第一种走法：仕四进五

10.仕四进五　象7进5
11.炮五平四　…………

红方卸炮准备调整阵势，以后伏有进炮打车的手段，是机动灵活的走法。如改走炮六退一，则炮1退1；炮六平七，车3平4；马七进八，炮1平7；车三平四，马7进8，形成双方各攻一翼的对攻局面。

11.…………　车3退1
12.相三进五　车3平8

黑如改走车3退1，红则马七进六，也是红方子力灵活占优。

13. 兵三进一　车 8 退 1　14. 炮四进四　…………

红方进炮，准备左移打卒压马，是扩大先手的紧要之着。如改走兵三进一，则车 8 平 7；车三退一，象 5 进 7；马七进六，卒 3 进 1，黑方多卒，较为易走。

14. …………　卒 7 进 1　15. 炮四平七　炮 1 退 1

16. 炮六进六　…………

红方进炮塞象眼，不给黑方平炮打车之机，是紧凑有力之着。

16. …………　车 8 平 4　17. 炮六平三　卒 7 进 1

黑可改走士 4 进 5，红则炮三平九；马 3 退 1，车三退二；马 7 进 6 简化局势，这样要比实战走法好。

18. 车三退三　马 7 进 6　19. 车三进一　车 9 平 7

20. 车三进三　马 6 退 7　21. 车九平八　马 7 进 8

22. 车八进二　车 4 平 7　23. 炮三平六　…………

红方舍马平炮塞象眼，暗伏弃子抢攻的战术手段，是扩大优势的巧妙之着。如改走车八平三，则车 7 进 1；相五进三，立呈平稳之势。

23. …………　象 3 进 1

黑如改走车 7 进 3，红则炮七进三；士 4 进 5（如将 5 进 1，则炮六退六，红方得车），炮七平九，红方弃子，占优。

24. 马三进二　卒 9 进 1　25. 马七进六　车 7 平 4

26. 炮六平四　象 1 进 3　27. 马六进四

红方大占优势。

第二种走法：炮五平四

10. 炮五平四　…………

红方卸炮，准备威胁黑方过河车。

10. …………　象 7 进 5

黑如改走炮 6 平 4，红则相三进五；卒 3 进 1，炮六进二；象 7 进 5，炮四进一；卒 3 进 1，炮四平七；卒 3 进 1，车三平二；马 7 进 6，车二退二；马 3 进 2，炮六退三；炮 4 进 5，马七退八；炮 4 平 7，相五退三；炮 7 平 3，马八进七；卒 3 进 1，车九平七，红优。

11. 相七进五　车 3 平 2

黑如改走车 3 平 4（如车 3 平 5，则炮六进五；车 5 平 6，炮四进五，黑方失子），红则仕六进五；炮 1 退 1，兵三进一；车 4 平 2，兵三进一；炮 1 平 7，车三平四；炮 6 进 5，炮六平四；炮 7 进 3，兵九进一；卒 3 进 1，兵七进一；车 2 平 3，兵七进一;车3退3,马七进六;车3进1,车四平三,红优。

12.兵三进一　卒7进1　13.车三退二　卒3进1

14.兵七进一　象5进3　15.马七进六　车2退1

16.炮六平七　象3退5　17.炮七进二　马3进4

18.车九平八　车2进2　19.炮四平八　炮1平4

20.马三进四　…………

红方跃马,准备兑子取势,佳着。

20.…………　马4退6　21.车三进二　炮6进3

22.炮七平四　马6退5　23.马六进四

红方优势。

第五节　黑左横车变例

第26局　红右车过河对黑左车过宫(一)

1.炮二平五　马2进3　2.马二进三　炮8平6

3.车一平二　马8进7　4.炮八平六　车1平2

5.马八进七　车9进1

黑方高横车,另辟蹊径。

6.车九平八　卒7进1

黑方挺7卒,活通左马。

7.车二进六　…………

红方过河车封锁黑方左翼,着法紧凑。

7.…………　车9平4

黑方另有以下两种走法:

①象3进5,车二平三;马7退8,兵七进一;车9平4,仕六进五;炮2进4,兵三进一;马8进9,车三平四;炮6平7,兵三进一;车4进3,兵三进一;炮7退1,兵三进一;炮7进6,炮六平三;车4平7,炮三平四;车7退2,马七进六;士4进5,兵七进一;炮2平9,车八进九;马3退2,车四平一;车7进4,兵七进一;车7平5,马六进四;车5平3,相七进九;马9退7,炮五进一;车3退2,马四进五;马7进5,车一退三,红优。

②马7进6,兵七进一;车9平4,仕四进五;车4进5,车八进五;马6进7,

炮五进四；马 3 进 5，车二平五；象 7 进 5，马七进八；车 4 平 2，炮六进六；士 6 进 5，车五进一，红优。

8. 仕四进五　士 4 进 5　　9. 车二平三　…………

红如改走兵三进一，黑则卒 7 进 1；车二平三，炮 6 退 1；车三退二，炮 6 平 7；车三平四（如车三平二，则车 4 进 3；马三进四，车 4 平 7；炮五平三，象 3 进 5；相三进五，卒 3 进 1；车二进四，炮 2 退 1；车八进七，车 2 平 3；炮三进五，车 7 退 2；车二退二，车 7 进 4；炮六进四，车 7 平 6；车二退二，车 6 平 9；车二平三，炮 7 平 8；车三平二，炮 8 平 7；车二平三，炮 7 平 8，双方不变作和），车 4 进 5；兵七进一，象 7 进 5；车八进六，炮 2 平 1；车八进三，马 3 退 2；马七进六，马 2 进 3；马六进七，炮 1 进 4，黑方易走。

9. …………　炮 6 退 1　　10. 车八进七　…………

红方弃车砍炮，一车换双，以后还可赚得一象；但布局阶段黑方有双车，易于发挥威力。这是 20 世纪 80 年代流行的走法。

10. …………　车 2 进 2

11. 车三进一　炮 6 进 1

12. 车三进二（图 26）　…………

红方乘机掠象，是一车换双战术的续进手段。

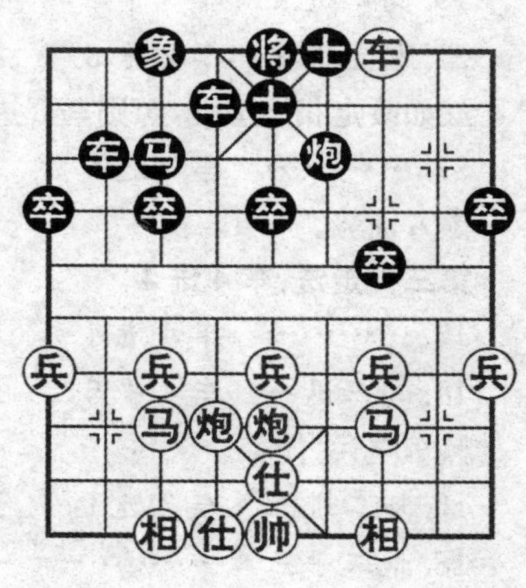

图 26

如图 26 形势下，黑方有三种走法：车 2 进 4、车 4 进 3 和车 4 进 4。现分述如下。

第一种走法：车 2 进 4

12. …………　车 2 进 4

13. 兵三进一　车 4 进 4

14. 兵三进一　象 3 进 5

15. 车三平二　…………

红方放弃过河兵，正着。如改走车三退二，则车 4 平 7；兵三进一，车 2 平 3，红方双马受制，黑方易走。

15. …………　象 5 进 7

16. 马三进二　车 2 平 3

17. 炮五平一　…………

红方卸中炮，准备将六路炮右移，先调整阵势后，再对黑方左翼发起攻击，

走得恰到好处。

17. ………… 卒 3 进 1 18. 车二退三 …………

红方退车占据要点，是紧凑之着。

18. ………… 车 4 平 6 19. 炮六平二 将 5 平 4

20. 相三进五

红方优势。

第二种走法：车 4 进 3

12. ………… 车 4 进 3 13. 兵七进一 …………

红方挺七兵，略嫌缓慢。应改走马三退一，下伏炮五平二侧袭的手段，较为紧凑有力。

13. ………… 车 2 进 4 14. 车三退二 车 2 平 3

15. 相七进九 卒 3 进 1 16. 马三退四 车 4 进 1

黑方进车，准备左移拦炮防守，是必走之着。如误走卒 3 进 1，则炮五平二，黑势立溃。

17. 炮五平一 车 4 平 8 18. 炮六平四 卒 3 进 1

19. 马四进五 车 3 平 2 20. 炮四进一 车 2 退 2

21. 相九进七 车 2 平 3 22. 炮一进四 …………

红如改走相七退九，黑则马 3 进 4，也是黑方占优势。

22. ………… 车 3 进 1

黑方优势。

第三种走法：车 4 进 4

12. ………… 车 4 进 4 13. 兵五进一 车 2 进 4

14. 马三退一 车 4 平 5 15. 炮五平二 车 2 平 3

黑车吃兵，佳着。

16. 炮二进五 车 3 进 1 17. 车三退四 车 5 平 8

18. 炮二平三 …………

红如改走炮二平七，黑则象 3 进 5；炮七退五，象 5 进 7，形成有车对无车的残局，黑方大占优势。

18. ………… 士 5 进 4 19. 炮三进二 士 6 进 5

20. 炮三平七 车 3 进 2

黑方多子占优。

第27局　红右车过河对黑左车过宫(二)

1. 炮二平五　马2进3　2. 马二进三　炮8平6
3. 车一平二　马8进7　4. 炮八平六　车1平2
5. 马八进七　车9进1　6. 车九平八　卒7进1
7. 车二进六　车9平4　8. 仕四进五　士4进5
9. 车二平三　炮6退1(图27)

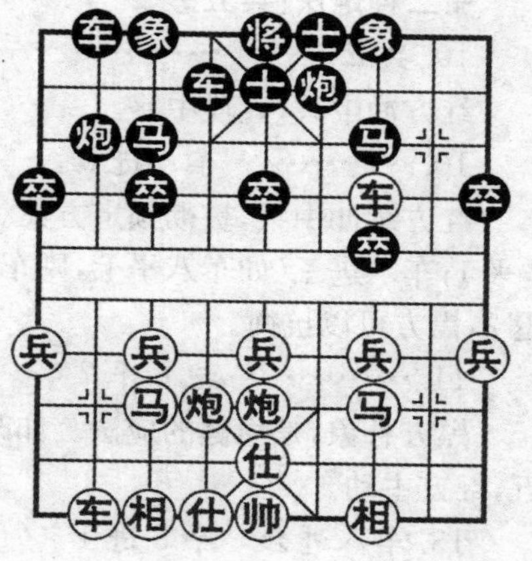

图27

如图27形势下,红方有两种走法:车八进六和兵五进一。现分述如下。

第一种走法:车八进六

10. 车八进六　…………

红方挥车过河,是改进后的走法。

10. …………　炮6平7

11. 车三平四　车4进1

12. 兵五进一　卒3进1

黑方挺3卒,略嫌缓,易被红方暗算。可改走车4平6,红如车四进一,黑则炮2平6;车八平七(如车八进三,则马3退2;炮五进四,炮6平5;炮五退一,红虽占优,但黑可应付),象3进5;兵五进一,卒5进1;马三进五,卒5进1;炮五进二,马7进6,黑可应付。

13. 兵五进一　卒5进1　14. 马三进五　车4进4

15. 炮五进三　马7进5

这里黑方改走象3进5较好些。

16. 炮六平二　炮7平9

黑方平炮虽然不好,但也无其他着法。

17. 炮二进四　炮9进5　18. 帅五平四　…………

红方出帅催杀,可使黑炮打马又将军,是迅速取胜的紧要之着。

18. …………　将5平4

黑如改走象3进5,红则炮二平五;马3进5,车八平五;炮9平5,车五平六,红方速胜。

19. 炮二平五　马3进5　20. 车四平五　炮9平5

21. 马七进五　象3进5

黑方飞象，无奈之着。如改走车4平5，则车五平六；士5进4，车六进一；将4平5，车八平四；车5退2，车四进三；将5进1，车四退一；将5退1，车六进一，红方胜定。

22. 炮五平四

红方多子，大占优势。

第二种走法：兵五进一

10. 兵五进一　…………

红方冲中兵，直攻中路。

10. …………　车4进5　　11. 兵五进一　…………

红方续冲中兵，贯彻预定方案。如改走车八进六，则炮6平7；车三平四，炮2平1；车八进三（如车八平七，则车2进2，黑方伏有炮1退1的反击手段），马3退2，黑方可以抗衡。

11. …………　炮6平7　　12. 车三平四　象7进5

黑方补象，是稳健的应法。如改走卒5进1，则车四平七；马3退4，车八进五，红方主动。

13. 车八进六　卒5进1　　14. 车八平七　马3退4

15. 车七平八　马4进3

黑方进马，是稳健的走法。如改走车2进1，则车四进二；炮7退1，炮六进七；将5平4，马三进五，红方占主动。又如改走车4平3，则车四进二；炮7退1，炮六进六；车3进1，炮五进五；士5进4，炮五平八；车2进1，车四平三，红方占优。

16. 车八平七　马3退4　　17. 车七平八　马4进3

18. 兵七进一　…………

红方挺兵，是求变之着。如改走车八平七，则马3退4；车七平八，马4进3，双方不变作和。

18. …………　卒5进1　　19. 兵七进一　炮2平1

20. 车八平七　马3退4　　21. 兵七平六　车2进6

22. 车七退二　炮1平3

黑方平炮拴链红方车马，是争先取势的巧着。

23. 马七退九　车2进2　　24. 车七平五　炮3退1

25. 车五平四　马7进5　　26. 前车平五　马4进3

黑方胜势。

第28局　红右车过河对黑左车过宫(三)

1. 炮二平五　马2进3　2. 马二进三　炮8平6
3. 车一平二　马8进7　4. 炮八平六　车1平2
5. 马八进七　车9进1　6. 车九平八　卒7进1
7. 车二进六　车9进4　8. 仕四进五　士4进5(图28)

如图28形势下，红方有三种走法：兵七进一、车八进六和车八进四。现分述如下。

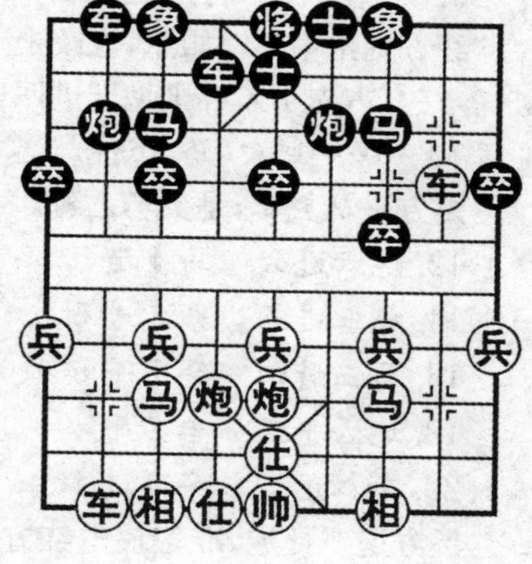
图28

第一种走法：兵七进一

9. 兵七进一　车4进5

黑如改走车4进3，红则车八进六；马7进6，炮五进四；象3进5，炮五退二；卒7进1，车二平四；马6进7，炮六平五；马7进5，相三进五；车4平5，马七进六；车5平4，车四进一；卒7进1，马六退七；卒7进1，车四退一；炮2平1，车八进三；马3退2，车四平七，红优。

10. 兵三进一　卒7进1

11. 车二平三　炮6退1

12. 车三退二　…………

红方退车吃卒，是稳健的走法。如改走车八进七，黑则车2进2；车三进一，炮6进1；车三进二，车2进2；车三退五，红方略先。

12. …………　炮6平7　13. 车三平二　车4平3
14. 车八进六　象3进5　15. 相七进九　卒3进1

16. 车八平七　…………

红如改走马三进四，黑则马7进6；车二平三，炮7平8；炮五平二，卒3进1；炮六平四，马6退8；车三退二，炮8进6；炮四平二，卒3平4；炮二进一，卒4进1；炮二平六，马8进6，黑方反先。

16. …………　车2平3　17. 兵七进一　马7进6
18. 车二平三　炮7进3　19. 车七平八　炮7平3

20. 车八进一　炮3进3　21. 车三平四　马6退4
22. 车八退五　炮3平5　23. 相三进五　前车平1
24. 车四进二　马4进2　25. 车四平一

双方大体均势。

第二种走法：车八进六

9. 车八进六　…………

红方左车过河，较为平稳。

9. …………　马7进6　10. 炮五进四　…………

红方炮击中卒略嫌急，应改走车二平四；黑如马6进7（如车4进3，则兵七进一，红方占先手），红则炮五进四。

10. …………　马3进5　11. 车二平五　马6进4

黑方进马兑车，是灵巧之着。

12. 炮六进六　马4退5　13. 炮六退六　马5进6
14. 相三进五　象3进5　15. 兵三进一　卒7进1
16. 马三进四　卒7平6　17. 炮六进四　卒3进1
18. 炮六平九　车2平4　19. 炮九平一　车4进6
20. 车八退二　卒6进1　21. 兵五进一　车4退3

黑方退车捉炮，准备攻击红方空虚的右翼，走得十分老练。如改走车4平3，则炮一平七；车3平4，黑方反落后手。

22. 炮一退二　车4平8　23. 炮一平三　炮2平3
24. 仕五退四　卒6进1　25. 仕六进五　卒6进1
26. 兵五进一　车8进3　27. 兵五进一　车8平3
28. 马七退八　炮6进4

黑方优势。

第三种走法：车八进四

9. 车八进四　…………

红方高车巡河，是稳健的走法。

9. …………　马7进6　10. 车二平三　象7进5
11. 兵三进一　卒7进1　12. 车三退二　卒3进1
13. 马三进四　炮2进1

黑方高炮扼守卒林，是含蓄有力之着。

14. 炮五平二　马6退8

黑方退马捉车，是上一回合炮 2 进 1 的续进手段。

15. 车三进三　炮 2 平 3　16. 车八进五　马 3 退 2
17. 炮六平三　车 4 进 4　18. 马四进五　车 4 平 8
19. 炮二进四　车 8 退 2　20. 马五退六　炮 3 进 3
21. 相七进五　炮 3 平 9　22. 车三退三　马 2 进 3
23. 兵五进一　车 8 进 1　24. 仕五退四　卒 9 进 1
25. 马六进七　炮 9 进 3　26. 车三进二　车 8 进 5
27. 帅五进一　车 8 退 1　28. 帅五退一　车 8 平 7
29. 前马退五　炮 6 进 2

互缠中黑方易走。

第 29 局　红右车过河对黑左车过宫(四)

1. 炮二平五　马 2 进 3　2. 马二进三　炮 8 平 6
3. 车一平二　马 8 进 7　4. 炮八平六　车 1 平 2
5. 马八进七　车 9 进 1　6. 车九平八　卒 7 进 1
7. 车二进六　车 9 平 4　8. 仕四进五　车 4 进 5(图 29)

如图 29 形势下，红方有两种走法：车二平三和兵三进一。现分述如下。

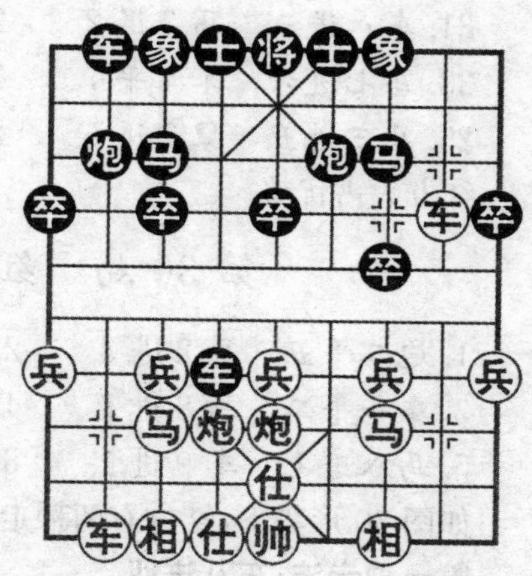

图 29

第一种走法：车二平三

9. 车二平三　…………

红方平车压马，力争主动。

9. …………　炮 6 退 1

10. 兵七进一　…………

红如改走车八进七，黑则车 2 进 2；车三进一，炮 6 平 5(如车 4 平 3，则炮五进四；马 3 进 5，车三平八；马 5 进 6，相三进五；车 3 进 1，车八平四；马 6 进 7，炮六平三；车 3 退 1，车四进一；车 3 进 5，炮三进三，红方多子，占优)；车三进二，红方一车换双后白吃一象，略占先手。

10. …………　炮 6 平 7

黑方亦可改走车 4 平 3，红如车八进六，黑则车 3 退 1；兵五进一，车 3 进 1，

红无便宜可占。

11. 车三平四　士 4 进 5　　12. 车八进六　象 3 进 5
13. 炮五平四　马 7 进 8　　14. 车四平二　马 8 进 7
15. 车二平三　炮 2 退 1　　16. 车八进一　车 2 平 3
17. 炮四进四　卒 3 进 1　　18. 车三退一　卒 3 进 1
19. 车三退二

红方多子占优。

第二种走法:兵三进一

9. 兵三进一　…………

红方献兵,为攻击黑马创造有利条件。

9. …………　卒 7 进 1　　10. 车二平三　炮 6 退 1
11. 车三退二　炮 6 平 7　　12. 车三平七　象 3 进 5
13. 马三进四　车 4 退 3　　14. 车八进六　炮 7 平 3
15. 车七平九　炮 3 平 8　　16. 炮五平二　炮 8 进 2
17. 马四进三　炮 2 退 1　　18. 炮二平三　炮 8 进 6
19. 相三进五　炮 8 平 9　　20. 车九平二　炮 2 平 7
21. 车八进三　马 3 退 2　　22. 兵七进一　车 4 进 1
23. 马七进六　车 4 平 7　　24. 相五进三　车 7 平 2
25. 马三进五　象 7 进 5　　26. 炮三进五

红方大占优势。

第 30 局　红五六炮对黑左横车

1. 炮二平五　马 2 进 3　　2. 马二进三　炮 8 平 6
3. 车一平二　马 8 进 7　　4. 炮八平六　车 1 平 2
5. 马八进七　车 9 进 1　　6. 车九平八　卒 7 进 1(图 30)

如图 30 形势下,红方有两种走法:车八进四和仕四进五。现分述如下。

第一种走法:车八进四

7. 车八进四　…………

红方升起左车,伺机而动,是近年来创新的走法。

7. …………　马 7 进 6　　8. 车二进六　…………

红如改走仕四进五,黑则象 3 进 5;车二进六,士 4 进 5;车二平四,马 6 进 7;兵七进一,车 9 进 7;炮五平四,炮 6 进 5;车四退四,炮 2 平 1;车八进五,马 3

退2;马七进六,马2进3;马六进七,炮1进4,黑方多卒稍优。

8.…………　车9平4

黑方另有以下两种走法:

①卒7进1,车二平四;马6进7,车八平三;马7进5,相三进五;车9平4,炮六进二;士4进5,兵七进一;象7进5,车三进一,红优。

②马6进7,炮五进四;马3进5,车二平五;象3进5,车五平七;车9平2,炮六进一;炮6平7,炮六平三;炮7进4,相三进五;炮2平4,车八进四;车2进1,兵五进一,红方多兵占优。

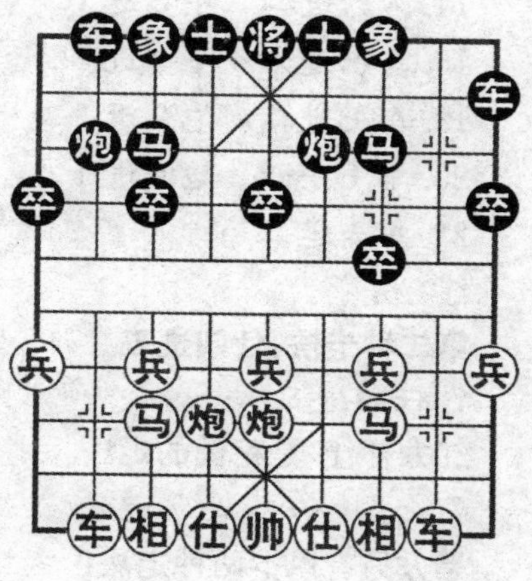
图30

9.仕四进五　士4进5

黑如改走车4进3,红则炮五进四;马3进5,车二平五;士4进5,兵五进一;车4进2,兵五进一;马6进7,炮六平五(如兵五平六,则车4退2;马三进五,车4进2;炮六平三,红优);车4平3,马七进五;车3平5,马三进五;炮2平3,车五平七;车2进5,车七进一;象3进5,车七退一,红优。

10.车二平三　象7进5　　11.兵三进一　卒7进1

黑如改走车4进4,红则车八平六;马6进4,兵七进一;马4进3,炮五平七;炮2进5,兵三进一;炮2平4,仕五进六;车2进7,炮七退一;车2平4,相三进五;将5平4,仕六进五;车4平3,炮七平九;卒3进1,兵三平四;卒3进1,兵四进一;炮6平8,兵四平五;卒3平2,前兵进一;象3进5,车三平八,红优。

12.车三退二　炮2进2

黑如改走卒3进1,红则马三进四;车4进4,车八平六;马6进4,炮五平二;炮6平8,马四进六;马3进4,车三平六;马4退3,炮六平三;炮2平1,炮三进六;炮1退1,车六进四;车2进3,炮三平一;炮8退1,车六退四;象5退7,兵七进一;车2进1,双方均势。

13.兵七进一　车4进3

黑如改走车4进5,红则马三进四;炮6进3,车三平四;马6退8,炮五平二;象5退7,炮二进一;车4退2,相三进五;卒3进1,车四平六;车4平7,兵七进一;车7平3,车六平七;车3进1,车八平七;马3进4,马七进六;马4进6,炮二平三;炮2平4,马六退四;马6退8,炮三进三,红优。

14. 炮六进二　卒 3 进 1　　15. 炮五平六　马 6 进 4

16. 马七进六　卒 3 进 1　　17. 车八平七　车 7 平 8

18. 车七进二　炮 2 退 3　　19. 相三进五　炮 2 平 3

20. 车七平六　炮 6 进 1　　21. 车六进二　炮 6 退 2

22. 车六退二

红方先手。

第二种走法:仕四进五

7. 仕四进五　…………

红方补仕,是稳健的走法。

7. …………　马 7 进 6

黑方另有以下两种走法:

①车 9 平 4,车二进四;炮 2 进 4,兵三进一;车 4 进 3,兵七进一;炮 2 平 3,炮五平四;车 4 平 2,相三进五;象 3 进 5,车八进五;车 2 进 4,炮四退二;卒 7 进 1,车二平三;马 7 进 8,兵一进一;卒 1 进 1,炮四平一,红方易走。

②炮 2 进 4,车二进六;象 3 进 5,车二平三;车 9 进 1,兵三进一;卒 7 进 1,车三退二;马 7 进 6,黑方反先。

8. 兵七进一　…………

红方亦可改走车八进五。黑如接走马 6 进 4(如马 6 进 7,则车八平三;马 7 进 5,相三进五;象 3 进 5,车三平四;士 4 进 5,兵七进一,红方易走),红则兵七进一;卒 3 进 1,车八退一;卒 3 进 1,车八平七;马 4 进 5,相三进五;象 3 进 5,马七进六;炮 2 退 1,车七平八;炮 2 平 5,车八进五;马 3 退 2,车二进七,红优。

8. …………　象 3 进 5　　9. 车二进六　马 6 进 7

10. 车八进六　…………

红方也可改走车二平四,试探黑方应手。黑方如接走士 4 进 5,红方再车八进六,不让黑方左车右移。

10. …………　车 9 平 4　　11. 炮五平四　…………

红方卸炮,调整阵势。也可改走炮五进四,马 3 进 5;车二平五,谋取实利。

11. …………　士 4 进 5　　12. 相三进五　车 4 进 5

13. 车二退三　炮 6 平 7　　14. 炮四进一　车 4 退 2

15. 炮四退三　炮 2 平 1　　16. 车八平七　…………

红方平车吃卒压马,是寻求变化的走法。如改走车八进三,则马 3 退 2;车二进一,局势相对平稳。

16. …………　炮1退1　17. 兵七进一　…………

红方冲兵胁车，摆脱牵制，势在必行。

17. …………　车4进2

黑如改走车4平3，红则车七退一；象5进3，车二进三，红方占先手。

18. 炮四平三　炮1平3　19. 炮三进三　炮3进2

20. 兵七进一　炮7进4　21. 兵七进一　车4平3

22. 车二平三　车3进1　23. 车三平二　车3退5

双方均势。

第六节　其他变例

第31局　黑挺3卒对红左直车(一)

1. 炮二平五　马2进3　2. 马二进三　炮8平6

3. 车一平二　马8进7　4. 炮八平六　车1平2

5. 马八进七　卒3进1

黑方挺3卒，意在限制红方进七兵后左马跃出。

6. 车九平八　卒7进1

7. 车八进四　象7进5(图31)

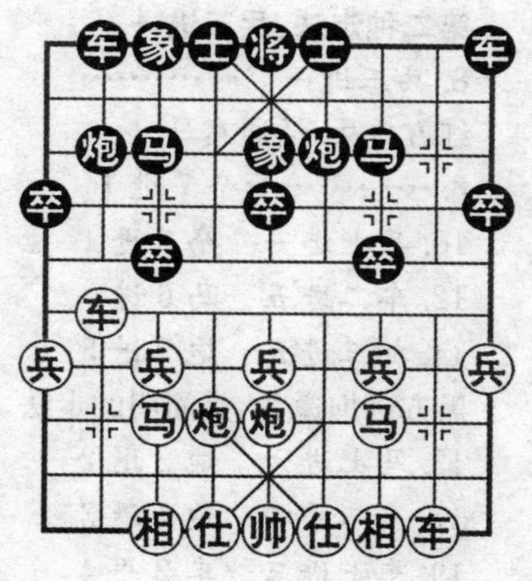

图31

黑如改走马7进6，红则炮五进四；马3进5，炮六平五；象3进5，炮五进四；士4进5，兵五进一；卒9进1，车二进六；车2平4，兵五进一；马6进7，马三进五；卒9进1，兵一进一；车4进6，马五进六；马7退9，车二平四；炮6平7，相七进五；马9进8，马七进五；车9进6，车四进一；炮2平4，仕四进五；马8退6，车八进五；炮4退2，帅五平四；炮7平9，车四进一，红优。

如图31形势下，红方有三种走法：兵五进一、兵三进一和车二进六。现分述如下。

第一种走法:兵五进一

8. 兵五进一　士6进5　9. 兵五进一　卒5进1
10. 炮六退一　炮2平1　11. 车八进五　马3退2
12. 马三进五　车9平8　13. 车二进九　马7退8
14. 炮五进三　马8进7　15. 兵七进一　卒3进1
16. 马五进七　炮1平3

黑方平炮打马,是抢先之着。

17. 前马进六　炮3进7　18. 仕六进五　炮6退1
19. 炮六平七　将5平6　20. 马七进六　马2进3
21. 相三进五　炮3平2　22. 炮七平八　炮6进2
23. 后马退七　炮2平1　24. 马七进五　炮6平5
25. 马五进七　马3进4　26. 仕五进四　士5进4
27. 马六进八　士4进5　28. 炮八平四　将6平5
29. 马八进九　炮1平3　30. 炮四平八　炮3退3
31. 炮八进八　象3进1　32. 马九退八　将5平6

黑方优势。

第二种走法:兵三进一

8. 兵三进一　…………

红方兑兵,活通右马。

8. …………　卒7进1　9. 车八平三　车9平7
10. 兵七进一　卒3进1　11. 车三平七　马7进6
12. 车二进五　马6进7　13. 车二退一　马7进5
14. 相三进五　炮2进5

黑方进炮邀兑,是简明的走法。

15. 马七进六　炮2退2　16. 车二进三　炮2平4
17. 车二平四　炮4退3　18. 车四退二　车2进7
19. 车七进三　车2平4　20. 仕四进五

双方均势。

第三种走法:车二进六

8. 车二进六　…………

红方右车过河,是力争主动的走法。

8. …………　车9进2

黑如改走士 6 进 5，红则车二平三；车 9 进 2，兵七进一；炮 2 进 1，炮六进四；炮 6 进 5，炮五退一；卒 3 进 1，车八平七；马 3 进 2，车七进一；卒 5 进 1，炮六进一；马 7 进 5，炮六平一；炮 2 平 7，车七平五；马 5 退 7，炮五平二；马 2 进 3，炮二进六；炮 7 进 3，炮一进二；将 5 平 6，仕四进五；炮 6 进 1，炮二进二；将 6 进 1，炮二平七；炮 7 进 3，炮七退一；士 5 进 4，对攻中黑方易走。

9. 兵七进一　卒 3 进 1　　10. 车八平七　马 7 进 6
11. 车二平四　马 6 进 7　　12. 炮五平四　炮 6 进 5
13. 车四退四　马 3 进 2　　14. 炮六进一　马 7 退 8
15. 车四进三　炮 2 平 4　　16. 炮六进六　…………

红方炮击底士，是扩先取势的有力手段。

16. …………　车 2 进 2　　17. 炮六退一　车 2 平 3
18. 车七平四　马 8 退 7　　19. 前车平八　车 3 进 5
20. 车八平六　士 6 进 5　　21. 马三进二　车 9 退 2
22. 炮六平九　车 9 平 6　　23. 车四进五　马 7 退 6
24. 相三进五

红方优势。

第 32 局　黑挺 3 卒对红左直车(二)

1. 炮二平五　马 2 进 3　　2. 马二进三　炮 8 平 6
3. 车一平二　马 8 进 7　　4. 炮八平六　车 1 平 2
5. 马八进七　卒 3 进 1
6. 车九平八(图 32)　…………

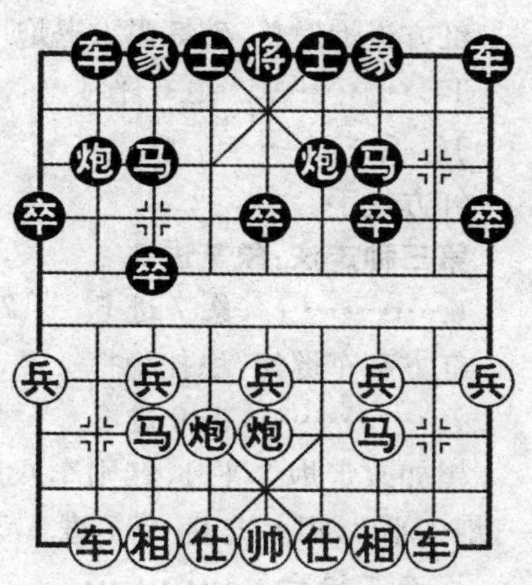

图 32

如图 32 形势下，黑方有四种走法：炮 2 进 4、象 3 进 5、象 7 进 5 和车 9 进 1。现分述如下。

第一种走法：炮 2 进 4

6. …………　炮 2 进 4
7. 马七退九　…………

红方退马逐炮，是打破黑方封锁的常用手段。除此之外，还有另外两种走法：

①车二进四，车 9 平 8；车二平四，士 6 进 5；兵七进一，车 8 进 4；兵三进一，象 7 进

5，双方局势平稳。

②车二进六，象7进5；车二平三，车9平7；兵三进一，炮6进4，双方对攻。

7. ………… 炮2退2

黑如改走炮2退4，红则兵三进一；车9进1，车八进四；车9平4，仕四进五；士4进5，车二进六；炮2进1，车二进二；炮2退2，车二平三；车4进4，车三平五；士6进5，车八平六；炮2平3，炮五平四；车2进8，炮四退一；车2退1，相七进五，红方得士，占优。

8. 车八进四　象3进5　　9. 马九进七　卒7进1

10. 兵七进一　卒3进1　　11. 车八平七　马7进6

12. 车二进六　士4进5　　13. 车二平四　马6进7

14. 马七进六

红方略先。

第二种走法：象3进5

6. ………… 象3进5　　7. 车八进四　车9进1

8. 兵七进一　车9平4　　9. 仕四进五　车4进5

10. 兵七进一　车4平3　　11. 车二进四　车3退2

12. 车二平七 …………

红方兑车有利于控制局面，正着。

12. ………… 车3进1　　13. 车八平七　炮2退1

14. 炮六进五 …………

红方进炮邀兑，破坏黑方退炮反击的计划，巧着。

14. ………… 炮6平4　　15. 车七进三　士6进5

16. 兵三进一

红方先手。

第三种走法：象7进5

6. ………… 象7进5　　7. 车八进四 …………

红方高车巡河，稳扎稳打。

7. ………… 士6进5

黑如改走炮2平1，红则车八进五；马3退2，炮五进四；士6进5，炮五退一；炮1平3，相七进五；卒7进1，车二进六，红方先手。

8. 车二进六 …………

红车过河，着法积极。如改走兵七进一，则卒3进1；车八平七，车9平7；车

二进四，卒7进1；炮五平四，马3进2；相三进五，马7进6；炮四进五，炮2平6；车七平八，马2退3；车八进五，马3退2，双方局势平稳。

8. ………… 炮6进2　9. 车二平三　马3进2
10. 车八平四　炮6退4　11. 车三平二　马2进3
12. 车四平八　车9平7　13. 兵三进一　车2进1
14. 仕六进五　炮2进1　15. 车二退三　炮6进1
16. 炮五平四　…………

红方卸炮调整阵形，是灵活的走法。

16. ………… 炮2平3　17. 车八进四　炮6平2
18. 相七进五　马7进6　19. 炮六退一　马6进4
20. 兵五进一　卒3进1　21. 炮六进二　炮2进3
22. 马三进四

红方易走。

第四种走法：车9进1

6. ………… 车9进1　7. 车二进四　车9平4
8. 仕四进五　车4进5　9. 炮五平四　…………

红方卸中炮，意在寻求变化。如改走兵七进一，则车4平3；兵七进一，车3退2；马七进六，士4进5，局势平稳。

9. ………… 炮6平4　10. 炮四进一　车4退2
11. 炮六平四　炮2进4　12. 前炮进四　马3退1
13. 前炮退三　炮2退3　14. 相三进五　象3进5

黑如改走炮4平2打车，红则车八平九；象3进5，前炮平八，红方易走。

15. 车八进四　士4进5　16. 前炮进四　马1进3
17. 兵七进一　卒3进1　17. 车八平七　马3进2
19. 车七进二

红方优势。

第33局　黑挺7卒对红左直车

1. 炮二平五　马2进3　2. 马二进三　炮8平6
3. 车一平二　马8进7　4. 炮八平六　车1平2
5. 马八进七　卒7进1　6. 车九平八　炮2进4(图33)

如图33形势下，红方有两种走法：兵七进一和马七退九。现分述如下。

第一种走法:兵七进一

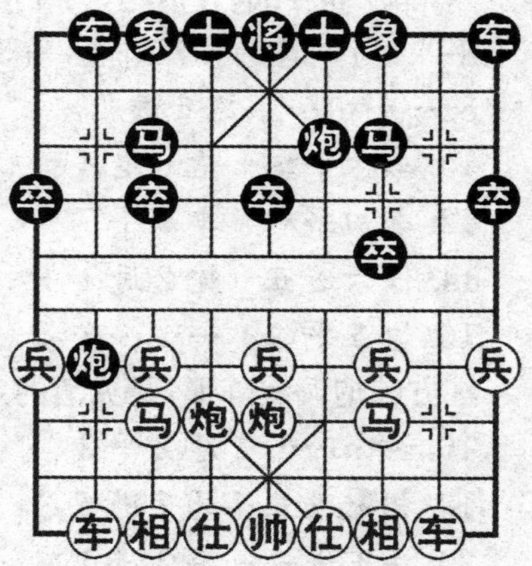

图 33

7. 兵七进一　炮 6 平 4

黑方平炮既防止红马跳出,又及时调整阵形,是灵活的走法。

8. 车二进四　…………

红车巡河准备兑三兵,正着。如改走相三进一,则车 9 进 1;车二进四,车 9 平 2;兵三进一,炮 2 平 3;车八进八,炮 3 进 3;仕六进五,车 2 进 1;马七进六,炮 4 平 6;兵三进一,炮 3 平 1,双方对攻,黑方易走。

8. …………　炮 2 平 7

9. 车八进九　…………

红方弃相兑车,是抢先的走法。如改走相三进一,则车 2 进 9;马七退八,象 7 进 5,双方局势平稳。

9. …………　马 3 退 2

黑如改走炮 7 进 3 打相,红则仕四进五;马 3 退 2,车二退四;炮 7 退 1,车二进一;炮 7 进 1,炮五进四;马 7 进 5,炮六平五;象 7 进 5(如马 2 进 3,则马七进六;炮 4 进 2,兵五进一,红优),炮五进四;士 6 进 5,相七进五;炮 7 平 9,车二平一,红方多子占优。

10. 炮五进四　…………

红方炮击中卒,是改进后的走法。如改走相三进一,则象 7 进 5;兵九进一,士 6 进 5;马七进八,马 2 进 1,黑方阵形工整,取得满意局面。

10. …………　卒 7 进 1

黑如改走马 7 进 5,红则炮六平五;士 6 进 5(如卒 7 进 1,则车二退四;象 7 进 5,炮五进四;士 4 进 5,相三进五;车 9 平 7,车二进六;车 7 进 3,车二平三;炮 7 退 3,马三退二,红方易走),炮五进四;象 7 进 5,相三进五;车 9 平 6,仕四进五;炮 4 平 2,炮五退一;炮 2 进 4,车二进一;车 6 进 4,车二进四;车 6 退 4,车二退三;炮 2 平 3,车二平一,红方多兵占优。

11. 车二进二　马 7 进 5　　12. 炮六平五　象 7 进 5

13. 炮五进四　士 4 进 5　　14. 相三进五　车 9 平 7

红方炮镇中路,车占卒林,明显占据主动。黑方平车,准备邀兑来减轻压力。双方进入中残局争夺阶段。

15. 马七进六　马 2 进 1　　16. 兵九进一　炮 4 进 1

17. 车二退一　车7进3　　18. 仕四进五　炮7平6

黑方平肋炮调整子力，是正确的选择，否则子力受制。

19. 兵五进一　卒7进1　　20. 兵五进一　车7进2

黑方进车捉马，逼红兑掉六路马，保持高卒。如改走卒7进1，则马六退四，红优。

21. 马六退四　卒7平6　　22. 马三进五　炮4进2

23. 车二平四　车7进1

黑方应改走炮4平5邀兑，红如车四退二，黑则炮5退2；兵五进一，车7平5；兵五平六，车5退1，黑方于下风中求和，机会很大。

24. 马五进六　炮4平1　　25. 马六进八　炮1进1

26. 兵五平六

红方优势。

第二种走法：马七退九

7. 马七退九　炮2退2

黑如改走炮6进5，红则车八进三；车2进6，马九进八；炮6平4，马三退五；车9平8，车二进九；马7退8，兵七进一；炮4退1，马八进六；炮4平7，马六进四；炮7平1，马四进六；马8进7，马五进七；炮1平4，兵五进一；象7进5，马六进七；将5进1，后马进六；炮4平3，炮五平八；将5平6，炮八进六；将6进1，炮八退一；将6退1，黑方多卒，红方有先手，双方各有顾忌。

8. 车八进四　士4进5　　9. 兵七进一　象7进5

10. 马九进七　马7进6　　11. 车二进四　车9平7

12. 炮六进一　车7进3　　13. 炮五平六　炮2平5

14. 相三进五　车2进5　　15. 马七进八　炮5平2

16. 前炮平七　卒5进1　　17. 车二平六　车7平5

18. 车六平二　车5平4　　19. 仕四进五　马3进5

20. 炮七退二　马5退7　　21. 兵三进一　卒7进1

22. 车二平三　炮6退1　　23. 炮七平九　象3进1

双方对峙。

第34局　黑两头蛇对红左直车

1. 炮二平五　马2进3　　2. 马二进三　炮8平6

3. 车一平二　马8进7　　4. 炮八平六　卒7进1

5. 马八进七　卒 3 进 1

黑方进 3 卒，形成两头蛇之势，是比较少见的走法。

6. 车九平八　士 4 进 5(图 34)

黑方缓出双车，补士固防，形成防守反击之势。除此之外，还有两种走法：

①车 1 平 2，车二进四；车 9 平 8，车二平四；士 4 进 5，兵七进一；卒 3 进 1，车四平七；象 3 进 5，马七进六；车 8 进 5，相三进一，下一步有兵三进一的先手，红方占优。

②车 1 进 1，车八进四；马 7 进 6，兵七进一；车 1 平 4，仕六进五；卒 3 进 1，车八平七；象 7 进 5，车二进六；士 6 进 5，车二平四；车 4 进 3，双方互缠。

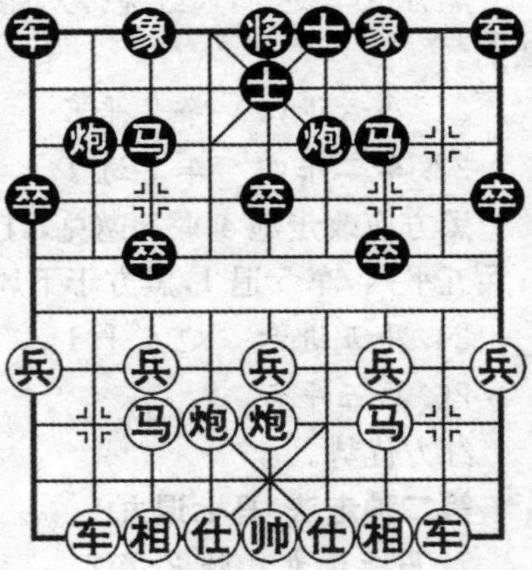

如图 34 形势下，红方有两种走法：车二进六和车二进四。现分述如下。

图 34

第一种走法：车二进六

7. 车二进六　…………

红方右车过河，是积极、主动的下法。如改走车八进四，则马 7 进 6；车二进四(如兵七进一，则卒 3 进 1；车八平七，象 3 进 5；马七进六，马 6 进 4；车七平六，双方均势)，炮 2 平 1；兵三进一，卒 7 进 1；车二进一，马 6 进 7；炮五退一，卒 7 平 6；车二退二，卒 6 进 1；车八平四，象 3 进 5；炮五平六，炮 6 平 7；相三进五，车 1 平 2；车四退一，车 2 进 8；后炮平四，车 2 平 3；车四平三，车 3 退 1；仕四进五，炮 7 平 6；炮四进二，车 3 平 2；车三进一，卒 9 进 1；车二进二，车 9 进 3；炮四平三，车 2 退 3；兵九进一，双方互缠。

7. …………　车 1 平 2　　8. 车二平三　车 9 进 2

9. 车八进六　象 3 进 5　　10. 兵五进一　马 3 进 4

黑方右马盘河，正着。

11. 兵五进一　卒 5 进 1　　12. 车三平六　炮 6 进 2

黑如改走马 4 进 3，红则车六退三；卒 3 进 1，马三进五；卒 5 进 1，炮五进二，红方主动。

13. 车八退三　…………

红方退车兵线，保持对黑方右翼车炮的牵制。

13. …………　卒 9 进 1　　14. 炮六退一　…………

红方退炮，试图谋子，此走法过于强硬，得不偿失。应改走炮六进二，黑则车 9 进 1；车六平一，马 7 进 9；马七进五，卒 5 进 1；炮五进二，炮 6 平 5；仕四进五，马 4 退 3；相三进五，双方局势相当。

14. ………… 车 9 进 1　　15. 车六平一　马 7 进 9
16. 炮六平八　炮 6 进 2

黑方进炮打车，令红方非常难受。

17. 马七进五　…………

红如改走车八进三，黑则卒 3 进 1；车八平一，炮 2 平 3；炮八平一，卒 3 进 1，黑方弃子占势，易走。

17. ………… 卒 5 进 1　　18. 炮五进二　卒 3 进 1
19. 车八进二　…………

红不如改走炮八进六，黑若卒 3 平 2，红则车八退一；车 2 进 2，炮五进四；马 4 进 3，炮五平四，红方尚可一战。

19. ………… 马 4 进 3　　20. 炮五进二　卒 3 平 4
21. 车八进一　马 3 进 2　　22. 车八退五　马 9 退 7
23. 炮五退一　炮 2 进 4

以上一段，黑方战术运用得当，使红方得子的企图破灭。至此，黑有过河卒，而红方子力虚浮且受到攻击，黑方已经大占优势。

24. 马五进六　马 7 进 5　　25. 炮五平一　马 5 进 3
26. 炮一进四　车 2 进 2

黑方大占优势。

第二种走法：车二进四

7. 车二进四　…………

红方高车巡河，是稳健的走法。

7. ………… 车 9 平 8　　8. 车二进五　…………

红如改走车二平四，黑则炮 2 进 2；兵七进一，马 7 进 6；车四平五，马 6 进 7；车五平六，马 7 退 6；车六平五，卒 3 进 1；车五平七，象 3 进 5，黑方反先。

8. ………… 马 7 退 8　　9. 车八进四　马 8 进 7
10. 兵三进一　卒 7 进 1　　11. 车八平三　马 7 进 6
12. 兵七进一　卒 3 进 1　　13. 车三平七　象 3 进 5
14. 马七进六　马 6 进 4　　15. 车七平六　车 1 平 3
16. 车六平七　炮 2 退 1

黑方满意。

第 35 局　黑右横车对红左正马

1. 炮二平五　马 2 进 3　　2. 马二进三　炮 8 平 6

3. 车一平二　马 8 进 7　　4. 炮八平六　车 1 进 1

黑方高横车，开动右翼主力。

5. 马八进七　车 1 平 4　　6. 仕六进五　…………

红亦可改走仕四进五，黑如接走卒 7 进 1，红则车九平八；车 4 进 5，车二进六；车 9 进 2，车二平三；车 4 平 3，车八进二，红方稍占先。

6. …………　卒 7 进 1　　7. 车九平八　…………

红出车瞄炮，正着。如改走兵七进一，黑则炮 2 进 4，黑可对抗。

7. …………　车 4 进 5(图 35)

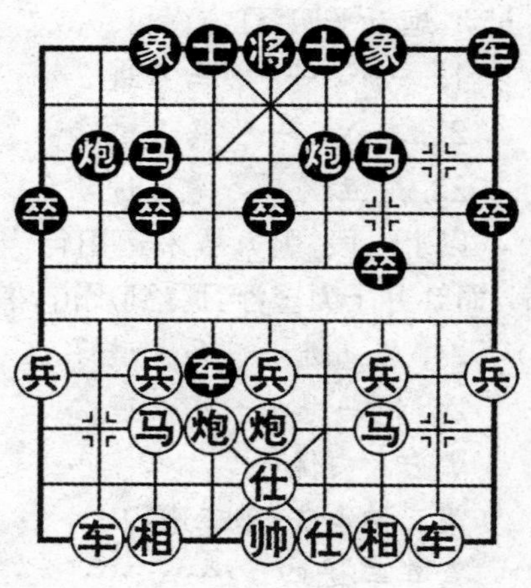

图 35

黑如改走士 6 进 5，红则车二进六；马 7 进 6，车二平四；马 6 进 7，炮五进四；马 3 进 5，车八进七；象 7 进 5，车八退一；马 5 退 3，车八平七，红方多兵，易走。

如图 35 形势下，红方有三种走法：车二进六、车二进四和兵七进一。现分述如下。

第一种走法：车二进六

8. 车二进六　炮 2 平 1

黑方平炮，摆脱牵制。如改走车 9 进 2（如马 7 进 6，则车二平四；马 6 进 7，炮五进四，红优），红则兵三进一；卒 7 进 1，车二平三；炮 2 平 1，车三退二；象 7 进 5，马三进四；车 4 平 3，车三进二；车 9 平 8，马四进六；车 3 退 2，马七进六，红优。

9. 车二平三　车 9 进 2　　10. 兵三进一　卒 7 进 1

11. 车三退二　象 7 进 5　　12. 马三进四　车 4 退 1

黑如改走车 4 平 3，红则马四进六；车 3 退 2，马七进八，红方先手。

13. 兵七进一　…………

红方先弃兵捉车，再飞相撵车，是摆脱黑车牵制己方河口马的巧妙之着，并由此扩大了先手。

13. …………　车 4 平 3

14. 相七进九　车 3 退 1　　15. 马七进六　马 7 进 6

黑方马 7 进 6 邀兑，虽可换掉二子，但兑换后右马受制。如改走马 7 进 8，红则马四进五；马 3 进 5，炮五进四，也是红方占主动。

16. 马六进四　车 3 平 6　　17. 炮五平四　车 6 平 3

18. 炮四进五　车 9 平 6　　19. 炮六平四　车 6 平 8

20. 车八进七　马 3 退 5　　21. 马四进五　…………

红可改走炮四平五，黑如接走马 5 进 7，红则马四进五；马 7 进 5，炮五进四；士 4 进 5，车八平七，这样红方更为紧凑有力。

21. …………　车 3 平 5　　22. 炮四平五　车 5 进 2

23. 马五退六　车 8 平 7　　24. 马六进四　…………

红方进马捉车，可以保持中炮的威力，是简明的走法。

24. …………　车 7 进 3　　25. 马四退五　车 7 退 1

26. 马五退七　车 7 平 4

黑如改走车 7 平 5，红则马七进八，也是红方占主动。

27. 车八进一　车 4 进 2　　28. 马七进八　车 4 退 3

29. 车八退三

红方优势。

第二种走法：车二进四

8. 车二进四　…………

红方高车巡河，是稳健的走法。

8. …………　车 9 平 8

黑如改走车 4 平 3，红则车八进二；车 9 平 8，车二平四；士 6 进 5，炮六退一，红优。

9. 车二平七　炮 2 平 1

黑如改走卒 3 进 1，红则车七进一；象 3 进 5，车七退一；炮 2 退 2，兵三进一；车 8 进 4，马三进四；车 4 退 3，马四进五；马 3 进 5，车八进九；炮 6 退 1，炮六退二；车 4 进 5，兵五进一；卒 7 进 1，马七进五，红优。

10. 兵三进一　卒 3 进 1　　11. 车七进一　象 7 进 5

12. 车七退一　卒 7 进 1　　13. 车七平三　马 7 进 6

14. 兵七进一　车 4 平 3　　15. 车八进六　士 6 进 5

16. 车八平七

红方稍优。

第三种走法:兵七进一

8.兵七进一　…………

红方挺七兵活通马路,是常见的走法。

8.…………　车4平3

黑方平车压马,着法积极。除此之外,还有两种走法:

①车9平8,车二进九;马7退8,炮六退二;炮2退2,炮五平六;车4平3,车八进二;象3进5,相七进五,红方先手。

②士6进5,车二进六;马7进6,车二平四;马6进7,炮五进四;马3进5,车八进七;象7进5,车八退五;马5退3,马七进八;车4平3,相七进五;卒3进1,马八进七;卒3进1,炮六进六;车3平4,车八平六;车4进1,仕五进六;象5进3,马七退五,红优。

9.车二进四　车9平8　　10.车二平四　士6进5

11.兵三进一　车8进6

黑方左车过河,是力争主动的走法。

12.车四进二　…………

红如改走兵三进一,黑则车8平7,黑方可以满意。

12.…………　卒7进1　　13.车四平三　马7退6

14.车三退二　炮6平7　　15.相三进一　…………

红方飞边相略嫌软,应改走马三进四,这样较为积极主动。

15.…………　炮2进4　　16.车八进二　炮2平5

17.马三进五　车8平5　　18.炮六进六　车5平7

19.车三退一　车3平7　　20.马七进六　炮7平8

21.炮五平二　车7退2

双方局势平稳。

小结:五六炮正马对反宫马变例的主要思路,是先以肋马控制河口,再伺机扩大攻势。红方布阵后,自身弱点较少,是一种缓步进取的攻法。此变化相对来说比较容易掌握,黑方亦可从容应对。

第二章　五八炮进七兵对反宫马

五八炮进七兵对反宫马于20世纪80年代兴起，以后渐被冷落，但随着象棋规则的修改，近年来，经过棋手们的推陈出新，此布局又以新的面貌出现。五八炮进七兵对反宫马，目的是通过威胁黑方中路争得马八进七这步棋，以便加强对黑方中路的控制力。黑方虽失中卒，但可根据红方左翼出子缓慢的弱点，迅速出动己方子力，争得局势的平衡，使自身防御具有针对性。本章列举16局典型局例，分别介绍这一布局中双方的攻防变化。

第一节　黑飞右象变例

第36局　红炮击中卒对黑伸炮打马(一)

1. 炮二平五　马2进3　2. 马二进三　炮8平6
3. 车一平二　马8进7　4. 兵七进一　卒7进1
5. 炮八进四　…………

红方进炮窥视黑方中卒，是简明、实惠的走法。

5. …………　象3进5

黑方补象，是稳健的走法。

6. 马八进七　士4进5　7. 炮八平五　…………

红方炮击中卒，准备弃子取势，是简明的走法。

7. …………　炮6进5

黑方进炮打马兼捉红方中炮，是寻求变化的走法。

8. 马七进六　车1平4

黑如改走炮2进3，红则马六进七；马3进5，马七退八；马5进4，车二进四；马4进5，相七进五；车1平2，车九平八；炮6退1，兵九进一；车9平8，车二平四；炮6平9，马三进一；车8进6，马八退七；车2进9，马七退八；车8平9，马八进七；车9平7，车四进二；马7进8，车四平一；卒7进1，车一平九，红方多兵易走。

9. 前炮平九　车4进5　10. 车九平八　炮2退2

黑方退炮，是保持子力优势的走法。如改走炮2平1，则车八进七；炮6退5，车八平九；马3进1，车九进二；士5退4，车九退三；车4平3，车二进六，红优。

11. 车二进七（图36）　…………

红方进车捉马，是力争主动的走法。除此之外，还有两种走法：

①炮九进一，车9平8；车二进九，马7退8；车八进七，炮6退5；炮九平七，炮6平3；车八进二，炮3退2；炮五平八，车4平3；相七进五，车3进1；炮八退一，马8进7；兵三进一，卒7进1；炮八平三，马7进6；炮三进三，马6进5；马三进五，车3平5，双方均势。

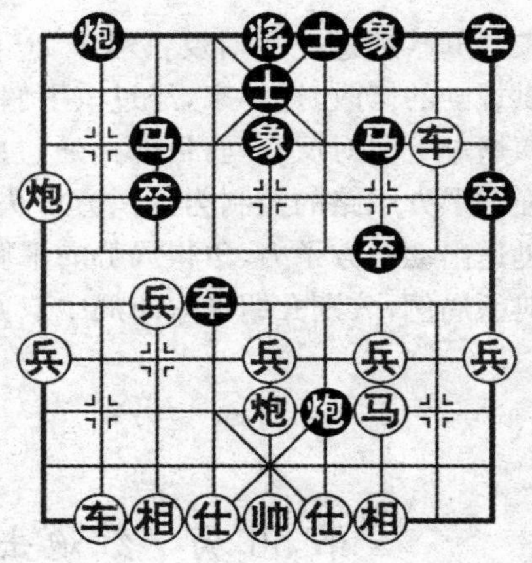

图36

②炮九进三，士5退4；车八进七，炮6退5；车二进六，车9进1；车二平四，车9平4；仕四进五，士6进5；炮九退二，后车进2；车四平六，车4退2；炮九平七，炮6平3；车八进二，炮3进3；炮五平八，马7进6，双方局势平稳。

如图36形势下，黑方有两种走法：车9进2和炮2平1。现分述如下。

第一种走法：车9进2

11. …………　车9进2

黑方兑车削弱红方攻势，是常见的走法。如改走马7进6，则车八进七；车4退3，炮九进三；士5退4，炮九退二，红方得回一子，占优。

12. 车二平一　象7进9　13. 仕四进五　…………

红方补仕捉炮，试探黑方应手，走法老练。如改走车八进七，则炮6退5；炮九进一，象9退7；炮九平七，炮6平3；车八进二，士5退4；车八退一，炮3进3；炮五进五，马7进5；相三进五，炮3进2；马三退一，车4进1，双方各有顾忌。

13. …………　炮6退2

黑如改走炮2平1，红则仕五进四；象9退7，车八进七；马3退4，炮九进二；车4退4，车八退四；车4平2，车八平六；车2进3，炮五平九；马4进2，相三进五，红方多兵占优。

14. 车八进七　…………

红如改走炮五进五，黑则士 5 退 4；炮九退二，车 4 平 3；炮九进三，马 7 进 5；相三进五，车 3 平 4；车八进七，炮 2 平 3；兵五进一，车 4 平 2；兵五进一，车 2 退 3；炮五平八，马 5 退 4；炮八平一，卒 3 进 1，黑方多子占优。

14. …………　炮 6 平 3

黑应改走车 4 退 3，红如炮九进一，黑则象 9 退 7；兵五进一，炮 2 平 3；兵五进一，炮 6 平 5；炮九平七，马 7 进 8；兵五进一，马 8 进 7；兵五平六，车 4 进 1；车八退四，卒 7 进 1；炮七平九，车 4 平 7，黑方易走。

15. 炮五进五　…………

红如改走炮九进一，黑则象 9 退 7；炮九平七，炮 3 退 3；车八平七，卒 3 进 1；炮五平八，马 7 进 5；车七平八，炮 2 平 3；相七进五，卒 3 进 1；车八退一，马 5 进 3；车八平一，卒 3 平 2；车一退二，车 4 进 3；帅五平四，卒 2 进 1；炮八平六，卒 2 进 1，黑方胜势。

15. …………　士 5 退 4　　16. 相三进五　炮 3 退 1

17. 炮五退二　炮 2 平 3　　18. 炮九进一　车 4 退 3

19. 车八退一　车 4 进 2　　20. 炮五平七　车 4 平 3

21. 炮九平三

红方优势。

第二种走法：炮 2 平 1

11. …………　炮 2 平 1

黑方平炮避开牵制，是改进后的走法。

12. 车二平三　马 3 进 1　　13. 炮五平九　…………

正着。如改走车八进九，则车 4 退 5；车八退三，炮 6 退 4；车八平七，马 1 进 2；车七平四，炮 1 平 3；相七进九，马 2 进 1；仕四进五，马 1 进 3；帅五平四，车 9 平 8；炮五平八，车 4 进 5；车三退二，车 8 进 8，黑方有攻势。

13. …………　车 9 平 8　　14. 仕四进五　炮 6 进 1

黑方进炮嫌软，应以改走炮 1 进 6 为宜。

15. 车三退一　炮 6 平 7　　16. 车八进九　车 4 退 5

17. 车八平六　士 5 退 4　　18. 车三平四　炮 1 平 3

19. 炮九进四　车 8 进 7　　20. 车四退四　炮 7 退 2

21. 相三进五　炮 7 平 1　　22. 兵五进一　车 8 退 1

23. 炮九平一　炮 1 平 9

黑方抗衡。

第 37 局　红炮击中卒对黑伸炮打马(二)

1. 炮二平五　马 2 进 3　　2. 马二进三　炮 8 平 6
3. 车一平二　马 8 进 7　　4. 兵七进一　卒 7 进 1
5. 炮八进四　象 3 进 5　　6. 马八进七　士 4 进 5
7. 炮八平五　炮 6 进 5　　8. 马七进六　车 1 平 4
9. 前炮平九　车 4 进 5　　10. 车九平八　炮 2 进 5

黑方进炮封车,是常见的走法。

11. 炮九进三　…………

红方准备炮进底线,发动攻势。如改走炮九进一,则车 9 平 8;车二进九,马 7 退 8;仕四进五,车 4 平 3;炮五进五,象 7 进 5;车八进二,炮 6 退 6;炮九平五,士 5 退 4;炮五退三,马 3 进 1;车八进五,马 1 进 3;车八平五,士 4 进 5;车五平二,马 3 进 5;兵五进一,车 3 进 4;马三退四,车 3 退 4;车二进二,炮 6 进 5,双方各有千秋。

11. …………　车 4 进 1

黑方进车兵线,准备车吃边兵,解除右翼底线受攻的威胁。

12. 仕四进五　…………

红方补仕,正着。如改走兵九进一,则炮 2 退 1;车二进六,炮 2 平 5;仕四进五,将 5 平 4;帅五平四,炮 5 退 3;车二平四,炮 6 退 3;炮五进三,车 4 平 6;帅四平五,车 6 平 7,对攻中黑方得子占优。

12. …………　车 4 平 1

黑车吃兵捉炮,是简明的走法。如改走车 9 平 8,则车二进九;马 7 退 8,仕五进四;车 4 平 2,双方互相牵制,各有千秋。

13. 仕五进四　炮 2 平 6

黑如改走车 1 退 6,红则车八进二;马 7 进 5,车二进四,红方易走。

14. 车八进九　士 5 退 4　　15. 车八平七(图 37)　…………

红如改走车八退二,黑则车 1 退 6;车八平七,车 9 进 1,黑方足可抗衡。

如图 37 形势下,黑方有两种走法:马 3 退 5 和马 3 进 5。现分述如下。

第一种走法:马 3 退 5

15. …………　马 3 退 5

黑方退马捉车,试探红方应手。

16. 车七退三　…………

红方退车吃卒，准备弃子抢攻。

16. …………　车1退6

17. 车七平四　炮6退3

18. 车二进七　…………

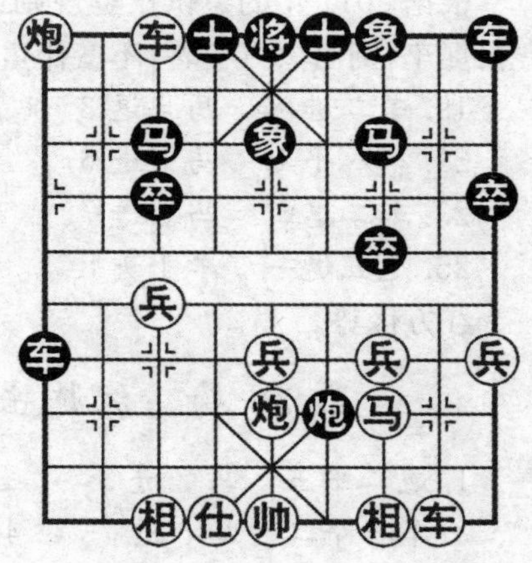

图 37

红方进车，是新的尝试。以往红方多走兵五进一，演变结果是：红方弃子，有攻势。

18. …………　车9进1

19. 兵五进一　车1进4

20. 兵三进一　炮6平2

21. 兵五进一　炮2退2

22. 兵五平六　马7进5

23. 车二退四　后马进7

24. 兵六进一　炮2进1　25. 车四退三　卒7进1

26. 兵六平五　马7进5　27. 车四平五　马5进4

28. 车五进四　士4进5　29. 车五平八　马4进5

30. 车八进二　士5退4　31. 车八退三

红方大占优势。

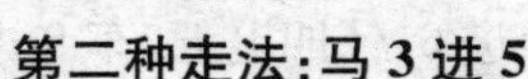

第二种走法：马3进5

15. …………　马3进5

黑方进中马，是改进后的走法。

16. 车七平八　…………

红如改走车七退三，黑则车1退6；炮五进四，马7进5；车七平五，车9进1，红方虽有多兵之利，但缺一仕，双方各有顾忌。

16. …………　马5退3

黑如改走士6进5，红则车二进八；马5退3，车八退二；车1退6，车二平四，红优。

17. 车八平七　马3进5

黑如改走炮6进1，红则车二进一；马7退5，车七退二；车1退6，车七退一；炮6平1，红方多兵占优。

18. 车七平八　士6进5

根据2011年的象棋竞赛规则:红方一着捉无根子,一着车炮联合捉子;黑方长捉车,则由黑方变着,不变作负。

19. 车二进八　马5退3　　20. 车八退二　车1退6
21. 车八平七　马7进6　　22. 车七退一　车9进2
23. 车二退四　马6进7　　24. 车七平四　炮6退3
25. 炮五退一　车1进8　　26. 车二退一

红方优势。

第38局　红炮击中卒对黑伸炮打马(三)

1. 炮二平五　马2进3　　2. 马二进三　炮8平6
3. 车一平二　马8进7　　4. 兵七进一　卒7进1
5. 炮八进四　象3进5　　6. 马八进七　士4进5
7. 炮八平五　炮6进5　　8. 马七进六　车1平4
9. 前炮平九　车4进5　　10. 车九平八　炮2进5
11. 炮九进三　车4进1　　12. 仕四进五　车4平1
13. 仕五进四　炮2平4

黑方平炮士角,是常见的应法。

14. 车八进二　…………

红方进车捉炮,下伏兑车的手段,是改进后的走法。过去常见的走法是车八进九,炮4退7;车八退二,车1退6;车八平七,马7进6;仕四退五,车9进2,黑方足可一战。

14. …………　炮4退1　　15. 车八平九　车1进1
16. 相七进九　车9平8

黑方邀兑红车,势在必行。否则让红方争到车二进六的位置后,将有猛烈的攻势。

17. 车二进九　马7退8　　18. 兵五进一　…………

红如改走炮五平八,黑则炮4平2;兵五进一,马8进7;兵五进一,马7进8;仕四退五,马8进7;炮八平七,马7退5;相三进五,炮2平3;马三进五,马3进1;炮七平八,炮3平2;相九退七,也是红方易走。

18. …………　马8进7(图38)

如图38形势下,红方有两种走法:兵五进一和仕四退五。现分述如下。

第一种走法:兵五进一

19. 兵五进一　马7进8

黑如改走炮4进1，红则炮九退五；马7进8，兵三进一；卒7进1，炮九平三；马8进7，仕六进五；炮4平2，兵五平六；马3进5，炮五进三；将5平4，相九退七；马5退7，炮三进二；炮2平7，炮三退四；后马进6，双方均势。

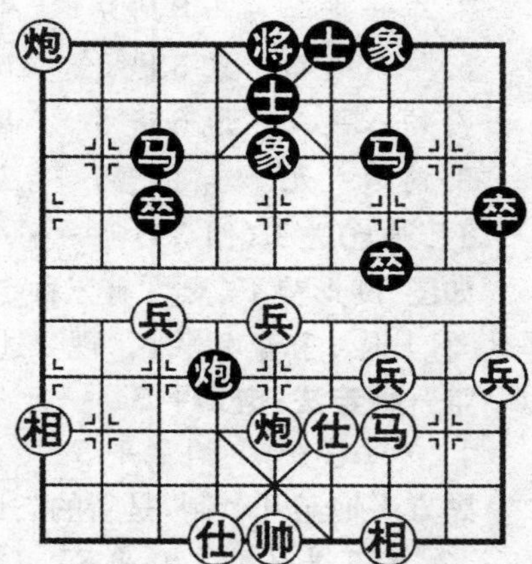

图38

20. 仕四退五　马8进7
21. 炮五平七　炮4平3
22. 炮九退六　马7退5
23. 马三进五　马3进1
24. 炮七平一　…………

红方平炮捉卒谋取实利，正着。

24. …………　卒3进1
25. 炮一进四　卒3进1
26. 马五进七　马1进3
27. 相三进五

红方优势。

第二种走法：仕四退五

19. 仕四退五　…………

红方补仕，是保持变化的走法。

19. …………　马7进6　20. 炮五平八　炮4平2
21. 兵五进一　马6进7　22. 炮八平七　马7退5
23. 相三进五　炮2平3　24. 炮九退五　…………

红方退炮逼退黑马，走得十分老练。

24. …………　马5进7　25. 相九退七　马3进1
26. 兵五平六　马1进2　27. 炮七平八　炮3平6
28. 炮八进一　卒7进1　29. 兵六进一　炮6平3
30. 马三进五

红方优势。

第39局　红炮击中卒对黑伸炮打马（四）

1. 炮二平五　马2进3　2. 马二进三　炮8平6

3. 车一平二　马 8 进 7　　4. 兵七进一　卒 7 进 1

5. 炮八进四　象 3 进 5　　6. 马八进七　士 4 进 5

7. 炮八平五　炮 6 进 5　　8. 马七进六　车 1 平 4

9. 前炮平九　车 4 进 5　　10. 车九平八　炮 2 进 5

11. 炮九进三(图 39)　…………

如图 39 形势下,黑方有三种走法:炮 2 平 3、车 4 退 4 和车 9 平 8。现分述如下。

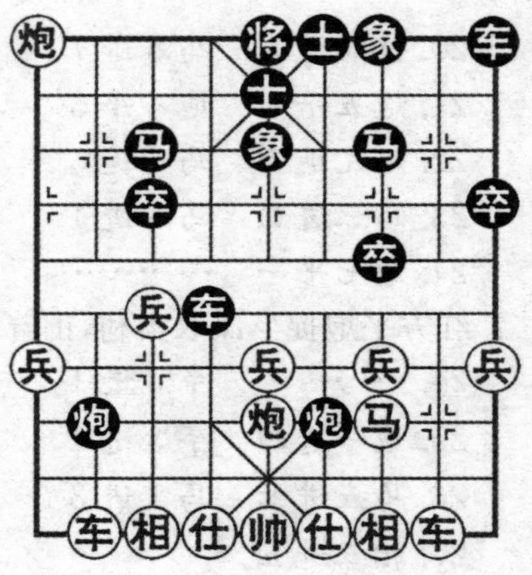

图 39

第一种走法:炮 2 平 3

11. …………　炮 2 平 3

黑方平炮避开牵制,是新的尝试。

12. 兵五进一　车 9 平 8

黑方兑窝车,以求减轻红方的攻击力,是常用的战术手段。

13. 车二进九　马 7 退 8

14. 仕四进五　炮 6 退 1

15. 马三进五　车 4 进 1

16. 兵五进一　炮 6 平 9

黑如改走车 4 平 1,红则车八进九;士 5 退 4,车八退二;车 1 退 6,车八平七;炮 3 退 1,兵五进一,红方弃子占势,易走。

17. 马五进六　车 4 平 2　　18. 马六进七　…………

红方舍车不顾,硬踩黑马,伏有黑方若车 2 进 3,则兵五平六再马七进八的绝杀手段,可先手得回一子,迅速扩大优势,实战中弈来煞是精彩。

18. …………　士 5 进 4　　19. 兵五平六　象 5 进 3

20. 兵六进一　将 5 进 1

黑方上将解杀,是无奈之举。否则红方有兵六平五,象 7 进 5;兵五进一,士 6 进 5;马七进八的杀着。

21. 车八进三　炮 9 平 2　　22. 兵六进一　象 3 退 1

23. 马七进六　象 1 退 3　　24. 兵六平五　将 5 进 4

25. 马六退四

红方胜势。

第二种走法:车 4 退 4

11. …………　车 4 退 4

黑方退车，准备平车捉炮来削弱红方先手。

12. 仕四进五　车4平1　13. 仕五进四　炮2平4
14. 车八进二　炮4退5　15. 炮九平八　马3退2
16. 车八进七　炮4退2　17. 仕四退五　卒9进1
18. 车二进四　车9平8　19. 车二进五　…………

红方兑车，正着。如改走车二平六，则车8进6；炮五平六，炮4平3，黑可抗衡。

19. …………　马7退8　20. 车八退六　…………

红方退车兵线，是简明有力之着。

20. …………　马8进7　21. 兵五进一　车1进3
22. 兵五进一　…………

红方弃兵，为盘中马打车创造有利条件，是紧凑有力之着。

22. …………　车1平5　23. 马三进五　车5平1
24. 兵九进一　车1退1　25. 马五进六

红方优势。

第三种走法：车9平8

11. …………　车9平8

黑方平车邀兑，是力求简化局势的走法。

12. 车二进九　马7退8　13. 仕四进五　将5平4

黑方出将，是含蓄有力之着。

14. 相七进九　车4进1　15. 仕五进四　炮2退1
16. 仕四进五　马8进7　17. 炮五平六　将4平5
18. 兵五进一　马7进6　19. 相九退七　马6进7
20. 兵九进一　卒3进1

黑方如改走马7退5，红方则有炮六平九再炮九进一的战术手段。

21. 炮六平九　卒3进1　22. 兵五进一　马3进2
23. 后炮进一　马2进1　24. 炮九退六　炮2退1
25. 炮九退一　卒7进1

黑方易走。

第40局　红炮击中卒对黑伸炮打马（五）

1. 炮二平五　马2进3　2. 马二进三　炮8平6

3. 车一平二　马 8 进 7　　4. 兵七进一　卒 7 进 1

5. 炮八进四　象 3 进 5　　6. 马八进七　士 4 进 5

7. 炮八平五　炮 6 进 5　　8. 马七进六　车 1 平 4

9. 前炮平九　车 4 进 5　　10. 车九平八　炮 2 进 4

黑方伸炮兵线，准备弃还一子来与红方抗衡，是稳健的走法。

11. 车八进三　…………

红方进车吃炮，势在必行。

11. …………　马 3 进 1　　12. 车八进三　车 9 平 8

黑方兑车简化局势，是常见的走法。如改走卒 9 进 1，则车八平九；车 9 进 3，车九进三；士 5 退 4，车二进八；马 7 进 5，仕四进五；炮 6 进 1，炮五平八；炮 6 退 5，车二平七；马 5 进 6，炮八进二，红方呈胜势。

13. 车二进九　马 7 退 8　　14. 车八平九　车 4 平 3

15. 兵五进一(图 40)　…………

红方冲中兵，是取势要着。黑如接走车 3 平 5，红则车九进三；士 5 退 4，车九退五；车 5 退 1，车九平四捉死炮。

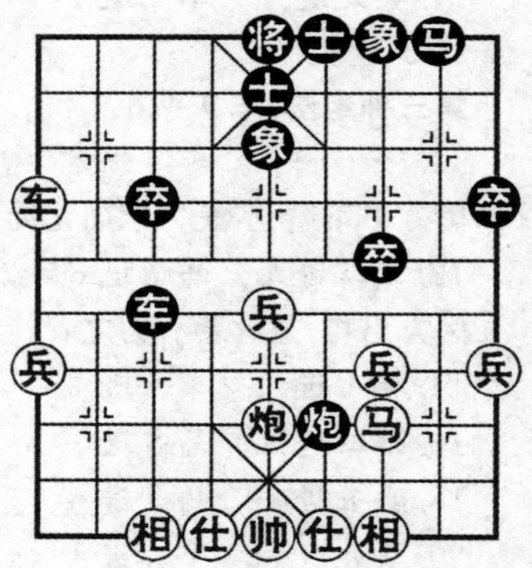

图 40

如图 40 形势下，黑方有三种走法：炮 6 退 2、马 8 进 7 和炮 6 退 4。现分述如下。

第一种走法：炮 6 退 2

15. …………　炮 6 退 2

16. 兵三进一　…………

红方弃兵，巧着！

16. …………　卒 7 进 1

17. 马三进五　…………

红方进中马是弃三兵的续进手段，黑方难应。

17. …………　车 3 平 4　　18. 马五进三　车 4 平 5

黑方平车吃兵授人以隙，应以改走马 8 进 9 为宜。

19. 马三进四　车 5 退 2　　20. 车九进三　士 5 退 4

21. 车九退五　炮 6 退 1　　22. 马四进三　炮 6 退 3

23. 车九平四　象 7 进 9

黑方飞边象保炮，是无奈之着。如改走将 5 进 1，则马三退四；将 5 退 1，马

四退五；车 5 进 2，车四平五；炮 6 平 5，车五平二；炮 5 进 6，相七进五，红方胜势。

24. 车四平二

红方胜势。

第二种走法：马 8 进 7

15. ………… 马 8 进 7

黑方进马，活通左翼子力。

16. 兵五进一　炮 6 退 2　17. 仕四进五　炮 6 平 5
18. 兵三进一　卒 7 进 1　19. 马三进五　炮 5 进 2
20. 相七进五　车 3 进 1　21. 马五进三　象 5 进 7

黑方扬象顶马，是必然之着。

22. 兵九进一　士 5 退 4　23. 车九平八　士 6 进 5
24. 车八退二　马 7 进 8　25. 兵一进一　车 8 进 7
26. 兵一进一　卒 9 进 1　27. 马三进一　车 3 平 5
28. 车八平三

红方多兵占优。

第三种走法：炮 6 退 4

15. ………… 炮 6 退 4

黑方退炮打车，是正确的选择。

16. 车九进三　士 5 退 4　17. 兵五进一　车 3 平 5
18. 车九退四　马 8 进 7

黑如改走士 6 进 5，红则炮五退一；马 8 进 7，相七进五；车 5 平 6，兵五进一；炮 6 进 1，兵五进一；象 7 进 5，兵三进一；车 6 进 2，兵三进一；炮 6 平 3，炮五进六；将 5 平 6，车九退一；马 7 进 5，车九平三；炮 3 进 3，马三进二；车 6 进 2，帅五进一；车 6 退 4，马二进一；车 6 平 7，相五进三；士 5 进 4，兵三平四，红方多兵占优。

19. 炮五退一　…………

红方退炮，是保持变化的走法。除此之外，还有两种走法：

①车九平六，马 7 进 8；炮五退一，炮 6 进 5；兵五进一，车 5 退 2；车六平三，马 8 退 9；车三进四，士 4 进 5；车三退五，马 9 进 7；车三平八，车 5 平 4；车八进五，车 4 退 3；车八退六，炮 6 退 4；马三进五，炮 6 平 5；相七进五，马 7 进 6；炮五平二，车 4 进 3；兵三进一，将 5 平 4；仕四进五，车 4 平 8；马五进七，红优。

②仕四进五,炮6平8;兵五平四,炮8平5;兵四平三,炮5进4;相三进五,马7进5;车九进一,马5进6;马三退一,车5进1;车九平七,车5平7,和势。

19. ………… 炮6进5

黑方进炮防止红方飞相打车,势在必行。

20. 兵五平四 士6进5 21. 兵四平三 马7进5

22. 车九退一 马5进7 23. 兵三进一 车5平1

24. 兵九进一 马7退8 25. 马三进五 炮6退2

26. 相三进一

红方多兵优势。

第41局 红炮击中卒对黑弃3卒(一)

1. 炮二平五 马2进3 2. 马二进三 炮8平6

3. 车一平二 马8进7 4. 兵七进一 卒7进1

5. 炮八进四 象3进5 6. 马八进七 士4进5

7. 炮八平五 卒3进1

黑方弃3卒,是寻求变化的走法。

8. 兵七进一 马3进5 9. 炮五进四 车1平3

10. 车九平八 车3进4 11. 马三退五 …………

红方退右马,是保持变化的走法。如改走马七进六,则车3平4;车二进四,车9平8;车二平四,车8进3;车八进六,炮6退1;车四进四,车8平5;车八进一,车4进1,局势迅速简化。

11. ………… 车9进2

12. 车二进六(图41) …………

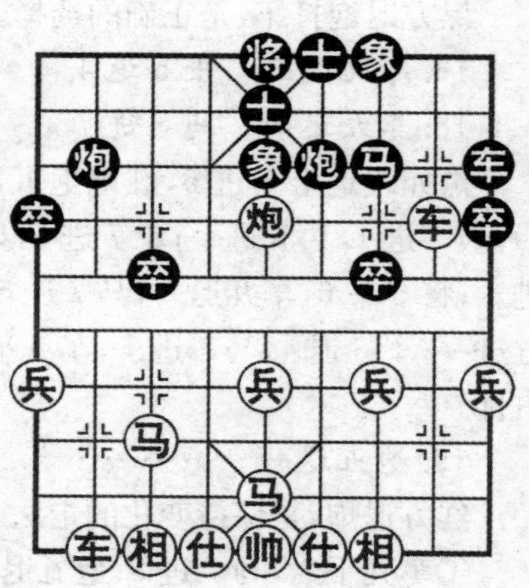

图41

红方右车过河,是正确的选择。如改走马七进六,则车3平4;马五进七,车9平8;车二进七,炮6平8;炮五退二,马7进5;车八进五,车4平2;马六进八,马5进3;炮五平七,炮8平9,黑可抗衡。

如图41形势下,黑方有两种走法:车3

退1和马7进6。现分述如下。

第一种走法:车3退1

12. …………　车3退1

黑方退车,拴链红方车炮,以防止红方炮五退二活通右车的手段。

13. 炮五平三　…………

红如改走车二平三,黑则车3平4;兵五进一,炮2进1;兵五进一,炮6退1;车三平四,炮6平9;马五进四,炮2平5;相七进五,马7进8;兵五进一,车4进1;车八进九,士5退4;车四进二,炮9退1;马七进八,车4进4;马四进五,也是红优。

13. …………　车3进3

黑方如改走马7退9,红方则炮三平六,下伏马七进六捉车的手段,也是红占主动。

14. 车八进六　卒1进1　15. 相七进五　炮2平3

16. 车二退二　…………

红方舍马退车,暗伏弃子抢攻的手段,是扩先取势的紧凑有力之着。

16. …………　炮6进4

这里,黑方还有另外两种走法:

①炮3进5,炮三平五;将5平4,车二平六;士5进4,车八进三;将4进1(如象5退3,则炮五平九),车六平八;炮6退1,炮五平九;车3退5,马五进七,红大占优势。

②车9平8,车二平七;车3退1,相五进七;车8进3,相七退五;卒1进1,炮三平五,也是红方主动。

17. 车二平七　…………

红方平车邀兑,是保持优势的佳着。

17. …………　车3退1　18. 相五进七　炮6平9

19. 车八平七　炮3平4　20. 马五进六　炮9退2

黑方退炮限制红马进路,正着。如改走卒7进1,则马六进五;卒7平8,兵三进一;炮9退2,马五进六;士5进4,兵三进一,红方大占优势。

21. 马六进八　车9平8　22. 相七退五　车8进6

23. 兵三进一　卒7进1　24. 马八进六

红方优势。

第二种走法:马7进6

12. …………　马7进6

黑方跃马河口，是针锋相对的走法。

13. 车八进六　…………

红如改走车二平四，黑则车9平8；车八进六，马6进7；马七进八，车3退4；马五进七，车8进6；仕六进五，炮6平7；相三进五，马7进9；车八平九，车8退2；车四退五，马9进7；马八进七，炮2平3；前马退六，车8退1；炮五平三，马7退8；马六进五，炮7平6；马五进七，马8退6；车四进三，车8平6；前马退六，车6退1；马七进八，炮6平8；炮三平二，车6平5，红方一车换双后，局面仍然略占主动，车双马伏有攻势。

13. …………　车3进2

黑方进车压马，是改进后的走法。如改走车3平4，则马七进八；炮2进3，车八退二；马6进5，马五进四；马5退6，车八进五；车4退4，车八平六；将5平4，炮五退一；象5退3，马四进六，红优。

14. 炮五退一　马6进7　15. 相七进五　…………

红如改走车八平九，黑则炮2平3；兵九进一，车9平7；相三进五，卒7进1；马七进九，车7进2；马九进七，车3退1；相五进七，车7平5；车九平五，马7进9；马五进四，炮3进7；仕六进五，车5平2；车二退四，卒7进1；马四进五，炮3平1；仕五进四，卒7进1；车二平三，马9进7；车三退一，车2进5；帅五进一，车2退1；帅五退一，车2平7；相七退五，车7退4；马五退七，卒9进1，黑优。

15. …………　车3退2　16. 炮五进一　车3进2

17. 兵九进一　车9平7　18. 车八平九　炮2退2

19. 车九进三　炮2平4　20. 炮五退一　卒7进1

21. 车二平六　炮4平3　22. 马七进九　马7进8

23. 马五进七　车7进2　24. 炮五进一　炮6进1

25. 车六进二　车7平3　26. 仕六进五　后车退1

27. 炮五退一　前车平2　28. 前车退六　炮6平5

29. 马七进六　炮5进3

黑方胜势。

第42局　红炮击中卒对黑弃3卒(二)

1. 炮二平五　马2进3　2. 马二进三　炮8平6

3. 车一平二　马8进7　4. 兵七进一　卒7进1

5. 炮八进四　象3进5　6. 马八进七　士4进5

7. 炮八平五　卒 3 进 1　8. 兵七进一　马 3 进 5
9. 炮五进四　车 1 平 3　10. 车九平八　车 3 进 4
11. 马三退五　马 7 进 6　12. 车八进六　车 3 进 2
13. 炮五退一　车 9 进 2

黑如改走马 6 进 5，红则车二进六；马 5 进 3，车二平七，红方先弃后取占优。

14. 车二进六　…………

红方右车过河，是简明有力的走法。

14. …………　马 6 进 7
15. 相七进五（图 42）　…………

红方补相，巩固阵势。如误走车二平七兑车，则马 7 进 8；马五进四，马 8 退 6；帅五进一，马 6 退 4；帅五退一，马 4 进 3；帅五进一，车 9 平 8，红方难应。

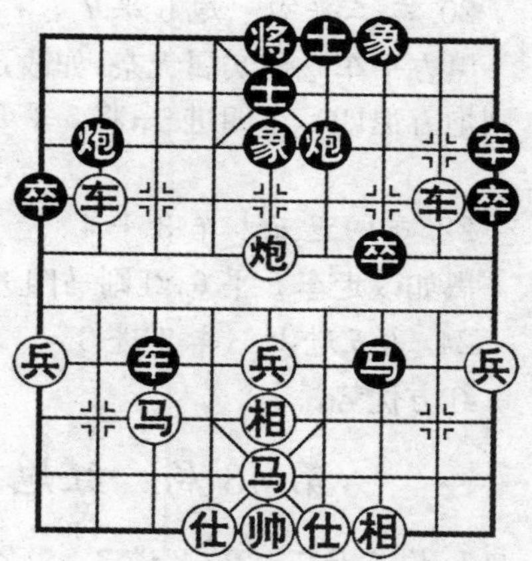
图 42

如图 42 形势下，黑方有两种走法：车 9 平 7 和车 3 退 2。现分述如下。

第一种走法：车 9 平 7

15. …………　车 9 平 7

黑方先走车 9 平 7，实战效果欠佳。

16. 车八平七　…………

红方平车邀兑，是紧凑有力之着。

16. …………　马 7 进 8

黑方进马叫杀，似佳实劣。还是应改走车 3 退 3 为佳。

17. 马五退七　车 3 退 3　18. 车二平七　马 8 退 6
19. 帅五进一　炮 2 平 3　20. 帅五平六　马 6 退 8
21. 车七平九　炮 3 平 1　22. 车九平七　炮 1 平 3
23. 后马进八　马 8 退 6　24. 马八进七　马 6 进 4
25. 后马进六　车 7 平 8　26. 马七进八　车 8 进 3
27. 车七进一　将 5 平 4　28. 炮五平六

红胜。

第二种走法：车 3 退 2

15. …………　车 3 退 2　16. 炮五进一　车 9 平 7

黑方平7路车也不能出头，反给红方留下马六进五捉双车的手段。可考虑改走卒9进1，准备边线出车。

17. 马七进六　马7进6　　18. 车八平九　炮2平4

19. 炮五进二　…………

红方舍炮硬轰黑方中士，下伏马六进五踩双车的手段，是迅速扩大优势的精彩之着！

19. …………　车7退1

黑如误走车3平4，红则炮五平六；炮4进3，车九进三；将5进1，车二进二；炮6退1，炮六平四，红方速胜。

20. 车二平四　炮6平7　　21. 相三进一　车7平5

黑方平车吃炮实属无奈，如改走马6退7，则车九进三；炮4退2(如象5退3，则炮五退四)，车四进三；将5平6，车九平六；将6进1，炮五平三，红方得子胜定。

22. 车四退五　车3平4　　23. 马六进四　炮7平8

黑如改走车5平6，红则马四进五，红亦大占优势。

24. 马五进七　车4进3　　25. 马四退六

红方优势。

第43局　红炮击中卒对黑弃3卒(三)

1. 炮二平五　马2进3　　2. 马二进三　炮8平6

3. 车一平二　马8进7　　4. 兵七进一　卒7进1

5. 炮八进四　象3进5　　6. 马八进七　士4进5

7. 炮八平五　卒3进1　　8. 兵七进一　马3进5

9. 炮五进四　车1平3　　10. 车九平八　车3进4

11. 马三退五　卒9进1　　12. 车二进六　车3退1(图43)

黑方退车牵制红方车炮，是稳健的走法。如改走马7进6，则车八进六；车3进2，炮五退一；马6进7(如马6进5，则车二平七)，车二平四；车9进2，车八平七；车3退3，车四平七；将5平4，马五进六；车9退1，车七平九；炮2平3，马七进八；马7进6，仕六进五；炮6平7，相三进一；马6退5，炮五退一，黑方难应。

如图43形势下，红方有三种走法：车二平三、马七进六和兵五进一。现分述如下。

第一种走法:车二平三

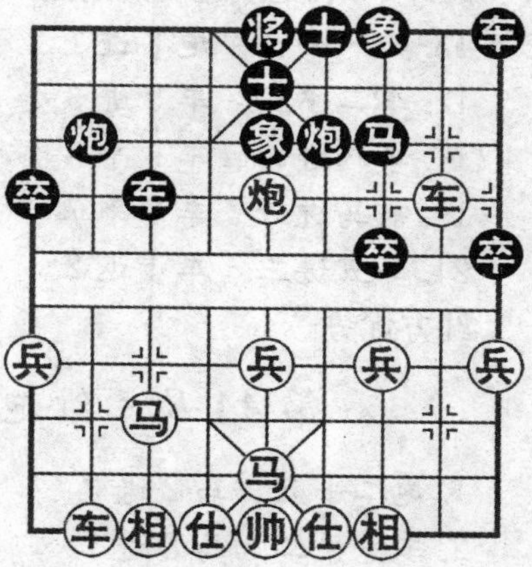

13. 车二平三　…………

红方平车压马,是力争主动的走法。

13. …………　车 9 进 3
14. 车三平一　马 7 进 9
15. 马七进六　车 3 平 4
16. 马五进七　马 9 退 7
17. 炮五退一　炮 2 平 4
18. 仕六进五　炮 6 退 1
19. 车八进九　炮 4 退 2
20. 相七进五　炮 6 平 8
21. 马六进八　车 4 进 1
22. 兵五进一　炮 8 进 3
23. 马七进八　车 4 平 3　　24. 前马进九　炮 8 平 5
25. 马八进九　炮 5 进 3　　26. 相三进五　车 3 进 2
27. 后马退八　车 3 退 4　　28. 马九退七

图 43

红方多兵,黑方兵种较好,双方各有顾忌。

第二种走法:马七进六

13. 马七进六　车 3 平 4　　14. 马五进七　炮 2 进 1
15. 车二平三　…………

红方平车压马,是保持变化的下法。除此之外,还有两种走法:

①炮五平八,车 4 平 8;炮八平五,车 8 平 5;马六进五,马 7 进 6;马五退六,马 6 进 4;马七进六,车 9 进 3,双方均势。

②兵五进一,炮 2 平 5;车二平五,车 4 平 5;马六进五,马 7 进 8;车八进三,卒 9 进 1;相七进五,卒 9 进 1;兵五进一,卒 9 平 8;兵三进一,卒 7 进 1;车八平二,车 9 进 4;兵五平四,卒 7 进 6;仕六进五,卒 6 平 5,双方均势。

15. …………　炮 2 平 5　　16. 仕六进五　车 9 进 2
17. 马六进四　炮 6 进 1　　18. 车八进九　士 5 退 4
19. 马四进六　炮 6 平 4　　20. 车三平五　马 7 进 5
21. 车八退三　车 9 进 1　　22. 车八平六　马 5 退 7

和势。

第三种走法:兵五进一

13. 兵五进一　…………

红冲中兵，是改进后的走法。

13. ………… 炮2进1　14. 兵五进一 炮2平5
15. 车二平五 车9进3　16. 车五平一 车3平9
17. 车八进四 车9平3　18. 马七进五 车3进3
19. 前马进六 车3平7　20. 相七进五 车7平1
21. 马五进三 车1退2　22. 马三进四

红方优势。

第44局　红炮击中卒对黑弃3卒(四)

1. 炮二平五 马2进3　2. 马二进三 炮8平6
3. 车一平二 马8进7　4. 兵七进一 卒7进1
5. 炮八进四 象3进5　6. 马八进七 士4进5
7. 炮八平五 卒3进1　8. 兵七进一 马3进5
9. 炮五进四 车1平3　10. 车九平八 车3进4
11. 马三退五(图44) …………

如图44形势下，黑方有两种走法：车3退1和车9平8。现分述如下。

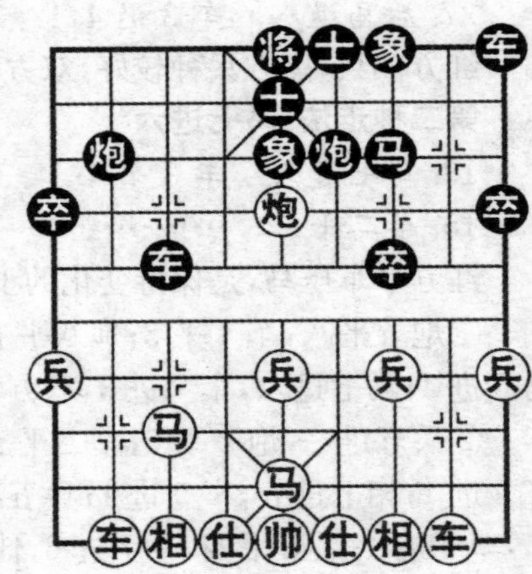

图44

第一种走法：车3退1

11. ………… 车3退1

黑方退车捉炮，实战效果欠佳。

12. 马七进六 车3平4
13. 马五进七 车9进2
14. 炮五退一 炮2平4
15. 车二进四 车9平8
16. 车二平四 马7进8
17. 车八进九 炮4退2
18. 马六进八 车4进1
19. 炮五进一 卒7进1

黑方进卒捉车，略嫌软弱。应改走车8进1，则较为顽强。

20. 车四平六 车4进1　21. 马七进六 车8进1
22. 兵三进一 马8进6　23. 炮五退二

红方优势。

第二种走法:车 9 平 8

11. …………　车 9 平 8　　12. 车二进九　马 7 退 8
13. 马七进六　马 8 进 7　　14. 车八进六　…………

红方左车过河,是正确的选择。如改走马五进七,则车 3 平 4;车八进五,车 4 平 2;马六进八,炮 6 进 1;炮五退二,马 7 进 5;相七进五,炮 6 平 7;仕六进五,马 5 进 3;炮五平七,炮 7 进 3;马七进六,炮 7 平 8;马六进四,士 5 进 4;马四进六,士 6 进 5,双方大体均势。

14. …………　卒 1 进 1　　15. 炮五平三　…………

红方平车压马,是改进后的走法。以往红方多走马五进七,黑则炮 2 平 4;仕六进五,炮 6 进 4;车八进三,炮 4 退 2;炮五平九,炮 6 平 9;相七进五,马 7 进 5;马六进五,车 3 进 3;马五退六,车 3 退 3;兵五进一,炮 9 退 1,双方均势。

15. …………　车 3 平 4　　16. 马五进七　炮 2 平 4
17. 马六进八　士 5 退 4　　18. 相三进五　士 6 进 5
19. 仕四进五　卒 9 进 1　　20. 马八进六　炮 6 进 4
21. 马七进八　车 4 进 1　　22. 马六退五　炮 6 平 9
23. 马五进四　车 4 平 6　　24. 马八进六　车 6 退 1
25. 炮三平二　象 5 退 3　　26. 炮二退四　炮 4 平 6
27. 炮二平四　象 7 进 5　　28. 兵五进一

红方优势。

第 45 局　红炮击中卒对黑弃 3 卒(五)

1. 炮二平五　马 2 进 3　　2. 马二进三　炮 8 平 6
3. 车一平二　马 8 进 7　　4. 兵七进一　卒 7 进 1
5. 炮八进四　象 3 进 5　　6. 马八进七　士 4 进 5
7. 炮八平五　卒 3 进 1　　8. 兵七进一　马 3 进 5
9. 炮五进四　车 1 平 3　　10. 炮五平七　…………

红方平炮拦车,灵活有力。

10. …………　象 5 进 3(图 45)

黑如改走车 9 平 8,红则车二进九;马 7 退 8,车九平八;象 5 进 3,马七进六,红仍持先手。

如图 45 形势下,红方有两种走法:马七进六和车二进六。现分述如下。

第一种走法:马七进六

11. 马七进六　炮 2 平 5

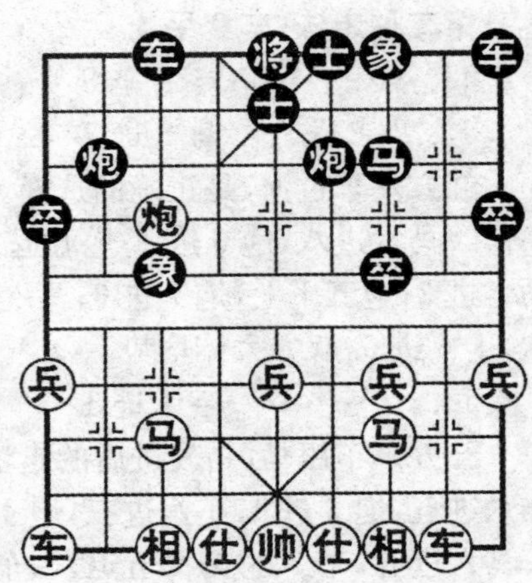
图 45

12. 相七进五　马 7 进 6

黑方进马邀兑，紧凑有力。

13. 马六进四　车 3 进 3
14. 兵三进一　车 3 平 6
15. 兵三进一　炮 6 进 2
16. 兵三平四　车 6 进 1
17. 仕六进五　卒 9 进 1
18. 车二进四　车 6 平 7
19. 马三进四　车 9 进 3
20. 车九平六　炮 5 平 4
21. 车二进一　车 7 平 8
22. 马四进二　车 9 平 5
23. 车六进三　炮 4 平 9

和势。

第二种走法：车二进六

11. 车二进六　…………

红方挥车过河，压制黑方左翼子力。

11. …………　车 9 平 8　　12. 车二平三　车 8 进 7
13. 马三退五　象 3 退 5　　14. 马七进六　炮 6 退 1
15. 车九平八　炮 2 平 4　　16. 相七进五　车 8 平 6
17. 马五进七　炮 6 平 7　　18. 车三平二　卒 9 进 1
19. 车八进五　炮 7 平 9　　20. 仕六进五　车 6 进 1
21. 炮七退二　车 3 进 4　　22. 车八平七　象 5 进 3
23. 炮七平八　炮 4 平 2　　24. 车二平九　象 7 进 5
25. 马六进七　车 6 退 5　　26. 炮八平五　…………

红方平炮闪击，是取势要着。

26. …………　车 6 平 4　　27. 车九进三　车 4 退 3
28. 前马退五

红方多兵占优。

第 46 局　红跃马河口对黑兑 3 卒

1. 炮二平五　马 2 进 3　　2. 马二进三　炮 8 平 6

3. 车一平二　马 8 进 7　　4. 兵七进一　卒 7 进 1

5. 炮八进四　象 3 进 5　　6. 马八进七　士 4 进 5

7. 马七进六　…………

红方跃马河口，意在配合双炮强夺中卒。

7. …………　卒 3 进 1

黑方弃 3 卒，拆散红方炮架，不失为灵活的走法。如改走车 1 平 4，则马六进五；马 7 进 6，黑方亦可抗衡。

8. 兵七进一　车 1 平 4　　9. 车二进四　车 9 平 8

10. 车二平四　象 5 进 3（图 46）

如图 46 形势下，红方有两种走法：炮五平六和炮八平七。现分述如下。

第一种走法：炮五平六

11. 炮五平六　…………

红方卸炮打车，嫌软。

11. …………　马 3 进 4

黑方针对红方阵势虚浮的弱点，强行跃马进行反击，是反夺主动权的巧妙手段。

12. 炮六进三　…………

红方不能逃车，否则黑方车 8 进 5 后，红方难应。

12. …………　车 4 进 4

13. 炮八退四　炮 6 平 4

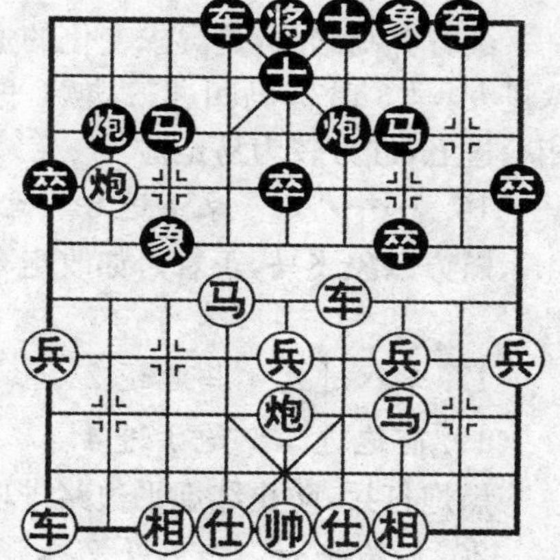

图 46

14. 马六退七　…………

红如改走炮八平六，黑则炮 2 进 3；炮六进三，炮 2 平 3；马六退八，象 7 进 5，红方马炮位置欠佳，黑方易走。

14. 马六退七　…………

红如改走炮八平六，黑则炮 2 进 3；炮六进三，炮 2 平 6；马六退八，象 7 进 5，红方马炮位置欠佳，黑方易走。

14. …………　车 4 进 4　　15. 炮八平九　炮 2 平 3

16. 车四平六　车 4 退 3　　17. 马七进六　车 8 进 5

18. 马六进八　炮 3 平 2　　19. 马八退七　车 8 平 2

黑方易走。

第二种走法:炮八平七

11. 炮八平七　…………

红方平炮压马,是保持变化的走法。

11. …………　车 8 进 6　　12. 炮五平六　车 4 平 2

13. 车九平八　…………

红如改走相七进五,黑则炮 2 平 1;车九平七,象 3 退 5;兵三进一,车 8 退 2;车七进三,卒 7 进 1;车四平三,马 7 进 6;仕四进五,卒 9 进 1;马六进四,车 8 平 6,双方局势平稳。

13. …………　炮 6 平 4　　14. 马六进四　象 3 退 5

15. 炮六平七　炮 2 平 1　　16. 马四进五　…………

红方弃马踏象,是寻求变化的走法。但实战证明,其效果不佳,不如改走车八进九,马 3 退 2;马四进三,炮 4 平 7;车四平八,马 2 进 4;前炮进二,炮 1 平 2;相七进五,红方较为易走。

16. …………　象 7 进 5

黑方以象飞马,正着。如改走车 2 进 9,则马五进三;将 5 平 4,后炮平六,红胜。

17. 车八进九　马 3 退 2　　18. 车四平八　马 2 进 4

19. 前炮进二　炮 1 进 4

黑炮打兵,防止红炮平边路进攻,是紧凑有力的应着。

20. 后炮平六　车 8 平 7　　21. 相七进五　马 7 进 6

22. 车八进五　士 5 退 4　　23. 炮六进六　车 7 进 1

24. 炮七进一　将 5 进 1　　25. 车八退二　车 7 退 1

黑方退车捉中兵,准备弃还一炮来疏通车路,是大局感极强的走法。如改走炮 4 进 4 逃跑,则车八进一,黑方反而有麻烦。

26. 车八平六　车 7 平 5　　27. 炮七退一　将 5 退 1

28. 车六平七　士 4 进 5　　29. 炮六退六　…………

红如改走炮七进一,黑则车 5 平 2,黑方亦大占优势。

29. …………　马 6 进 4　　30. 仕六进五　车 5 平 2

黑方多卒,大占优势。

第 47 局　黑飞右象对红炮打中卒

1. 炮二平五　马 2 进 3　　2. 马二进三　炮 8 平 6

3. 车一平二　马8进7　　4. 兵七进一　卒7进1
5. 炮八进四　象3进5　　6. 炮八平五　…………

红方炮击中卒，是谋取实利的走法。

6. …………　马3进5　　7. 炮五进四　士6进5(图47)

黑方补左士，可以加强右翼底线的防守力量，是别具匠心的走法。

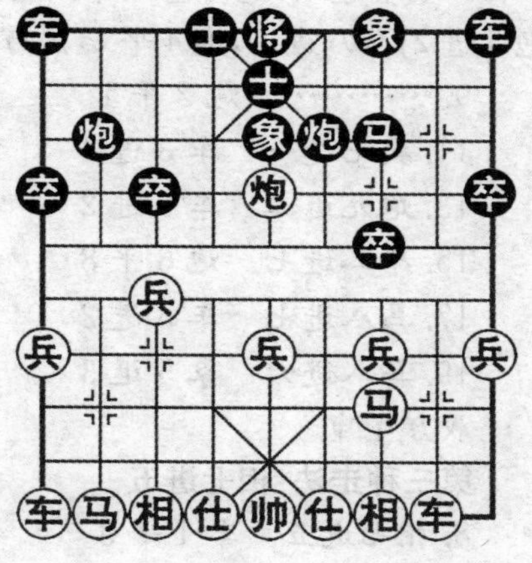
图47

如图47形势下，红方有四种走法：马八进七、车九进二、相七进五和兵五进一。现分述如下。

第一种走法：马八进七

8. 马八进七　车1平3
9. 炮五平九　…………

红如改走兵五进一，黑则卒3进1；兵七进一，车3进4；马七进五，炮6进1；车九平八，炮2平3；炮五平八，炮6平5；仕六进五，马7进6，黑方反占先手。

9. …………　卒3进1
10. 兵七进一　车3进4
11. 马七进六　炮2平1　　12. 相七进五　车3平4
13. 马六退七　车4退1　　14. 炮九退二　卒9进1
15. 车九平八　车9进3　　16. 仕六进五　马7进6
17. 车二进四　马6进7　　18. 车八进五　车9平8
19. 车二进二　车4平8　　20. 炮九平七　炮1平3
21. 马七进六　炮6平7　　22. 炮七退二　车8平4
23. 车八退一

双方大体均势。

第二种走法：车九进二

8. 车九进二　车1平3

黑如改走车1平2，红则车九平八；炮2进4，兵五进一；车9进2，车二进六；车9平8，车二平四；炮6退2，炮五平九；马7进8，马三进五；马8进7，兵五进一；车8进7，马五进六；车8平7，车四进二；炮2退5，车四退五；马7进8，马六进七；车2平3，马七进五；士4进5，车八进六；炮6进9，炮九平一，红优。

9. 炮五平九　…………

红如改走车九平七,黑则炮2平3;车七平八,卒3进1;炮五平七,炮3平4;兵七进一,象5进3;车二进六,车9平8;车二平三,炮6平5;仕六进五,炮5进1;炮七平八,象3退5;炮八进三,车8进2;车三平四,车8进4;马八进七,车8平7;马七进六,炮4进1;车四退四,车7平5;车四进七,将5平6;马三进五,炮5进2;车八进三,炮4平5,黑方易走。

9. …………　炮2平1　　10. 车九平八　卒3进1
11. 兵七进一　车3进4　　12. 相三进五　车3退1
13. 炮九退二　车9进2　　14. 车八进一　车9平8
15. 车二进七　炮6平8　　16. 兵五进一　车3平5
17. 马八进七　车5进2　　18. 马七进八　车5退2
19. 马八进六　象5退3　　20. 仕四进五　象7进5

双方互缠。

第三种走法:相七进五

8. 相七进五　车1平3　　9. 炮五平九　…………

红方炮击边卒,谋兵取势。

9. …………　卒3进1　　10. 兵七进一　车3进4
11. 马八进六　炮2平1　　12. 车九平八　车3进4
13. 马六进四　车3退5

黑如改走车3平7,红则马四进五;车7退1,马五进六;车7平6,仕四进五;车6退2,马六进七;将5平6,车二进六,红方弃子有攻势。

14. 炮九退二　马7进6　　15. 马四进五　卒9进1
16. 兵三进一　卒7进1　　17. 炮九平三　马6退8
18. 炮三平二　炮6平8　　19. 车二进三　炮8进3
20. 车二进一　卒9进1　　21. 兵一进一　车9进5
22. 车二平一　马8进9　　23. 车八进五　车3平7
24. 马三进一　马9退7　　25. 车八平四　马7进8
26. 车四进一

红方多兵占优。

第四种走法:兵五进一

8. 兵五进一　车1平3　　9. 车九进二　卒3进1
10. 兵七进一　车3进4　　11. 车九平七　车3平2

12. 马八进九　车2退1　13. 车二进六　车9平8
14. 车二平三　炮6退1　15. 炮五平七　炮2平3
16. 炮七平六　炮6平7　17. 车三平四　炮3退1
18. 兵五进一　车8进5　19. 相七进五　车8平4
20. 炮六平五　马7进5　21. 车四平五　车2进3
22. 兵五平四　卒7进1

黑方弃卒，着法有力。

23. 马三进五　卒7平6

黑方易走。

第48局　黑飞右象对红冲中兵

1. 炮二平五　马2进3　2. 马二进三　炮8平6
3. 车一平二　马8进7　4. 兵七进一　卒7进1
5. 炮八进四　象3进5　6. 兵五进一　…………

红方冲中兵，企图从中路展开攻势。

6. …………　士4进5　7. 炮八平五　马3进5

黑如改走炮2进5，红则马八进七；炮6进5，后炮平八；炮6平2，炮五退一；炮2平7，车二进二；车9平8，车二平三；车8进5，相七进五；车8平5，炮五平八；车1平4，炮八退一；车5退1，兵三进一；马7进5，双方均势。

8. 炮五进四(图48)　…………

如图48形势下，黑方有两种走法：车1平3和车9进2。现分述如下。

第一种走法：车1平3

8. …………　车1平3
9. 车九进二　…………

红如改走炮五平九，黑则卒3进1；兵七进一，车3进4；相七进五，马7进6；马八进六，卒9进1；车二进六，卒7进1；车二平八，马6进7，双方各有顾忌。

9. …………　车9进2
10. 车九平八　…………

红如改走马三进五，黑则卒3进1；兵

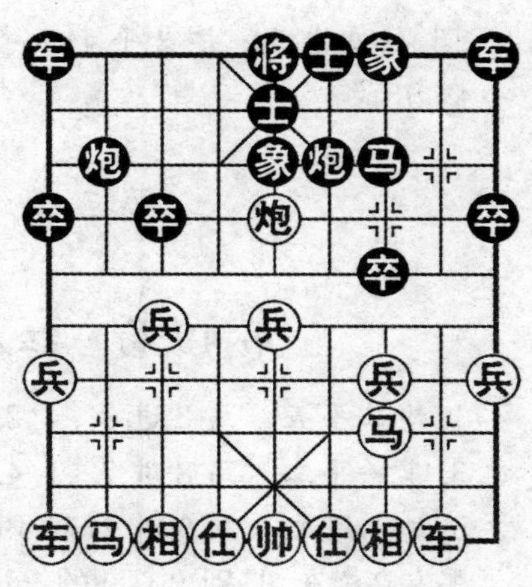

图48

七进一，车9平8；车二进七，炮6平8；炮五退一，车3进4；车九平七，车3进3；马八进七，炮8进2；兵三进一，炮8平5；兵五进一，马7进8；兵三进一，象5进7；兵五平四，象7进9；马七进八，马8进7；仕六进五，炮2平1，红方局势稍好。

10. ………… 卒3进1　11. 兵七进一 车3进4

12. 车八平七 车3进3　13. 马八进七 车9平8

14. 炮五平三 车8进7　15. 马三退二 炮6进4

16. 兵五进一 炮6平9　17. 马七进六 卒9进1

18. 马二进三 炮9平1　19. 马三进五 卒9进1

20. 兵三进一 卒7进1　21. 马五进三

红方易走。

第二种走法：车9进2

8. ………… 车9进2　9. 马八进七 卒3进1

黑方献卒，准备先弃后取，是针对性较强的积极走法。如改走车9平8，则车二进七；炮6平8，炮五平二；车1平4，车九平八；车4进3，车八进七；车4平8，兵五进一；车8进3，马三进五；车8平7，相七进五；炮8进2，车八退二；士5退4，仕六进五；士6进5，车八进一；炮8平5，车八平七；炮5退1，车七平九；车7平9，马五进四；马7进6，车九平五；车9平3，车五退一；马6退7，黑方稍好。

10. 兵七进一 车1平3　11. 炮五平七 象5进3

12. 车二进六 车9平8　13. 车二平三 车8进3

14. 车九平八 车8平5　15. 相三进五 炮6平5

16. 仕四进五 炮2平4　17. 车八进四 车5退1

双方互缠。

第二节　其他变例

第49局　红左炮过河对黑左横车

1. 炮二平五 马2进3　2. 马二进三 炮8平6

3. 车一平二 马8进7　4. 兵七进一 卒7进1

5. 炮八进四 车9进1(图49)

黑方高横车，是别出心裁的走法。

如图49形势下，红方有两种走法：炮八平五和马八进七。现分述如下。

第一种走法:炮八平五

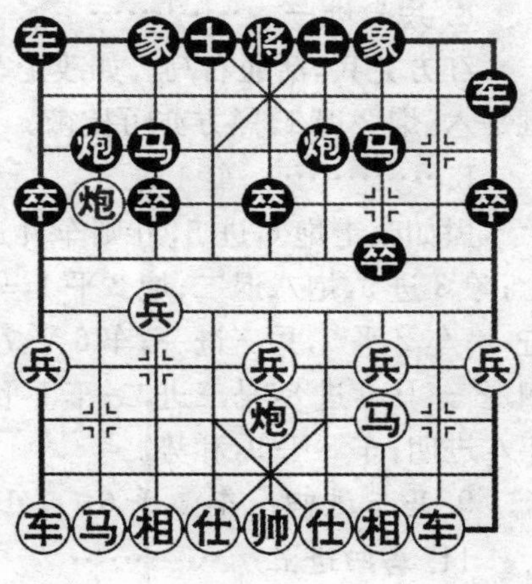
图 49

6. 炮八平五　马 3 进 5
7. 炮五进四　车 9 平 4
8. 炮五退二　马 7 进 6
9. 车二进六　炮 2 进 3

黑方献炮,是不甘示弱的走法。如改走马 6 进 7,则车二平五;士 4 进 5,车五平六;将 5 平 4(如士 5 进 4,则炮五进一,红优),炮五平六;马 7 退 6,车六进二;将 4 进 1,马八进七;将 4 退 1,车九平八;象 3 进 5,兵五进一;马 6 进 4,马七进六;车 1 平 3,马六进五;炮 2 平 1,车八进三;炮 6 平 7,马三退一;将 4 平 5,相三进五;车 3 平 4,仕四进五;车 4 进 4,双方均势。

10. 炮五平八　车 1 平 2　　11. 车二平四　…………

红如改走马八进七保炮,黑则车 4 进 6;马三退五,炮 6 平 5,黑不难走。

11. …………　炮 6 平 5　　12. 仕四进五　车 2 进 5
13. 车四退一　车 2 进 3　　14. 车四平三　炮 5 平 2

黑方卸炮攻马,略嫌急。不如改走车 4 平 6,红如接走相三进五,黑则车 6 进 7;兵三进一,再炮 5 平 2 为宜。

15. 车三进四　炮 2 进 7　　16. 兵三进一　车 4 进 4
17. 相三进五　士 4 进 5　　18. 车九进二　将 5 平 4
19. 车九平六　…………

面对黑方下伏的车 2 平 5,帅五进一;车 4 进 3,帅五退一;车 4 进 1 的杀着,红方机警地兑掉黑方肋车,以后可以演成车马、多兵的有利残局。

19. …………　车 2 平 5　　20. 帅五进一　车 4 进 2
21. 帅五平四　车 4 进 2　　22. 相七进九　车 4 退 1
23. 帅四退一　车 4 退 1　　24. 马三进四　象 3 进 5
25. 车三退三　车 4 退 2　　26. 车三平四

红方优势。

第二种走法:马八进七

6. 马八进七　车 9 平 4　　7. 车二进四　士 4 进 5

8. 兵三进一　…………

红方兑兵，活通右马。如改走车二平六，则车4进4；马七进六，象3进5；炮五平六，炮2退1，黑方亦可抗衡。

8. …………　车4进3

黑如改走炮6进5，红则车九进二；车4进3，仕四进五；炮6平3，车九平七；象3进5，炮八退二；炮2平1，马三进四；车4平2，炮八平九；炮1进3，兵九进一；车2平6，兵三进一；车6平7，炮五平三；马7进6，车七平四；车7进3，马四退三；马6进8，马三进二；车1平4，马二进一；车4进6，车四平八；车4平5，车八进四；车5平9，和势。

9. 马三进四　车4平6　　10. 兵三进一　车6平7

11. 马四进五　…………

红方马踩中卒谋取实利，是简明的走法。如改走炮五平三，则马7进6；相七进五，象3进5；炮八退五，车1平4；炮八平三，车7进3；马四退三，马6进8；马三进二，车4进4；车九平八，炮2退2；马二退三，卒3进1；车八进七，车4进3；马七退八，炮2进9；车八退七，卒3进1；车八平七，车4退2；车七进四，车4平3；相五进七，双方均势。

11. …………　马3进5　　12. 炮八平五　象3进5

13. 相三进一　卒3进1　　14. 车九平八　炮2平3

15. 车八进六　炮3进3　　16. 仕六进五　马7进6

17. 前炮退一　马6进7　　18. 车二平三　马7进5

19. 炮五退三　车7进1　　20. 相一进三　炮3进4

21. 马七进六

红方易走。

第50局　红左炮过河对黑补架中炮

1. 炮二平五　马2进3　　2. 马二进三　炮8平6

3. 车一平二　马8进7　　4. 兵七进一　卒7进1

5. 炮八进四　炮6平5

黑方补架中炮，意在避开俗套。

6. 马八进七（图50）　…………

如图50形势下，黑方有三种走法：车1进1、卒1进1和车9进1。现分述如下。

第一种走法:车1进1

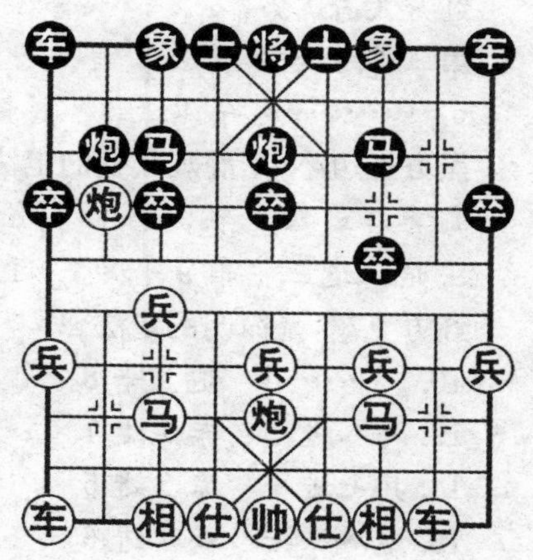
图50

6.………… 车1进1

黑方高右横车,迅速开动右翼主力。

7.马七进六　炮2退1

黑方退炮,是新的尝试。以往黑多走车1平6,红则仕四进五;士6进5,车二进六;车6进4,马六进五;马3进5,炮八平五;炮2进5,马三退一;车9平8,车二进三;马7退8,车九平八;炮2平3,车八进五,红优。

8.仕六进五　…………

红方补仕,正着。如改走马六进五,则马3进5;炮八平五,马7进5;炮五进四,炮2平5;车二进六,车1平4;相七进五,车4进2;炮五平四,车9进2,黑方反夺先手。

8.………… 炮2平5　　9.车九平八　车1平4

10.马六进七　马7进6

黑方进肋马,易受红方攻击。应改走车4进3。

11.车二进四　车9进2　　12.炮五进四　…………

红方炮打中卒,是简明实惠之着。

12.………… 车4进5

黑如改走后炮进2,红则炮八平五;士4进5,炮五退一,红优。

13.炮五进二　士4进5　　14.车二平四　车9平6

15.炮八进三　…………

红方运炮沉底是取势佳着,黑方已难应对。

15.………… 象3进1

黑方飞象,实属无奈。如改走士5退4(如马3退2,则马七退五;车4退2,马五进四;士5进6,车八进九,红方呈胜势),则马七退五;马3进5,车四进一;车6进2,马五退六;马5进6,马六进七;车6平4,马三退一,红方多子占优。

16.炮八平九　将5平4　　17.相七进五　马6退4

18.车四平二　车6进6　　19.车八进九　将4进1

20.车八退七　象7进9　　21.兵七进一

红方大占优势。

第二种走法:卒1进1

6. ………… 卒1进1

黑方挺边卒,是静观其变的走法。

7. 车二进四 车9进2 8. 车九进一 车1进3
9. 炮八退三 车9平8 10. 车二进三 …………

红方兑车,是简明的走法。

10. ………… 炮5平8 11. 马七进八 车1退1
12. 马八进七 车1退1 13. 车九平二 炮8平9
14. 兵七进一 象3进5 15. 兵七平六 车1平4
16. 炮八平七 马7进6 17. 车二平八 车4进3
18. 炮七进四 炮9平3 19. 车八进六 炮3进7
20. 仕六进五 炮3平1 21. 仕五进六 士6进5
22. 车八退五 马6进7

双方各有顾忌,红方多子略优。

第三种走法:车9进1

6. ………… 车9进1

黑方高左横车,是寻求变化的走法。

7. 马七进六 车9平4 8. 马六进五 …………

红方马踩中卒,谋取实利。

8. ………… 马3进5 9. 炮八平五 马7进5
10. 炮五进四 士4进5 11. 车九平八 车4进2
12. 车二进六 …………

红方进车保炮,正着。

12. ………… 车1进2

黑如改走炮2平1,红则仕四进五;炮1进4,车八进六,红方易走。

13. 车八进六 将5平4 14. 仕四进五 炮2平3
15. 车八进三 炮3进3 16. 车二平一 卒3进1
17. 兵一进一 车1平3 18. 兵一进一 炮3平9
19. 兵一平二 炮9进4 20. 相三进五 炮9平4
21. 车一平二 炮4退1 22. 炮五平九 车4平8
23. 兵二进一

双方各有顾忌。

第51局　红左炮过河对黑补右士

1. 炮二平五　马2进3　2. 马二进三　炮8平6
3. 车一平二　马8进7　4. 兵七进一　卒7进1
5. 炮八进四　士4进5　6. 炮八平五　…………

红方炮击中卒，着法简明。

6. …………　马3进5　7. 炮五进四（图51）　…………

如图51形势下，黑方有两种走法：炮6平5和象3进5。现分述如下。

第一种走法：炮6平5

7. …………　炮6平5

黑方平中炮，是抢先之着。

8. 炮五退一　车9进1
9. 马八进七　…………

除此之外，红方还有两种走法：

①马八进九，车9平6；车九平八，车6进3；炮五退一，炮2平4；相七进五，车6进2；仕六进五，车6平7；车八平六，车1进2；车二进二，卒7进1，黑方反先。

②车二进六，车9平6；车二平三（如车二平七，则车6进3；炮五退一，车6平5，红方无便宜可占），车6进3；炮五退一，车1平2；马八进七，炮2平4；相七进五，红方较优。

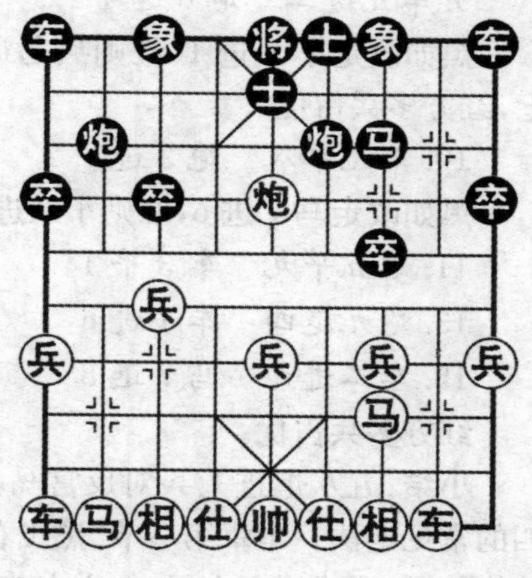
图51

9. …………　车9平6　10. 车九平八　车6进3
11. 炮五退一　…………

红方退炮，是稳健的走法。

11. …………　炮2平4　12. 相七进五　卒3进1
13. 车二进六　炮5进1

黑可改走卒3进1，红如车二平七，黑则车6进3；马三退二，车6进1；马二进一，卒3进1，黑方可以满意。

14. 车八进五　象3进5　15. 兵七进一　车1平3
16. 兵七平六　车3进7　17. 兵六平五　炮5进2

18. 前兵平四

红方大占优势。

第二种走法:象3进5

7.………… 象3进5　8.**兵五进一**　…………

红亦可改走马八进七,黑如卒3进1(车1平4,兵五进一,红优),则兵七进一;车1平3,车九平八;车3进4,马三退五,红优。

8.………… 车1平3

黑如改走卒3进1(如车1平4,则马八进七;车4进4,车九平八,红优),红则兵七进一;车1平3,车九进二;车3进4,车九平七,红方先手。

9. 车九进二　炮6进4

黑如改走卒3进1,红则兵七进一;车3进4,车九平七;车3进3,马八进七,红方多兵占优。

10. 车九平八　炮2进7

黑如改走马7进5,红则车八进五,也是红方多兵占优。

11. 炮五平九　车3平1　**12. 炮九退二**　炮2平1

13. 炮九退四　车1进6　**14. 炮九进二**　车9平8

15. 车二进九　马7退8　**16. 兵五进一**　马8进7

红方多兵占优。

小结:五八炮进七兵对反宫马,黑方第5回合象3进5是应对红方炮八进四的常见走法。本章第一节"黑飞右象变例"中,第36至40局红炮击中卒对黑伸炮打马,形成黑方多子、红方有攻势,双方变化复杂且各有顾忌的局面。从大量实战来看,红方机会颇多,占据上风。第41至44局红炮击中卒对黑弃3卒变例中,第11回合马三退五右马退窝心,是保持先手的正着;黑方伺机左马盘河,应着积极,将形成互有顾忌的局面。第46局红跃马河口对黑兑3卒变例中,第7回合黑方弃3卒是应对红方左马盘河进攻的较理想着法。

第三章　中炮巡河炮对反宫马

中炮巡河炮对反宫马，这种布局在20世纪80年代初期较为流行，近几年又有了新的发展。红方采用巡河炮进攻，目的是控制巡河线，这样可以守护河口马，并伺机挺兑三兵来活通右马，逐步调动两翼子力，是一种稳健型的攻法；黑方则采用飞左象应对，以便于活动左车，针对红方右翼子力加强对抗。本章列举了8局典型局例，分别介绍这一布局中双方的攻防变化。

第一节　黑飞左象变例

第52局　红右车过河对黑补右士

1. 炮二平五　马2进3　　2. 马二进三　炮8平6

3. 车一平二　马8进7　　4. 兵七进一　卒7进1

5. 炮八进二　…………

至此，形成中炮巡河炮对反宫马的阵势。红方左炮巡河，是一种稳扎稳打的走法。

5. …………　象7进5

黑方飞左象，是正确的选择。如改走象3进5，则兵三进一；卒7进1，炮八平三，红方主动。

6. 马八进七　…………

红方进马，开动左翼子力。如改走兵三进一（如车二进六，则炮2进1），则卒7进1；炮八平三，马7进6，黑方有车9平7捉炮的手段，红方反而麻烦。

6. …………　马7进6

正着。如改走车1进1，则马七进六；炮6进3，炮八平九；车1平2，车二进四；炮6平3，马六进七；炮3退1，车九平八；炮2进4，炮九平七，红优。

7. 车二进六　…………

红方右车过河，是力争主动的走法。

7. …………　士4进5

黑补右士，是改进后的走法。

8. 车二平四　马 6 进 7　　9. 炮五平六　…………

红方卸炮，是稳健的走法。

9. …………　车 9 平 8

黑出左车，必然之着。如改走炮 2 进 1，则车四退二；车 9 平 8，马七进六，红方仍持先行之利。

10. 相七进五　卒 1 进 1　　11. 炮八退一　…………

红方退炮轰马，略嫌急躁。似不如仕六进五先巩固阵势，再待机而动好。

11. …………　马 7 退 8　　12. 车四平一　…………

红方平车吃卒，谋取实利。似不如改走车四退二退守巡河好，这样较易把握局势。

12. …………　卒 7 进 1

黑方抓住红方平车吃卒、贪得实利的缝隙，乘机献卒展开反击，攻击点十分准确。

13. 相五进三（图 52）　…………

如图 52 形势下，黑方有两种走法：炮 6 进 5 和车 8 平 7。现分述如下。

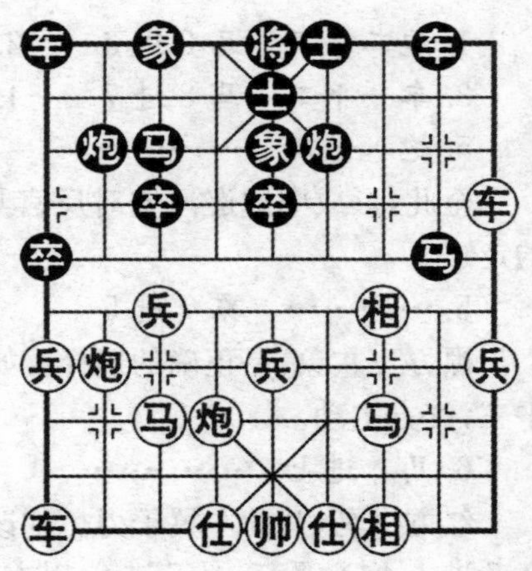

图 52

第一种走法：炮 6 进 5

13. …………　炮 6 进 5

黑方进炮捉马，乘机扰乱红方阵势，是上一回合弃卒的续进之着。

14. 炮六退一　…………

红方退炮，避捉。如改走车九平七保马，则黑方有车 8 平 7 捉相的手段。

14. …………　车 1 进 1

15. 仕六进五　车 1 平 4

16. 炮六进三　炮 6 进 1

17. 车一退二　车 8 平 7

18. 车一平二　马 8 退 7

黑如改走马 8 退 6，红则马三进四，这样黑方无后续手段。

19. 车二退三　炮 6 退 6　　20. 炮八平六　车 4 平 2

21. 相三退五　炮 2 进 6　　22. 车二进一　车 2 进 5

23. 前炮平三　马 7 进 6　　24. 车二进三　车 2 平 4

25. 车二平四　车 4 平 3　　26. 车九平七

双方互缠。

第二种走法:车 8 平 7

13. …………　车 8 平 7

黑方平车捉相,是新的尝试。

14. 相三退五　车 7 进 4　　15. 马七进六　炮 2 平 1
16. 炮八平七　车 1 平 2　　17. 马三进四　马 8 进 7
18. 仕六进五　马 7 退 6　　19. 马四退二　车 7 平 8
20. 马六进四　车 8 平 6　　21. 炮七进三　卒 1 进 1

黑方满意。

第 53 局　红右车过河对黑补左士(一)

1. 炮二平五　马 2 进 3　　2. 马二进三　炮 8 平 6
3. 车一平二　马 8 进 7　　4. 兵七进一　卒 7 进 1
5. 炮八进三　象 7 进 5　　6. 马八进七　马 7 进 6
7. 车二进六　士 6 进 5　　8. 车二平四　…………

红如改走马七进六,黑则马 6 进 4;炮八平六,炮 2 进 1;车九平八,车 1 平 2;车八进四,炮 6 进 3;车二平四,炮 6 平 3;车四退一,炮 3 退 1;车四平六,车 9 平 6;炮五平六,车 6 进 5;车六进三,卒 5 进 1;相三进五,车 6 退 2;仕四进五,炮 3 进 2;车八退一,炮 3 退 2;车八进一,炮 3 进 2;车八退一,炮 3 退 2;车八进一,双方不变作和。

8. …………　马 6 进 7

9. 炮五平六(图 53)　…………

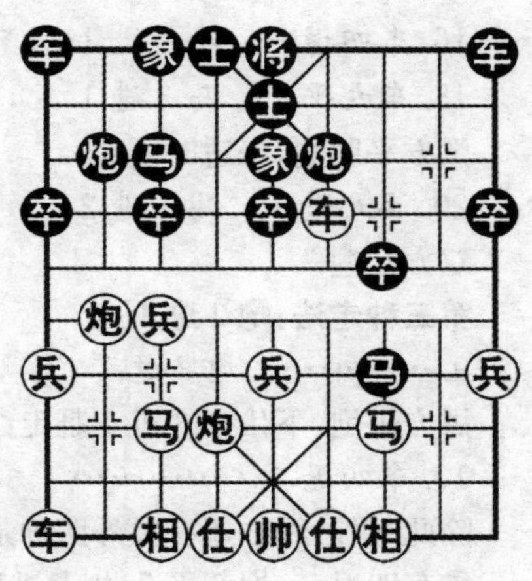

图 53

如图 53 形势下,黑方有三种走法:车 9 平 8、车 9 平 7 和炮 2 进 1。现分述如下。

第一种走法:车 9 平 8

9. …………　车 9 平 8

10. 相七进五　卒 9 进 1

黑方进边卒,嫌缓。应以改走炮 2 进 1 为宜。如改走卒 1 进 1,红则炮八退一;马 7 退 8,车四退二;炮 6 平 7,车四平二;炮 2 进 2,仕四进五;车 8 平 6,炮八平七;车 1 平 2,

车九平八；炮7平8，车二平一；炮8平7，炮七进三；马8进7，车一进二；车6进8，炮六退一，也是红方占优。

11. 马七进六　卒1进1　12. 炮八退一　马7退8
13. 车四平三　车1进3　14. 炮八平七　车1平2
15. 仕六进五　炮2平1　16. 炮七进三　马3退1
17. 车三平五　卒7进1　18. 相五进三　炮6平7
19. 相三退五　炮7进4　20. 兵七进一　象5进3
21. 车九平七　马8进6　22. 车五平四　马6进7
23. 炮六平三　象3退5　24. 兵九进一　卒1进1
25. 炮七平五

红方优势。

第二种走法：车9平7

9. …………　车9平7

黑方平车象位，试图在防守中加强反击。

10. 马七进六　…………

红如改走相七进五，黑则卒1进1；仕六进五，车1进3；炮八退一，卒7进1；马七进八，车1退1；马八进七，车1进1；炮八平七，车1平2，黑方可以抗衡。

10. …………　卒1进1　11. 相七进五　车1进3
12. 仕六进五　炮2平1　13. 炮八退一　卒7进1
14. 马六进四　车1平2　15. 炮八平七　炮6进2
16. 车四退一　卒1进1　17. 兵七进一　车2进3
18. 车九平七　马3进1　19. 兵七平八　炮1平4

黑方平肋炮，是适时要着。

20. 兵九进一　马1进2

双方互缠。

第三种走法：炮2进1

9. …………　炮2进1

黑方进炮，下伏卒3进1赶走红车之手段，是含蓄有力之着。

10. 车四退二　…………

除此之外，红方还有另外两种走法：

①车四退三，炮6平7；相七进五，卒1进1；炮八退一，车1进1；仕六进五，车1平4；炮八平七，车4进5；炮七进三，炮2进3；车四进一，炮2平3；兵七进

一，马3进1；车九平八，炮3退3；马七进八，车4平3；马八进九，炮3平4；兵九进一，卒1进1；车四平九，车9平6；车八进四，车3平4；炮六平七，车6进8，黑方有攻势易走。

②相七进五，卒3进1；车四退二，卒3进1；车四平七，炮2退2；车七平二，马7退6；炮八平四，炮6平7；车九平八，车1平2；车八进三，炮2平1；车八进六，马3退2；炮四退三，马2进3；炮四平七，炮1平3；炮七进六，炮3进6；炮七平三，马6退7，黑方多卒易走。

10. ………… 炮6平7　11. 相七进五 车9平6
12. 车四进五 士5退6　13. 炮八退一 …………

红如改走马七进六，黑则炮2退2；炮八退一，炮2平7；炮八平三，前炮进4；车九平八，车1进1；车八进七，后炮进1；马六进四，卒7进1；相三进一，车1平6；马四进三，炮7退4；相一进三，车6进3，双方均势。

13. ………… 炮2进1　14. 马七进六 炮2平1
15. 车九平七 车1平2　16. 兵七进一 车2进5
17. 炮八平三 炮7进4　18. 马六进七 马3退5
19. 兵九进一 车2平1　20. 兵七平八 车1进2
21. 仕四进五 马5进7　22. 兵八平九

红方多子占优。

第54局 红右车过河对黑补左士(二)

1. 炮二平五 马2进3　2. 马二进三 炮8平6
3. 车一平二 马8进7　4. 兵七进一 卒7进1
5. 炮八进二 象7进5　6. 马八进七 马7进6
7. 车二进六 士6进5　8. 车二平四 马6进7
9. 马七进六(图54) …………

如图54形势下，黑方有两种走法：卒1进1和马7进5。现分述如下。

第一种走法：卒1进1

9. ………… 卒1进1

黑方挺边卒为1路车开辟通道，构思精巧。

10. 炮五平七 …………

红如改走炮五平六，黑则车1进3；相七进五，炮2平1；车九平八，车1平2，黑呈反先之势。

10. ………… 车1进3
11. 相七进五 车9平8
12. 炮八退一 马7退8
13. 车四平三 车1平2
14. 炮八平七 车2进3
15. 前炮进三 车2平4
16. 车九平八 马3退2
17. 马六进四 士5退6
18. 车三平五 马2进1
19. 马四进五 车4退4
20. 车八进七 象3进5
21. 车五进一

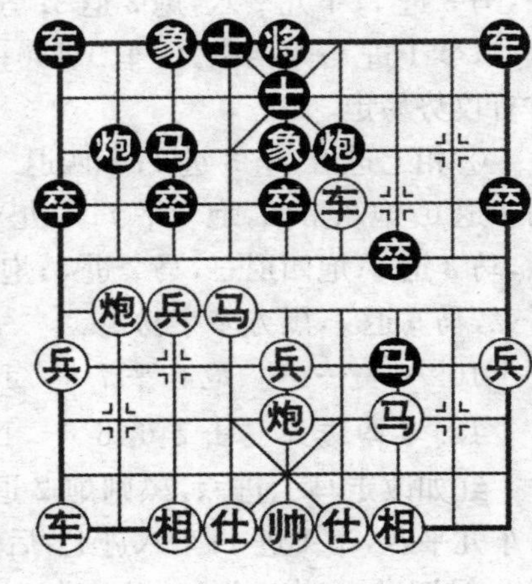

图54

红方胜势。

第二种走法:马7进5

9. ………… 马7进5

黑方马换中炮势在必行,否则红方有炮五平七的手段。

10. 相七进五 卒1进1

黑如改走车1进1,红则马六进五;马3进5,车四平五;炮2平4,车九平八;车1平2,炮八进二;车9平7,马三进二;卒7进1,马二进三;卒7进1,车五平七;卒7平6,兵五进一;卒6进1,车八进三;卒6进1,车八平四,红优。

11. 马六进七 …………

红如改走马三进四,黑则炮6进3;车四退二,车1进3;马六进四,车9平6;车九进一,卒3进1;车九平四,马3进4;车四平六,卒3进1;车六进一,卒3平2;车六平八,炮2平1;兵五进一,卒1进1;兵九进一,卒2平1;车四平六,炮1平4,黑方多卒易走。

11. ………… 车1进3 12. 兵七进一 象5进3
13. 炮八平七 车1平2 14. 马三进二 象3进5
15. 马二进一 车9平7 16. 车九进一 炮2平1
17. 车九平三 炮1进1 18. 马七退五 马3退1

黑方回马,以退为进,是取势要着。黑方退马暗伏反击手段,是巧妙之着。

19. 马五退四 车2进3 20. 车四平五 马1进2
21. 车五退一 炮1平9

黑方得子，大占优势。

第55局　红左横车对黑平边炮

1. 炮二平五　马2进3　　2. 马二进三　炮8平6
3. 车一平二　马8进7　　4. 兵七进一　卒7进1
5. 炮八进二　象7进5　　6. 马八进七　马7进6
7. 车九进一　…………

红方高车，开动左翼主力。

7. …………　炮2平1(图55)

黑方平边炮，准备亮出右车。

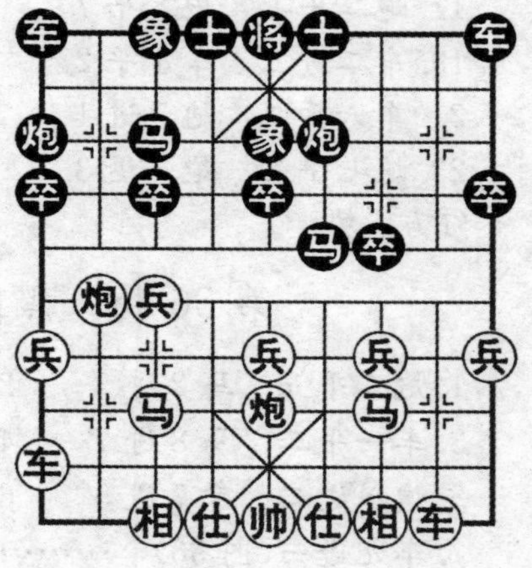

图55

如图55形势下，红方有两种走法：车二进六和炮五退一。现分述如下。

第一种走法：车二进六

8. 车二进六　…………

红方右车过河，力争主动。如改走车九平六，则车1平2；车六进四，马6进7；炮五退一，卒3进1，黑优。

8. …………　士6进5
9. 车二平四　马6进7
10. 炮五平六　车9平8
11. 车九平八　炮1平2
12. 车八平七　卒1进1

黑方挺边卒开通车路，正着。

13. 马七进六　车1进3
14. 车四平一　…………

红方平车吃卒，是谋取实利的走法。

14. …………　炮2平1

黑方平边炮略嫌缓，应以改走车1平2为宜。

15. 炮八退一　车1平2

黑如改走卒7进1，红则车一平三；车8平7，车三进三；象5退7，相三进五；车1平2，炮八平七，红优。

16. 炮八平三　卒7进1　　17. 车一平三　卒7进1

18. 车三退三　炮 1 进 4　　19. 车三进三

红方稍优。

第二种走法:炮五退一

8. 炮五退一　卒 1 进 1　　9. 车九平六　士 6 进 5

10. 炮五平三　炮 6 平 7　　11. 相三进五　车 9 平 6

12. 车六进二　马 6 进 7　　13. 炮三进二　炮 7 进 4

14. 兵五进一　炮 7 平 6　　15. 炮八退三　…………

红方退炮,准备右移取势,着法紧凑。

15. …………　炮 6 退 4　　16. 炮八平二　炮 6 平 8

17. 炮二平七　炮 8 平 7　　18. 马三进二　车 6 平 8

19. 车二进三　车 1 平 2　　20. 马二进四　车 8 进 6

21. 车六平二　炮 7 进 1　　22. 车二进三　车 2 进 8

23. 炮七平五　炮 7 退 3　　24. 马四进六

红方优势。

第 56 局　黑跃马河口对红左横车

1. 炮二平五　马 2 进 3　　2. 马二进三　炮 8 平 6

3. 车一平二　马 8 进 7　　4. 兵七进一　卒 7 进 1

5. 炮八进二　象 7 进 5　　6. 马八进七　马 7 进 6

7. 车九进一(图 56)　…………

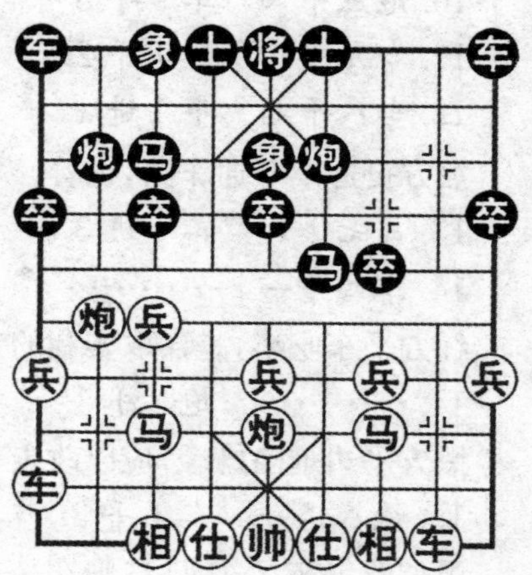

图 56

如图 56 形势下,黑方有两种走法:士 6 进 5 和卒 1 进 1。现分述如下。

第一种走法:士 6 进 5

7. …………　士 6 进 5

8. 车九平六　卒 1 进 1

黑如改走炮 2 平 1,红则炮五退一;车 1 平 2,车六进四;马 6 进 7,炮五平八,红优。

9. 兵三进一　车 9 平 7

10. 兵三进一　车 7 进 4

11. 马三进四　卒 3 进 1

12. 兵七进一　象 5 进 3

黑如改走炮 6 进 3,红则兵七进一;马 3

退2,车二进九;士5退6,炮五进四;士4进5,炮五进二,红方大占优势。

13. 马四进六　象3退5　　14. 车二进九　士5退6

15. 马六进七　炮6平3　　16. 炮五进四　士4进5

17. 炮五进二　…………

红方炮轰中士展开攻击,令黑方难以应付。

17. …………　炮3进7

黑如改走将5进1,红则车二退一;将5退1,炮八平五;象5退7,车六进七,绝杀,红胜。

18. 仕六进五　车1进3　　19. 车六进六　马6退7

20. 炮五平三　马7进5　　21. 炮三平八　马5退3

22. 车六进一　象5退7　　23. 相三进五　马3进5

24. 前炮进一　象3进1　　25. 车六平八　炮2退2

26. 车八进一　象1退3　　27. 炮八平七

红方胜势。

第二种走法:卒1进1

7. …………　卒1进1　　8. 车二进六　士6进5

9. 车二平四　马6进7　　10. 炮五平六　车9平8

11. 炮六进一　马7退8　　12. 车九平二　…………

红方平车牵制黑方车马,是紧凑有力之着。

12. …………　卒1进1　　13. 兵九进一　车1进5

14. 相三进五　炮2进1　　15. 车四退一　马8退7

16. 车二进八　马7退8　　17. 马三进二　马8进7

18. 车四退一　炮2进1　　19. 仕四进五　马3进1

20. 炮八退四　炮2进3　　21. 马二进三　车1退1

22. 兵五进一　…………

红方冲中兵准备补架中炮,展开攻击。

22. …………　车1平4　　23. 炮六平五　马1退3

24. 兵五进一　车4进4　　25. 马七进八

红方优势。

第57局　黑跃马河口对红进马邀兑

1. 炮二平五　马2进3　　2. 马二进三　炮8平6

3. 车一平二　马 8 进 7　　4. 兵七进一　卒 7 进 1
5. 炮八进二　象 7 进 5　　6. 马八进七　马 7 进 6
7. 马七进六　…………

红方进马邀兑，是稳扎稳打的走法。

7. …………　马 6 进 4　　8. 炮八平六　车 1 平 2

黑方亦可改走车 9 平 7，红则兵五进一(如车九平八，则车 1 平 2，以下黑方有卒 7 进 1 及炮 2 进 4 等手段，红方先行之利尽失)；车 1 平 2，车九平八(如车二进六，则炮 2 进 1)；炮 2 进 4，马三进五；车 7 进 3，黑方易走。

9. 车九平八　车 9 平 7(图 57)

如图 57 形势下，红方有两种走法：车二进四和兵五进一。现分述如下。

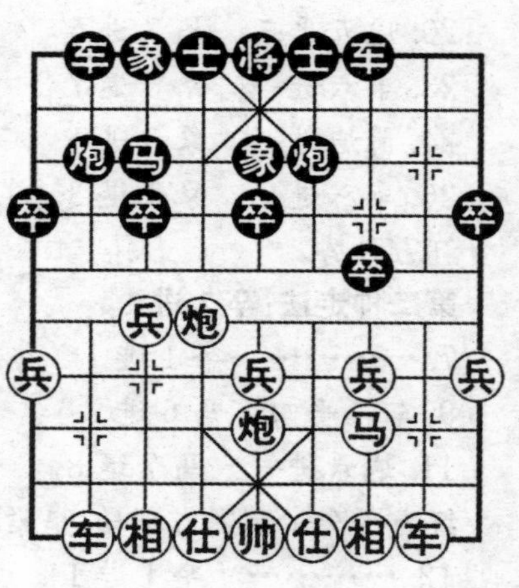

图 57

第一种走法：车二进四

10. 车二进四　…………

红方高车巡河，是稳健的走法。如改走相三进一，则炮 2 进 5(如炮 2 进 4，则车二进六)；炮六退二，炮 2 平 5；车八进九，马 3 退 2；相七进五，车 7 进 3，双方局势平稳。

10. …………　炮 2 进 4
11. 马三退五　…………

红方退马，是灵活的走法。

11. …………　士 4 进 5

黑方补士嫌缓，应以改走车 7 进 3 为宜。

12. 马五进七　炮 2 平 3　　13. 车八进九　马 3 退 2
14. 炮六进二　…………

红方进炮卒林，正着。如改走炮五进四，则马 2 进 3；炮五退一，炮 3 进 3；仕六进五，车 7 进 3，黑方足可抗衡。

14. …………　马 2 进 3　　15. 炮六平一　炮 6 进 5
16. 马七退八　炮 3 平 7　　17. 相三进一　车 7 平 9
18. 车二进二

红方易走。

第二种走法：兵五进一

10. 兵五进一　炮 2 进 4

黑方右炮封车，是力争主动的走法。

11. 车二进六　炮 2 平 5　12. 炮五平八　车 2 进 6

黑方进车封锁车炮，是紧凑有力之着。

13. 车二平四　士 6 进 5　14. 车四退三　炮 5 平 3
15. 相三进五　车 7 平 6　16. 仕六进五　炮 6 平 7
17. 车四平五　炮 3 平 4　18. 炮六进四　车 6 进 4
19. 车八进一　卒 7 进 1　20. 相五进三　卒 3 进 1
21. 兵七进一　车 6 平 3　22. 相七进五　炮 7 平 8

黑方优势。

第 58 局　红进正马对黑左马盘河

1. 炮二平五　马 2 进 3　2. 马二进三　炮 8 平 6
3. 车一平二　马 8 进 7　4. 兵七进一　卒 7 进 1
5. 炮八进二　象 7 进 5　6. 马八进七　马 7 进 6(图 58)

如图 58 形势下，红方有两种走法：车二进四和炮五平六。现分述如下。

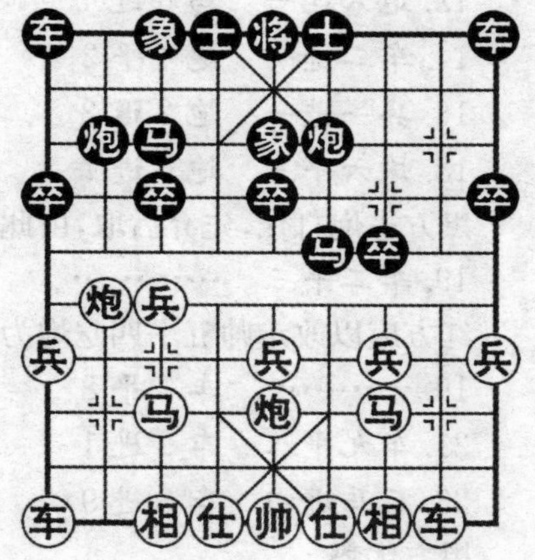

图 58

第一种走法：车二进四

7. 车二进四　士 6 进 5

黑如改走车 9 平 7，红则炮五平六；炮 2 进 2，马七进六；马 6 进 4，车二平六；炮 2 平 6，车九平八；车 1 平 2，炮八进二；士 6 进 5，相七进五；前炮退 1，炮六平七；车 2 进 2，车八进四，红优。

8. 炮五平六　卒 1 进 1
9. 相七进五　车 1 进 3
10. 炮八退一　车 1 平 2
11. 炮八进四　车 2 退 1
12. 车九平八　…………

红方兑车，是稳健的走法。

12. …………　车 2 进 7　13. 马七退八　卒 3 进 1
14. 兵七进一　象 5 进 3　15. 马八进七　象 3 退 5
16. 马七进六　马 6 进 4　17. 车二平六　马 3 进 1

18. 仕六进五　炮6平7　　19. 兵三进一　马1进3
20. 马三进二　马3进2　　21. 车六平七　卒7进1
22. 车七平三　炮7平9

双方局势平稳。

第二种走法:炮五平六

7. 炮五平六　…………

红方卸炮,准备调整阵势。

7. …………　士6进5　　8. 相三进五　…………

红如改走相七进五,黑则车9平7;车二进四,炮2进2;仕六进五,卒1进1;炮六进一,卒3进1;兵七进一,象5进3;车二平七,马3进1;炮八退二,炮6平3;车七平八,炮2进3;车八退二,炮3进5;车八平七,象3退5;车九平八,马1进3;车七进二,车1进3,双方局势平稳。

8. …………　车9平7　　9. 兵三进一　炮2进2
10. 兵九进一　炮2平4　　11. 车九进三　车1平2
12. 炮六退一　马6进4　　13. 炮八平六　炮4进4
14. 车二进一　炮4平2　　15. 马三进四　炮2退2
16. 兵一进一　炮2退2　　17. 车二进五　卒7进1
18. 炮六平三　炮6进7

黑方进炮打仕,先弃后取,由此开始,黑方反夺先手。

19. 车二平三　…………

红方应以改走帅五平四吃炮为宜。

19. …………　车7平8　　20. 马四进六　炮6平9
21. 车九平八　车2进1　　22. 马七进六　士5进6
23. 后马进四　车8进9　　24. 帅五进一　车2平8

黑方优势。

第二节　黑平炮通车变例

第59局　红左炮巡河对黑平边炮

1. 炮二平五　马2进3　　2. 马二进三　炮8平6
3. 车一平二　马8进7　　4. 兵七进一　卒7进1

5.炮八进二　炮2平1

黑方平炮通车,力争主动。

6.马八进七　车1平2　7.车九平八(图59)　…………

红方出车伺机而动,正着。如改走兵三进一,则炮6进5;炮五退一,车2进4;兵三进一,车2平7;马三进四,卒3进1;兵七进一,车7平3,黑方双马活跃,易走。

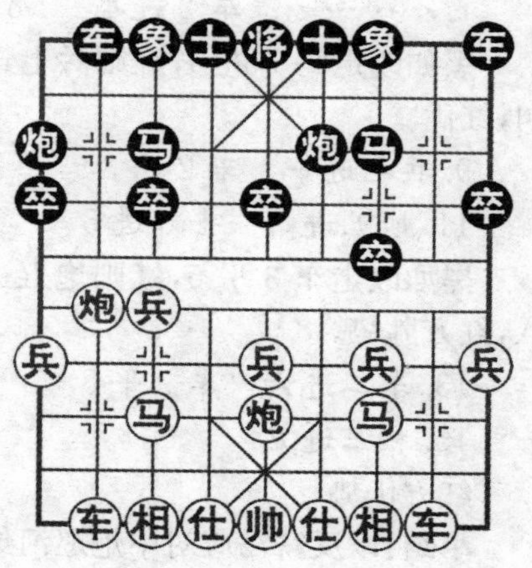
图59

如图59形势下,黑方有两种走法:象7进5和车2进4。现分述如下。

第一种走法:象7进5

7.…………　象7进5

黑方补象,有利于防守。如改走士6进5,则马七进六;炮1进4,炮五平七;炮1平3,相七进五;象7进5,兵三进一;卒7进1,相五进三;车9平7,相三退五,红优。

8.车二进六　车2进4

黑如改走士6进5,红则车二平三;车9平7,炮八进四,红优。

9.马七进六　士6进5

黑方补士,是稳健的走法。如改走炮1平2,则马六进七;炮2进3,车八进四;车2进1,马七退八,红方易走。

10.马六进七　马7进6　11.车二平四　炮1进4

黑方应以改走马6进7,再伺机车9平7或马7退8为宜。

12.车八进三　炮1退1　13.兵五进一　…………

红方冲中兵通车道,下伏再冲中兵通马的先手,由此开始,红方先行之利扩大。

13.…………　马6退4　14.马三进五　马4进3

15.马五进七　炮1平3　16.炮五进四　…………

红方炮取中卒,是简明的走法,取得了多兵和兵种齐全的优势。

16.…………　马3进5　17.车四平五　卒1进1

18.车八平四　车9平6

这里,黑方不如直接走车9平8好。

19.相三进五　卒1进1　20.炮八退一　炮3进3

21. 仕四进五　车6平8　　22. 炮八平六

红方优势。

第二种走法:车2进4

7. …………　车2进4　　8. 马七进六　象7进5

黑如改走马7进6,红则兵七进一;车2平3,马六进五;马3进5,炮五进四,红优。

9. 兵七进一　车2平3　　10. 马六进五　马3进5

11. 炮五进四　士6进5　　12. 炮八进五　炮1平2

黑如改走车3平5,红则炮五进二;将5进1,车八进八;将5退1,车二进八,红方胜势。

13. 车二进六　车9平8　　14. 车二平三　车8进2

15. 相三进五

红方优势。

小结:以反宫马应对中炮巡河炮，黑方第5回合象7进5飞左象是棋手常采用的走法,便于7路开出,配合盘河马,能有效地破坏红方兑三兵活通子力的计划,黑方可以取得满意的局势。

第四章　中炮进七兵过河车对反宫马

中炮进七兵过河车对反宫马是20世纪60年代兴起的一种布局阵势，是象棋特级大师杨官璘擅长的先手战术。这种布局的特点是以过河车辅助中炮进攻，并且可以根据局势发展的需要，采用五七炮、五八炮等多种进攻方式，因此受到许多棋手的喜爱，曾流行一时。随着棋手们的不断研究和实践，近几年来，双方的攻防变化又有了新的发展，使得这类布局变例在重大比赛中也时有所现。本章列举了18局典型局例，分别介绍这一布局中双方的攻防变化。

第一节　黑补右士变例

第60局　红平炮七路对黑飞右象(一)

1. 炮二平五　马2进3　2. 马二进三　炮8平6
3. 车一平二　马8进7　4. 兵七进一　卒7进1
5. 车二进六　…………

至此，形成中炮过河车进七兵对反宫马进7卒的阵势。红方挥车过河，抢占要道，是力争主动的一种走法。

5. …………　士4进5

黑方补士巩固阵势，是稳健的走法。黑方此时切忌走马7进6，因红方有兵七进一，卒3进1；炮八平七的手段，黑方难应。

6. 车二平三　…………

红方平车压马，不让黑马跃出争先。

6. …………　车9进2　7. 炮八平七　…………

红方进过河车后再炮八平七遥控黑方3路线，是20世纪80年代初流行的攻法。

7. …………　象3进5　8. 马八进九　…………

红方跳边马准备抢出左车，是和上两个回合有联系的完整的战术配合。

8. …………　炮2进4

黑方进炮过河，是正确的应法。如改走炮2进1，则车九平八；车1平2，炮

七进四;炮2进4,马三退五,红方先手。

9. 兵五进一　车1平4　　10. 车九平八　车4进6

黑方进车保炮,正着。如改走炮2平4,则炮五进四;炮6进4(如马3进5,则车三平五,红方多兵,易走),车三平四;炮4平7,相三进一,红优。

11. 炮七进一　…………

红方进炮阻隔黑方车炮联系,巧着!

11. …………　炮2退6(图60)

黑方退炮,正着。如误走炮2进1,则车八进二;车4平3,车八进七;马3退2,马九进七,红优。

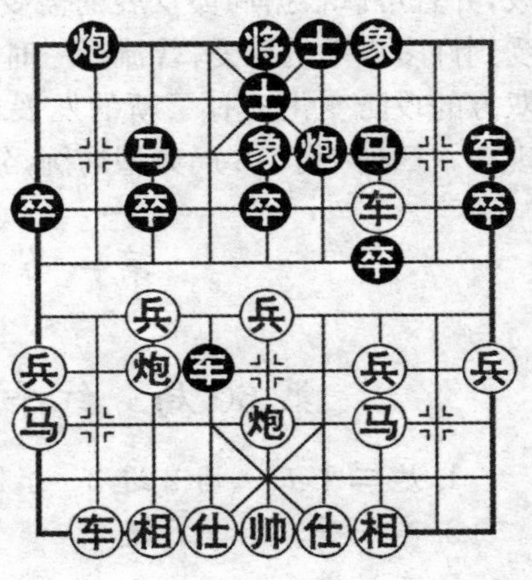

图60

如图60形势下,红方有三种走法:兵五进一、炮五进四和兵七进一。

第一种走法:兵五进一

12. 兵五进一　炮2平4

黑方平肋炮,暗伏打车胁仕的争先手段,是保持复杂变化的灵活之着。如改走炮6进3(如卒5进1,则兵七进一;象5进3,车三平七,红方占优),则兵七进一;炮6平5,仕六进五;象5进3,车八进七;象7进5,兵五平六;炮2平4,马三进五;炮5进2,相七进五;车4平5,兵六进一;车5平4,车八平七;车4退3,炮七平八;炮4平2,炮八进四,红方优势。

13. 兵五平四　…………

红方平兵,实属无奈。如改走兵五进一,则炮6进3;兵五进一,炮6平5;仕六进五,象7进5;兵七进一,马3进5;兵七进一,马5进6;车三平六,马6进8;炮七退二,车4进2,黑方速胜。

13. …………　炮4进9

黑方飞炮轰仕,展开反击。

14. 车八进二　车9平8　　15. 兵七进一　象5进3

16. 兵四进一　炮6平5　　17. 炮七进三　炮4平6

黑方弃炮再破一仕,毁去红方九宫屏障,是迅速入局的有力之着。

18. 炮五进五　象7进5　　19. 兵四进一　…………

红如改走马三退四,黑则将5进4;马四进五,车8进7,黑亦胜势。

19. ………… 车8进6　20. 马三退五　车4进2

21. 马五进四　炮6退7　22. 车三进一　车4平6

黑胜。

第二种走法:炮五进四

12. 炮五进四 …………

红方炮轰中卒,是谋取实利的走法。

12. ………… 炮2平4　13. 炮五退一　车4退1

黑如改走炮4进9打仕,红则相七进五;炮4退2,车九平六,也是红方占优势。

14. 仕六进五 …………

红如改走炮七平五,黑则车4平5;前炮平八,炮6进5,黑方易走。

14. ………… 车4平5　15. 炮五平八　象5退3

黑方退象,加强右翼的防守。如改走炮4平2,则炮八平六;车5平4,兵七进一;象5进3,炮六平五;象7进5,车三平七,红方占优。

16. 相七进五　象7进5　17. 车八平六　车9平8

18. 炮七进三　炮6退1　19. 炮八进二 …………

红方进炮瞄象,为进车攻杀埋下伏笔,是含蓄有力之着。

19. ………… 炮6平7　20. 车三平四　车5退2

21. 车六进八 …………

红方献车虎口催杀,是迅速扩大优势的巧妙之着。

21. ………… 象3进1

黑方扬象解杀,是无奈之着。如改走车5平3,则炮八平五;士5进6,车四平七;马3退1,炮五退二,红方胜定。

22. 车四进二 …………

红方进车捉炮,形成"二鬼拍门"之势,是献车催杀的续进着法。

22. ………… 马7进8　23. 兵七进一　炮7进1

24. 车六平七　马8进7　25. 马九进七

红方胜势。

第三种走法:兵七进一

12. 兵七进一 …………

红方弃兵,逼黑飞象后再冲中兵,是改进后的走法。

12. ………… 象5进3　13. 兵五进一　炮6平5

黑方补架中炮，正着。

除此之外，还有两种走法：

①炮 2 平 4，兵五进一；炮 6 进 3，兵五平四；炮 6 平 5，仕六进五；马 7 进 5，兵四平五；车 9 平 4，马三进五；前车平 5，炮五进二；车 5 退 1，相七进五；车 4 进 6，兵五平六，红优。

②卒 5 进 1，车三平七；象 7 进 5，车七进一；炮 2 平 4，车七退一；炮 6 进 3，车八进四；炮 4 进 5，车八进二；炮 6 平 5，仕六进五；炮 4 退 1，车七平六；车 4 平 7，炮五进一；车 7 进 1，相七进五，红优。

14. 兵五平四　炮 5 进 5　　15. 相三进五　车 4 平 7

16. 炮七退一　马 7 退 9　　17. 车三退一

红方先手。

第 61 局　红平炮七路对黑飞右象(二)

1. 炮二平五　马 2 进 3　　2. 马二进三　炮 8 平 6

3. 车一平二　马 8 进 7　　4. 兵七进一　卒 7 进 1

5. 车二进六　士 4 进 5　　6. 车二平三　车 9 进 2

7. 炮八平七　象 3 进 5　　8. 马八进九　炮 2 进 4

9. 兵五进一　车 9 平 8(图 61)

黑方平车，是改进后的走法。

如图 61 形势下，红方有两种走法：车九平八和兵五进一。现分述如下。

第一种走法：车九平八

10. 车九平八　炮 2 平 4

11. 炮五进四　马 3 进 5

12. 车三平五　车 8 进 4

黑方进车，着法有力。

13. 车五平三　…………

红方平车，是出于无奈。除此之外，还有两种走法：

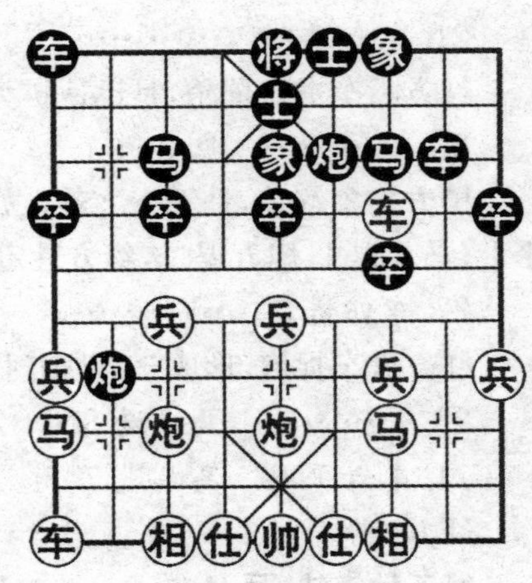

图 61

①车五平四(如相三进五，则炮 6 进 5，黑方占先手)，马 7 进 8，黑方反先。

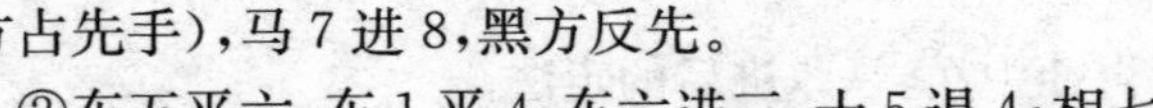

②车五平六，车 1 平 4；车六进三，士 5 退 4；相七进五，炮 4 进 1；炮七进一，

车8平7；马三退五，车7平5；马五退七，炮4退4；仕六进五，炮6进6；炮七退二，炮4平7；相三进一，炮6退7；车八进二，炮6平8，黑优。

13. ………… 炮6进4

黑方进炮暗护左马，是这一布局变例常用的战术手段。

14. 车三平四 …………

红如改走兵三进一，则卒7进1；车三退二，马7进8；兵五进一，车1平4；兵九进一，车8平7；车三退一，炮4平7；仕四进五，马8进6，黑方反先。

14. ………… 车8平7　15. 炮七进四 炮6平9
16. 马三进一 炮4平9　17. 相七进五 车7平5
18. 仕六进五 车1平4　19. 炮七进一 马7进8
20. 车四平一 炮9平8　21. 炮七平八 车4平2
22. 车一平八 马8进7　23. 炮八平九 车2平4
24. 马九退七 炮8进2

黑方优势。

第二种走法：兵五进一

10. 兵五进一 …………

红方冲中兵，是力争主动的走法。

10. ………… 炮6进4

黑如改走卒5进1，红则车九平八；车1平2，马三进五，红方子力灵活，易走。

11. 车三平四 炮6平1　12. 车九平八 车1平2
13. 兵七进一 象5进3　14. 炮七进一 炮1平3
15. 马九进七 象3退5　16. 马七进六 炮2平5
17. 马三进五 车2进9　18. 马六进七 车2退7
19. 马五进六 卒5进1　20. 马六进五 …………

红方进马踏象，是紧凑有力之着。

20. ………… 车2平3　21. 马五进三 将5平4
22. 炮五平六 将4进1　23. 车四平六 车3平4
24. 仕六进五 卒5进1　25. 炮六进五 士5进4
26. 车六平七 士6进5　27. 马三进五 象7进5
28. 车七平九

红方易走。

第62局　红平炮七路对黑飞左象

1. 炮二平五　马2进3　　2. 马二进三　炮8平6

3. 车一平二　马8进7　　4. 兵七进一　卒7进1

5. 车二进六　士4进5　　6. 车二平三　车9进2

7. 炮八平七　象7进5

黑方飞左象,是上海的一个棋手对这一变例的创新。

8. 马八进九　炮2进4　　9. 兵五进一　车1平2

10. 车九平八　…………

红如改走车九进一,黑则炮6进4;马三进五,炮2平3;兵五进一,炮3进3;仕六进五,炮6平1;车九平六,炮3平1;马五进六,车9平8;车三平四,车2进9;车六退一,车2退3;车六进二,炮1平7;马六进七,车8进3;兵五进一,炮7平5;帅五平六,炮5平4;帅六平五,炮4平5,双方不变作和。

10. …………　车9平8(图62)

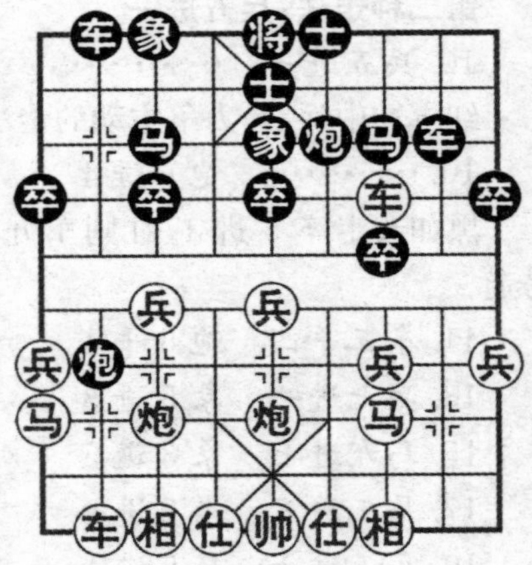

图62

在此形势下,黑方开动左翼主力是可取的走法。如改走炮6退1,则兵七进一;象5进3,兵五进一;炮6平7,车三平四;马7进8,车四退三;炮2平7,炮五进四,红优。

如图62形势下,红方有两种走法:仕六进五和兵九进一。现分述如下。

第一种走法:仕六进五

11. 仕六进五　…………

红补左仕,是改进后的着法。如改走炮七进四,则炮6进4;马九进七,炮6平4;车三平四,炮4退3;车四退四,炮2平7,黑优。

11. …………　炮6进4

12. 车三平四　…………

红平车捉炮,正着。如改走马三进五,则炮6平9,黑方反先。

12. …………　炮6平1　　13. 兵七进一　象5进3

14. 兵五进一　象3进5

红方弃七兵，冲中兵，是紧握战机的走法。黑方显然不能走卒5进1，否则车四平七捉马胁象，黑方难应。

15. 兵五平六　马3退4　　16. 炮七进四　…………

红七路炮轰卒，意在为边马迂回前进开通道路，正着。如改走兵六平七，则卒3进1；车四退二，车8进4，红无便宜可占。

16. …………　车8进4　　17. 马九退七　车8平7

黑如改走炮2进2，红则车四退三；炮1平7，相三进一，也是红方易走。

18. 车八进三　车2进6　　19. 马七进八　车7平2
20. 车四平三　车2退3　　21. 马三进五　车2平3
22. 车三进一　象3退1　　23. 炮五平二　…………

红方抓住黑方左翼空虚的弱点，平炮弃相，侧翼作攻取势，一锤定音。

23. …………　车3进6　　24. 仕五退六　车3退3
25. 炮二进七　象5退7　　26. 马五进四　马4进3
27. 车三进二　将5平4　　28. 兵六进一　马3进4

黑如改走将4进1，红则炮二退一；将4退1，马四进五，红亦呈胜势。

29. 车三退二　将4进1　　30. 车三平八

对攻中，红可捷足先登。

第二种走法：兵九进一

11. 兵九进一　卒7进1

黑方弃卒，是含蓄有力之着。如改走炮6进4，则车三平四；炮6平4，兵七进一；象5进3，兵五进一；车8进3，兵三进一；车8平7，车四平三；车7平3，车三进一；象3退5，炮七退一；炮2进1（如炮4平7，则马三进五，红方大占优势），炮七平二，红方胜势。

12. 兵五进一　…………

红如改走车三退二去卒，黑则马7进6，黑方可以满意。

12. …………　卒5进1　　13. 马三进五　卒5进1
14. 马五进三　卒5平6　　15. 马三进二　炮2平5
16. 炮五平二　炮6进2　　17. 帅五进一　车2进9
18. 马九退八　炮6平8

双方各有顾忌。

第63局　红左炮过河对黑退6路炮（一）

1. 炮二平五　马2进3　　2. 马二进三　炮8平6

3. 车一平二　马 8 进 7　　4. 兵七进一　卒 7 进 1

5. 车二进六　士 4 进 5　　6. 车二平三　车 9 进 2

7. 炮八进四　…………

红方进炮过河，准备配合中炮硬夺中卒，是应对反宫马布局的一种进攻手段。

7. …………　炮 6 退 1

黑方退炮，准备逐车争先。如改走象 3 进 5，则兵五进一；车 1 平 4，兵五进一；卒 5 进 1，马三进五，红方占先手。

8. 兵五进一　炮 6 平 7　　9. 车三平二　卒 7 进 1

10. 兵三进一　马 7 进 6　　11. 兵三进一　马 6 进 4

12. 马三进二(图 63)　…………

如图 63 形势下，黑方有两种走法：炮 7 进 8 和卒 3 进 1。现分述如下。

第一种走法：炮 7 进 8

12. …………　炮 7 进 8

13. 仕四进五　炮 7 退 4

黑方退炮拦马路，正着。如改走象 3 进 5，则马二进四；马 4 进 5，相七进五，红优。

14. 炮八退二　…………

红退炮瞄马，是以退为进之着。

14. …………　车 9 平 4

黑如改走炮 2 进 7，红则炮八平六，红方占先手。

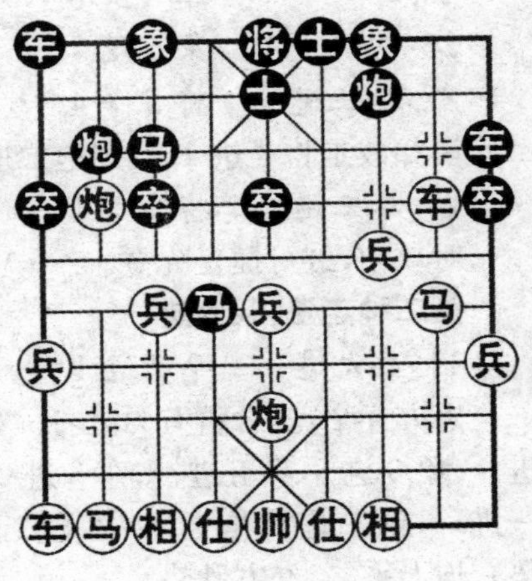

图 63

15. 炮五平六　车 4 平 6　　16. 兵三平四　车 6 平 8

17. 炮六平三　象 7 进 9　　18. 车二进一　炮 2 平 8

19. 马二进三　车 1 平 2

黑如改走车 1 进 1，红则炮八平六；炮 7 平 4，车九进二；车 1 平 2，马八进七；炮 4 进 1，车九平八；炮 4 平 3，相七进九；车 2 进 6，炮三平八，红优。

20. 炮八平六　炮 7 平 4　　21. 马八进七　炮 4 进 1

22. 车九平八　炮 4 平 3　　23. 相七进五

红方优势。

第二种走法:卒3进1

12. …………　卒3进1

黑方献3卒,是争先取势的巧着。

13. 马二进四　卒3进1　14. 车二平三　炮2退1

15. 马八进九　…………

红如改走马四退六,黑则卒3平4;马八进七,卒4平5,黑优。

15. …………　车9平8　16. 马四进六　象3进5

17. 兵三平四　…………

红如改走马六退七,黑则马3进2,黑方易走。

17. …………　车8进7　18. 炮五平六　…………

红方卸中炮,防止黑方炮7进8打底相的凶着。

18. …………　马3进2

黑方进马邀兑,消除了红方过河马的威胁,是稳健的应法。

19. 相七进五　马4进5

黑方马踏中相,白得一相,摧毁了红方的防守屏障。

20. 相三进五　马2退4　21. 车三平五　马4进2

22. 车五平三　车1平4　23. 仕六进五　卒3进1

24. 车九平七　车4进6

黑方得相且子力灵活,占优。

第64局　红左炮过河对黑退6路炮(二)

1. 炮二平五　马2进3　2. 马二进三　炮8平6

3. 车一平二　马8进7　4. 兵七进一　卒7进1

5. 车二进六　士4进5　6. 车二平三　车9进2

7. 炮八进四　炮6退1　8. 兵五进一　炮6平7

9. 车三平四　马7进8

黑方跃马,具有反击力。如改走象3进5,则兵五进一;卒5进1,马三进五,红方易走。

10. 炮八平五　…………

红方炮打中卒,是谋取实利的走法。

10. …………　马3进5　11. 炮五进四(图64)　…………

如图64形势下,黑方有两种走法:象3进5和车9平5。现分述如下。

第一种走法:象3进5

11. ………… 象3进5

12. 马三进五 卒7进1

黑如改走马8进7,红则兵五进一,红方易走。

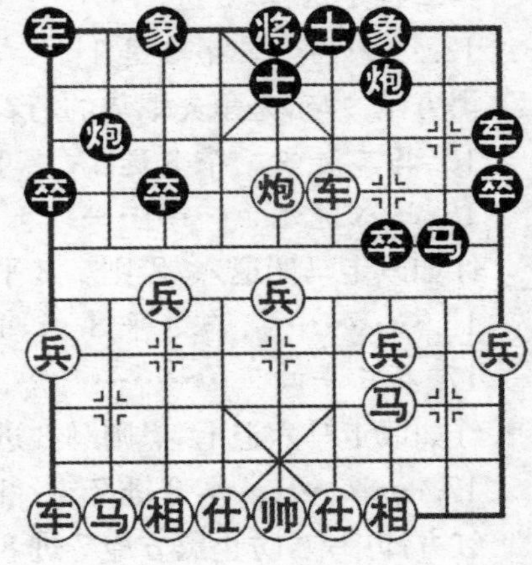

图64

13. 车四平二 马8进6

14. 马五进三 马6退5

15. 车二平五 车1平3

16. 马八进七 卒3进1

17. 兵七进一 车3进4

18. 马七进五 车3进2

19. 兵五进一

红方优势。

第二种走法:车9平5

11. ………… 车9平5

黑方平车中路,加大反击力度,正着。

12. 车四平二 卒7进1

黑方冲7卒引起对攻,是力争主动的走法。

13. 兵五进一 马8进6　14. 马三进五 炮2进1

黑方进炮送吃,构思巧妙!准备采用先弃后取的手段抢先开出右车,是大局感极强的走法。

15. 马八进七 …………

红如改走炮五平八,黑则车1平2;车二平七,卒7进1;相三进五,车5进2;马五进三,车5平7;车九进一,炮7进1;仕六进五,炮7平8;车九平八,炮8进7;相五退三,车7进1;车七平二,卒7平8;车二退三,车7进4;车二退三,车7平8;炮八平五,马6退5;车八进八,象7进5;车八退六,和势。

15. ………… 炮2平5　16. 兵五进一 车5进1

17. 车二平五 马6退5　18. 马五进三 车1平2

19. 相七进五

双方均势。

第 65 局　红进正马对黑进炮串打

1. 炮二平五　马 2 进 3　　2. 马二进三　炮 8 平 6
3. 车一平二　马 8 进 7　　4. 兵七进一　卒 7 进 1
5. 车二进六　士 4 进 5　　6. 马八进七　炮 6 进 5

黑方进炮串打，是针锋相对的走法。如改走马 7 进 6，则炮八进四；象 3 进 5，炮八平五；马 3 进 5，炮五进四；卒 7 进 1，车二平四；马 6 进 8，马三退五；卒 7 进 1，马七进六；车 9 平 8，车九平八；车 1 平 4，马五进七；马 8 进 6，马六退四；卒 7 平 6，车八进六；车 8 进 5，相三进五；车 4 进 7，车八平九；卒 6 平 5，仕四进五；车 8 进 4，车四退六；车 8 平 6，帅五平四；卒 5 平 6，帅四平五；车 4 退 4，车九进三；车 4 退 3，车九平六；将 5 平 4，红方兵种齐全，占优。

7. 炮五进四　马 3 进 5　　8. 炮八平四　车 9 平 8（图 65）

黑方兑车，试探红方应手。如改走马 5 进 6，则车九平八（如炮四进一，也是红多中兵，略好）；炮 2 平 5，仕四进五；马 6 进 7，车二退四；车 9 平 8，车二平三；马 7 进 5，兵三进一（如炮四平五兑子，则迅速成和）；炮 5 平 7，车八进六；炮 7 进 1，车八退一；象 3 进 5，炮四进四；卒 3 进 1，兵五进一；卒 3 进 1，车八平三；象 7 进 9，车三进一；马 5 进 6，黑优。

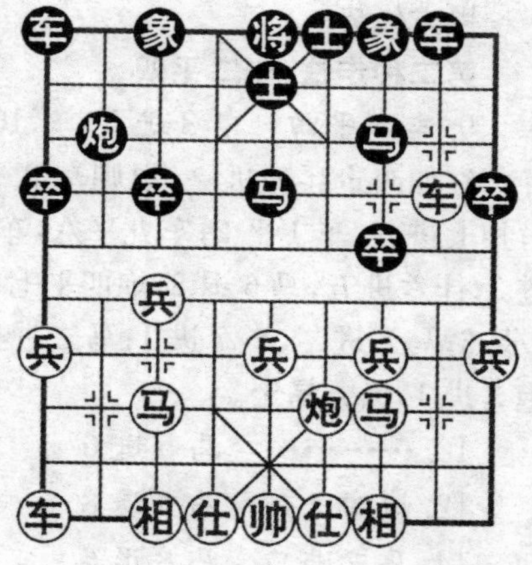
图 65

如图 65 形势下，红方有两种走法：车二进三和车二平四。现分述如下。

第一种走法：车二进三

9. 车二进三　马 7 退 8

10. 车九平八　炮 2 平 7

黑如改走车 1 进 2，红则相七进五；马 5 进 6，炮四进一；炮 2 平 6，双方均势。

11. 车八进五　马 5 进 6　　12. 马三退一　象 3 进 5

13. 车八平四　…………

红方平车捉马，并无有效后续手段。似不如改走兵五进一，黑如接走炮 7 进 4，红则相七进五；马 8 进 7，车八退二，红多中兵略优。

13. …………　马 6 进 4　　14. 仕四进五　卒 3 进 1

15. 兵七进一　马4退3　16. 马七进八　…………

红可考虑改走相三进五,先巩固阵势,再伺机调整马位。

16. …………　车1平4　17. 马八进六　炮7平6

18. 炮四平六　…………

红方平炮打车,失算。不如改走炮四进五,士5进6;马六进四简化局势好。

18. …………　马3进2

黑方置大车于虎口而不顾,却策马袭槽,妙!实战中弈来煞是精彩好看!

19. 炮六平八　马8进7　20. 车四平五　车4平3

21. 马六退八　车3进9

黑方乘机先掠一相,为取胜创造了有利条件。

22. 车五平八　车3退4　23. 相三进五　车3进2

24. 马八退六　马2退4　25. 车八退一　马7进6

黑方优势。

第二种走法:车二平四

9. 车二平四　车8进5　10. 相七进五　…………

红如改走兵五进一,黑则车8平6;车四退二,马5进6;炮四进一,炮2平5;相七进五,车1平2;车九平八,车2进9;马七退八,马7进5;马八进七,炮5进3;仕六进五,马6退8;炮四平七,马8进7;帅五平六,马5进4;炮七平六,马7退6;马三进二,卒7进1;马二进三,炮5平3;马七进六,马6进4;马三退五,炮3进1,黑方易走。

10. …………　马5进6　11. 车九平八　炮2平4

12. 炮四进一　马6退8　13. 兵三进一　卒7进1

14. 马三进二　马8退6　15. 马二进三　车1进2

16. 车八进五　炮4退2　17. 马七进六　车1平4

18. 马六进四　卒7进6　19. 炮四平三　卒6进1

20. 炮三退二　马7退9　21. 仕六进五　象3进5

22. 兵五进一

红方优势。

第66局　红右车过河对黑补右士

1. 炮二平五　马2进3　2. 马二进三　炮8平6

3. 车一平二　马8进7　4. 兵七进一　卒7进1

5. 车二进六　士 4 进 5(图 66)

如图 66 形势下，红方有三种走法：炮八进二、炮八进四和兵五进一。现分述如下。

第一种走法：炮八进二

6. 炮八进二　车 9 平 8

7. 车二进三　…………

红如改走车二平三，黑则炮 6 退 1，红方巡河炮的作用难以发挥。

7. …………　马 7 退 8

8. 兵三进一　炮 6 平 7

黑如改走象 3 进 5，红则兵三进一；车 1 平 4，兵三进一；卒 3 进 1，兵七进一；车 4 进 5，马八进七；车 4 平 3，兵三平四；炮 6 平 7，马三退五，红方易走。

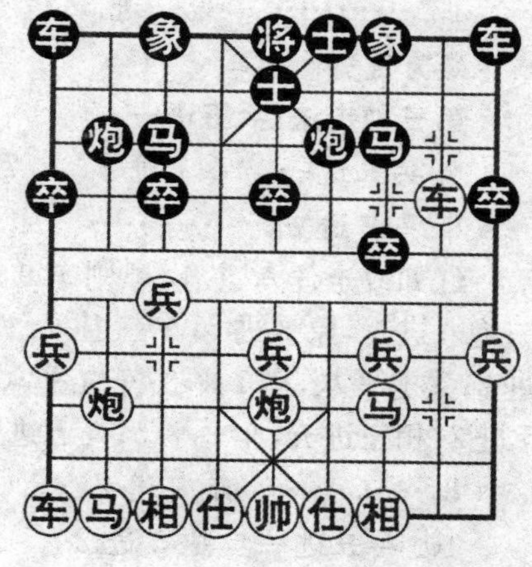

图 66

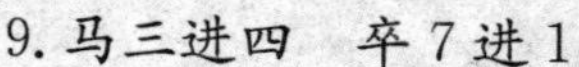

9. 马三进四　卒 7 进 1

10. 马四进六　象 3 进 5

11. 炮八平三　车 1 平 4　　12. 马六进七　炮 7 平 3

13. 马八进七　炮 3 进 3　　14. 车九平八　炮 2 平 3

15. 炮五进四

红方稍优。

第二种走法：炮八进四

6. 炮八进四　象 3 进 5

黑如改走车 9 平 8，红则车二平三；炮 6 退 1，马八进七(如兵五进一，则炮 6 平 7；车三平四，马 7 进 8；车四平三，马 8 退 9；车三平四，卒 7 进 1；炮八平五，象 3 进 5；车九进一，马 3 进 5；炮五进四，卒 7 平 6，黑方易走)；炮 6 平 7，车三平四；象 3 进 5，兵五进一；马 7 进 8，兵五进一；卒 5 进 1，马三进五；卒 5 进 1，炮五进二；马 8 进 7，炮五进一；车 1 平 4，车四平三；炮 2 退 1，车九进一；车 8 进 6，相七进五；车 4 进 6，车三平七，红方先手。

7. 车二平三　车 9 进 2　　8. 马八进七　车 1 平 4

9. 兵三进一　炮 6 退 1　　10. 兵三进一　炮 6 平 7

正着。如改走车 4 进 7，则车九进二；炮 6 进 6，仕四进五；车 4 平 3，仕五进四，黑方无便宜可占。

11. 车三平四　车4进7　　12. 车九进二　炮7进3

13. 兵九进一　…………

红如改走马三进四,黑则炮7平1打死红车,黑方大占优势。

13. …………　炮7进5

黑方优势。

第三种走法:兵五进一

6. 兵五进一　马7进6　　7. 马八进七　炮6平5

8. 马三进五　…………

红如改走仕六进五,黑则车9进2;车二平三,炮5进3;车三退一,车9平6;炮八进三,象3进5;车三退一,马6退4;相七进九,卒3进1;兵七进一,马3进2;兵七平八,车1平3;车九平六,车3进7;车六进六,卒5进1;马三进五,炮5进2;相三进五,车3平5;马五进七,车5平1,黑优。

8. …………　车9进2　　9. 车二平三　马9平6

10. 兵五进一　炮5进2　　11. 炮五进三　马6进5

12. 马七进五　卒5进1　　13. 马五进六　车6平4

14. 马六进七　车4平3　　15. 车三进三　车3平8

16. 炮八平四　炮2平7　　17. 炮八平一　象3进5

18. 车三退一　车1平2

双方大体均势。

第二节　黑边车保马变例

第67局　红进正马对黑进炮串打

1. 炮二平五　马2进3　　2. 马二进三　炮6平6

3. 车一平二　马8进7　　4. 兵七进一　卒7进1

5. 车二进六　车9进2

黑方高边车保马,加快出动主力的速度,准备左马盘河,力争主动。

6. 马八进七　…………

红进正马,不怕黑方串打,是有备而来。

6. …………　炮6进5

黑方进炮串打,是反宫马寻求对攻的一种重要战术手段。如改走车9平8,

则车二进一；炮6平8，车九进一，红方易走。

7. 炮五进四　马3进5

黑方进马吃炮，是稳健的走法。如改走炮6平2，则炮五退二；前炮平7，车九平八，红方弃子占势易走。

8. 炮八平四　马5进6(图67)

如图67形势下，红方有两种走法：车九平八和炮四进一。现分述如下。

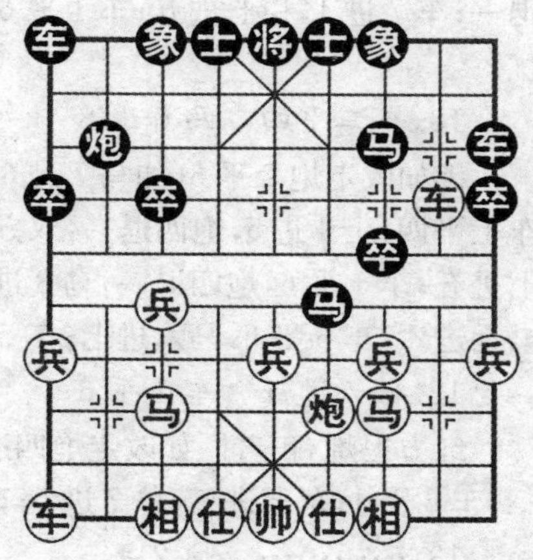

图67

第一种走法：车九平八

9. 车九平八　车9平8

黑方乘势逼兑车，是灵活的走法。如改走炮2平5，则仕四进五；马6进7，车二退四，红方多兵，易走。

10. 车二进一　炮2平8

11. 炮四进一　车1进1

12. 车八进五　象7进5

13. 兵五进一　车1平4

14. 马三进五　车4进6

黑方进车士角，是扰乱红方阵势、反夺主动权的关键之着。

15. 炮四退二　炮8进2　　16. 车八进三　士6进5

黑方补士拦车，不让红方主力增援右翼，正着。

17. 仕六进五　车4平8　　18. 车八平七　车8进2

19. 仕五进四　马6进7

黑方弃马进攻，巧妙！由此打开了攻击红方九宫的缺口。

20. 马五退三　车8进7　　21. 马七进五　车7退1

22. 兵五进一　…………

红如改走车七退二，黑则炮8进5；帅五进一，马7进6，红方形势立即崩溃。

22. …………　炮8进5　　23. 帅五进一　炮8退3

24. 兵三进一　卒7进1　　25. 车七退二　…………

红如改走马五进三，黑则车7退1；马三进四，车7平6；车七退二，炮8进2，黑方得子胜势。

25. …………　马7进8　　26. 车七平一　卒7平6

黑方优势。

第二种走法:炮四进一

9.炮四进一　车9平8

黑如改走车1进1,红则仕六进五;车9平8,车二平四;马6进8,炮四平二;车8进4,车九平八;炮2平5,马七进六;马7进8,车四平二;车8平7,车二退一;车7进1,相七进五;车1平6,马六进七;士6进5,车八进五,红方多兵占优。

10.车二平四　马6退8　　11.车四平七　车1进1

黑如改走炮2平5(如马7进6,则仕六进五;马8进7,车九平八;炮2平5,车七平四;士4进5,炮四退一,双方陷入互缠局面),红则仕六进五;车1进1,相七进五;车1平6,炮四退一;马8进7,车九平六;士6进5,车七平三;车6进3,马七进六;车6平5,马六进七;车5退1,车三退一,红方多兵占优。

12.仕六进五　车1平6　　13.炮四退一　…………

红方退炮,正着。如改走炮四进三,则卒7进1;炮四平九,卒7进1;炮九进三,车6平1;车七进三,象7进5;车七平八,炮2平1,黑方占优势。

13.…………　炮2平5

黑方补中炮,不如改走炮2进4灵活多变。

14.炮四平六　车6平4　　15.相七进五　马8进7

16.马七进八　…………

红方进马,正着。如改走兵七进一,则前马进5;相三进五,炮5进5;帅五平六,炮5平3;兵七平六,炮3平7;炮六进六,炮7进2;帅六进一,炮7平1,黑方多子占优。

16.…………　后马进6

黑方应以改走车4进4,使红方七路兵暂时不能渡河为宜。

17.兵七进一　车4平2　　18.马八进六　车8平6

19.车九平七　炮5平4　　20.前车平四　车6平7

21.炮六平七　象3进5　　22.兵七进一　马6进4

23.炮七平六　车7平6　　24.车四平一　象5进3

25.炮六进一　马4进6　　26.炮六平四　车6进4

27.车一平四

红方大占优势。

第68局　红左炮过河对黑平车邀兑(一)

1. 炮二平五　马2进3　　2. 马二进三　炮8平6
3. 车一平二　马8进7　　4. 兵七进一　卒7进1
5. 车二进六　车9进2　　6. 炮八进四　…………

红方飞炮过河，窥视黑方中卒，是稳步进取的走法。

6. …………　车9平8

黑方兑车，正着。如改走炮6平5，则马八进七；车1进1，马七进六；车1平4，马六进五，红优。

7. 车二平三　…………

红方平车压马，是保持变化的走法。如改走车二进一兑车，则炮6平8；马八进七，象3进5；马七进六，士4进5；马六进五，马3进5；炮八平五，马7进5；炮五进四，车1平4；车九平八，车4进3；炮五退二，炮2平4；相七进五，车4平5，红方多中兵，虽稍好，但若不注意，易成和局。

7. …………　炮6退1

黑方退炮，是灵活的走法。除此之外，还有另外两种走法：

①炮6平5，马八进七；炮2退1，马七进六；炮2平7，车三平四；车1进1，车九进一；车1平4，马六进七；车4进3，车四进二；炮7平8，马七进五；象3进5，炮八进一，红方先手。

②士4进5，兵五进一；炮6平5，马八进七；炮5进3，仕六进五；象3进5，马三进五；卒5进1，车三平七；车1平3，炮八退二；马3进5，车七进三；象5退3，炮八平五；卒5进1，炮五进二；炮2平5，炮五进三；象7进5，双方大体均势。

8. 马八进七　炮6平7　　9. 车三平四　士4进5
10. 车九进一　象3进5　　11. 车九平六　马7进8

黑方跃马反击，取得满意之势。如改走炮2退1，则兵五进一，红方主动。

12. 车四进二(图68)　…………

如图68形势下，黑方有两种走法：炮7进1和炮7进5。现分述如下。

第一种走法：炮7进1

12. …………　炮7进1　　13. 兵五进一　…………

红方冲中兵，直攻中路。如车六进三，则马8进7；车四退五，车8进6，黑不难走。

13. …………　卒7进1　　14. 兵三进一　…………

红方舍马吃卒，准备弃子展开争斗。

14. ………… 炮7进5

15. 马七进五 马8进9

黑方马踩边兵，准备吐回一子保持均衡局面，是稳健的走法。如改走炮7退1，则兵五进一或车六进七，红方弃子，占有攻势。

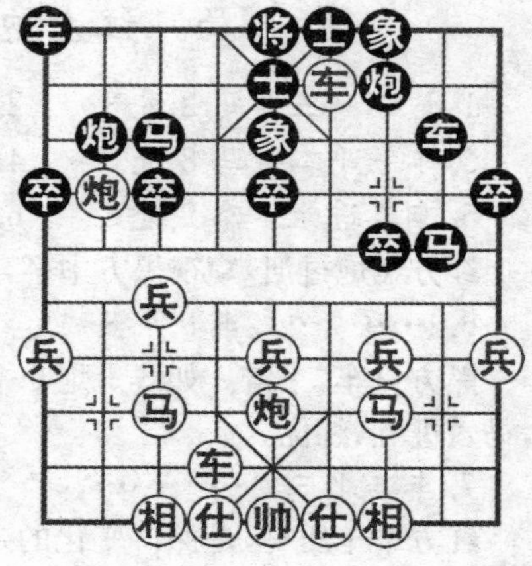

图68

16. 车六平一 车1平4

17. 车一进二 炮7平8

18. 兵五进一 卒5进1

19. 马五进四 车4进8

20. 车四退二 车8进2

黑方进车巡河，正着。

21. 车一平五 炮8进2

22. 车五进二 炮2退1

黑方退炮加强防守，是稳健的走法。如改走车4平7，则马四退五；车8平5（如车8进4，则车五平四；车7进1，马五进六，红优），炮五进三；车7进1，帅五进一；车7退1，帅五进一，对攻中红方不难走。

23. 车五退一 炮2平4　24. 车五平六 车4平6

25. 马四退五 马3进5

黑方跃马巧兑，构思甚是巧妙，实出红方所料。如改走车6退5，则炮八平四，红方子力灵活，占优。

26. 车四退五 马5进4

黑方易走。

第二种走法：炮7进5

12. ………… 炮7进5

黑方炮打三兵攻相，是求变之着。

13. 相三进一 卒7进1　14. 相一进三 车8进7

15. 车四退三 车7进2　16. 车四平三 炮7退2

17. 马三进四 车1平3　18. 相三退一 炮7进5

黑方兑子，是简化局势的走法。

19. 相一退三 马8进6　20. 车六进五 卒3进1

黑方弃卒活马，是可走之着。

21. 兵七进一 马3进4　22. 车六平七 马4进3

23. 车七进三　象 5 退 3　　24. 炮五平一

红方易走。

第 69 局　红左炮过河对黑平车邀兑(二)

1. 炮二平五　马 2 进 3　　2. 马二进三　炮 8 平 6

3. 车一平二　马 8 进 7　　4. 兵七进一　卒 7 进 1

5. 车二进六　车 9 进 2　　6. 炮八进四　车 9 平 8

7. 车二平三　炮 6 退 1　　8. 马八进七　士 4 进 5(图 69)

如图 69 形势下，红方有两种走法：车九进一和兵五进一。现分述如下。

第一种走法：车九进一

9. 车九进一　…………

红亦可改走马七进六，黑如炮 6 平 7，红则车三平四；象 3 进 5，马六进五；马 3 进 5，炮八平五；卒 7 进 1，车九平八；炮 2 平 3，马三退五；卒 7 进 1，相三进一，红方稍优。

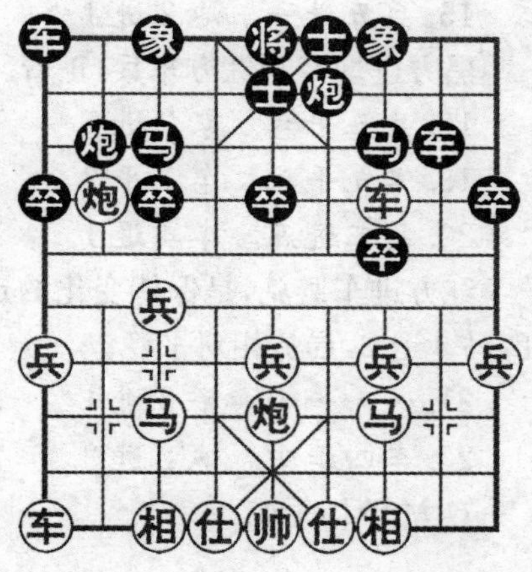

图 69

9. …………　炮 6 平 7

10. 车三平四　象 3 进 5

11. 车九平六　马 7 进 8

黑方跃马准备反击，如改走炮 2 退 1，则兵五进一，红方主动。

12. 车六平二　车 1 平 4

13. 车四退二　卒 7 进 1

14. 车四平三　车 8 进 7　　15. 车三进三　马 8 退 7

16. 车二进三　马 7 进 6　　17. 车二平三　车 4 进 7

18. 马三退五　马 6 进 5

黑方马踩中兵，准备弃子抢先。

19. 车三进四　马 5 退 3　　20. 炮八退五　卒 3 进 1

21. 车三退四　后马进 4　　22. 车三平六　炮 2 平 4

23. 车六退二　马 3 进 4　　24. 炮八平六　后马进 3

25. 马五进三　炮 4 进 6　　26. 仕四进五　马 3 进 5

27. 相三进五　马 4 退 5

黑方多卒占优。

第二种走法:兵五进一

9.兵五进一　炮6平7　　10.车三平四　卒7进1

黑方弃卒通车,是灵活的走法。如改走马7进8,则炮八平五;马3进5,炮五进四;炮2平5,马三进五;车1平2,车九进一;卒7进1,车四进二;车8进1,炮五退一;炮7进5,马五进三;车8平4,车四退五;车2进7,车九平二;车4平7,车二进四;车7进2,相三进五;车7退2,车二平四;将5平4,后车平六;炮5平4,马七退五,红方略优。

11.兵三进一　车8进2　　12.马七进五　车8平2

13.炮八平五　马7进5　　14.兵五进一　炮7进6

15.兵五进一　炮2进1

黑方进炮牵制红方车兵,正着。

16.兵五平六　象3进5　　17.兵七进一　车2平3

18.车九平八　车1平2　　19.马五退三　车3平4

20.马三进五　车4退1　　21.车四进二　…………

红方进车避兑,是保持变化的走法。如改走车四平六,则炮2平4;车八进九,马3退2,局势相对平稳。

21.…………　卒3进1　　22.仕四进五　炮2退2

23.车四退四　炮2进3　　24.帅五平四　车2进3

双方大体均势。

第70局　黑边车保马对红平仕角炮

1.炮二平五　马2进3　　2.马二进三　炮8平6

3.车一平二　马8进7　　4.兵七进一　卒7进1

5.车二进六　车9进2　　6.炮八平六(图70)　…………

红方平仕角炮加快左翼出子速度,是稳健的走法。

如图70形势下,黑方有三种走法:车1进1、马7进6和炮2进6。现分述如下。

第一种走法:车1进1

6.…………　车1进1

黑方高横车,意在扼守肋道,控制红马的出路。

7.马八进七　车1平4

8.仕六进五　…………

红如改走炮六进二，黑则马7进6；炮五平六，车4平7；车九平八，卒7进1；前炮平五，士6进5；车二平四，马6进7；炮五平六，车7进3；前炮退一，卒3进1；车八进四，车9平7；马七进六，炮2平1；兵九进一，象7进5，黑方易走。

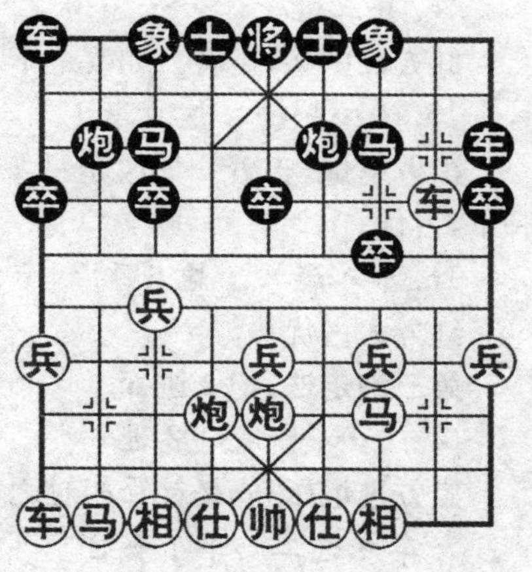
图70

8. ………… 炮2进4

9. 车九平八　炮2平7

10. 相三进一　车9平8

黑如改走象7进5，红则兵五进一；车4进5，马七进八；车4平3，兵五进一；车9平8，车二平四；士6进5，兵五进一；马3进5，马八进七；车8进3，车四平五；炮6进6，车五平四；炮6平7，仕五退六；车8平3，马七进八；前车平4，仕四进五，红方得子占优。

11. 车二平四　…………

红如改走车二进一，黑则炮6平8；兵五进一，车4进5；兵五进一，士6进5，黑不难走。

11. ………… 士6进5　12. 车八进五　卒7进1

13. 兵七进一　卒3进1　14. 车八平七　象7进5

15. 车七退一　车4进5　16. 车七平三　马7进8

17. 车四平一　炮6进6

双方各有顾忌。

第二种走法：马7进6

6. ………… 马7进6

黑方跃马河口，力争主动。

7. 马八进七　象3进5　8. 车九平八　炮2平1

9. 炮五进四　…………

红方炮击中卒，谋取实利。

9. ………… 马3进5　10. 车二平五　士4进5

11. 兵五进一　车1平4　12. 仕六进五　马6进7

13. 相七进五　炮6进6　14. 车八进七　车9平6

15. 兵五进一　…………

红方冲中兵，正着。如改走车八平九，则马7进5，黑方弃子有攻势。

15. …………　炮1退1

黑方退炮，正着。如改走马7进5踩相，则兵五平六，红方打车捉马，必得一子，占优。

16. 车八退四　炮6平7　17. 马三进五

红方大占优势。

第三种走法：炮2进6

6. …………　炮2进6

黑方进炮压马，是针锋相对之着。

7. 车九进二　车1平2

黑方亦可改走炮2退2。

8. 车九平八　车2进7　9. 炮五平八　炮2平7

10. 炮八进一　车9退1

黑方退车，是灵活的走法。如改走卒7进1，则兵三进一；炮7退3，相七进五；炮7退1，马三进四，红优。

11. 炮八平七　车9平4　12. 仕四进五　车4进5

13. 炮七进三　象3进5　14. 马八进七　士4进5

15. 炮六平四　炮7退2　16. 相三进五　卒9进1

17. 车二退三　马7进6　18. 炮四进五　士5进6

19. 车二进一　车4退2

双方大体均势。

第71局　黑边车保马对红左炮巡河

1. 炮二平五　马2进3　2. 马二进三　炮8平6

3. 车一平二　马8进7　4. 兵七进一　卒7进1

5. 车二进六　车9进2　6. 炮八进二　…………

红方升炮巡河，是一种稳健的攻法。

6. …………　车9平8

黑方平车邀兑，削弱红方的进攻力量。如改走象3进5，则马八进七；士4进5，马七进六，红方先手。

7. 车二进一　…………

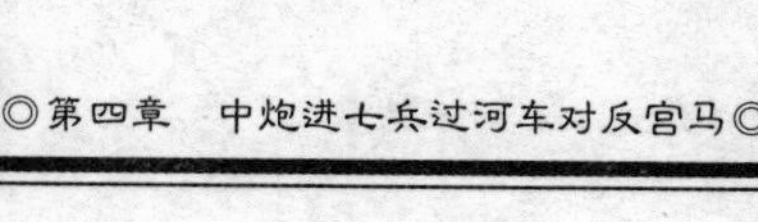

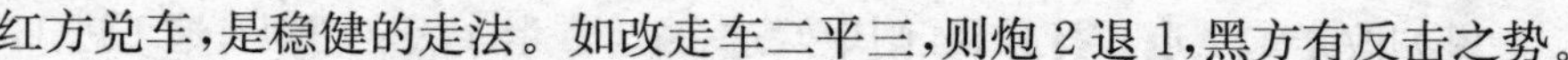

红方兑车，是稳健的走法。如改走车二平三，则炮 2 退 1，黑方有反击之势。

7.…………　炮 6 平 8

8. 马八进七　马 7 进 6

9. 车九进一（图 71）　…………

如图 71 形势下，黑方有两种走法：马 6 进 7 和炮 8 平 7。现分述如下。

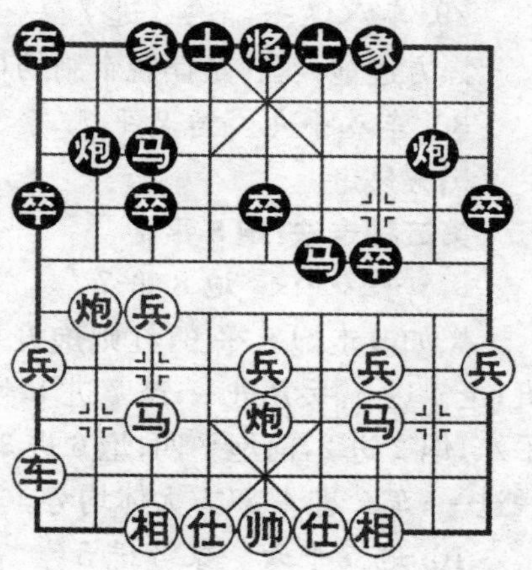

图 71

第一种走法：马 6 进 7

9.…………　马 6 进 7

10. 马七进六　象 3 进 5

11. 炮五平六　…………

红方卸炮避兑，是保持变化的走法。

11.…………　士 4 进 5

12. 相三进五　炮 2 平 1

13. 炮八退一　马 7 退 8

黑方退马，正着。如改走炮 8 平 7，则炮八平三；炮 7 进 4，车九平八；车 1 平 2，车八进八；马 3 退 2，马六进五，红多中兵易走。

14. 马六进七　卒 7 进 1

黑方弃卒，阻止红方马三进四捉马争先。如改走车 1 平 4，则仕四进五；炮 1 退 1，马三进四；卒 7 进 1，炮八平六；车 4 平 2，马四进六，红优。

15. 相五进三　炮 1 退 1　　16. 炮八进四　车 1 平 4

17. 仕四进五　车 4 进 6　　18. 车九平八　炮 8 进 1

19. 马七进九　象 5 退 3　　20. 炮八进一　炮 8 退 1

21. 兵七进一　…………

红方渡兵，准备先弃后取扩大主动权。也可改走马九退七，保持变化。

21.…………　车 4 平 3　　22. 兵七进一　炮 8 平 1

23. 兵七进一　车 3 进 3

黑方进车吃相，是力争主动的走法。如改走车 3 退 4，则相三退五，局势相对平稳。

24. 兵七平八　前炮进 4　　25. 兵八平九　后炮退 1

26. 兵九进一　后炮平 2

黑如改走炮1退5打兵,红则炮八进一;士5退4,车八进七;炮1进1,车八平九;炮1平2,车九进一;炮2进7,炮六平八;车3退2,炮八退九;车3平2,速成和势。

27.炮八平六　车3退8　　28.炮六退二　炮1进3

29.车八退一　炮2进7

黑方进炮轰马,是摆脱牵制的巧着。

30.车八平九　炮2平7

黑方易走。

第二种走法:炮8平7

9.…………　炮8平7

黑如改走炮8平6,红则炮五平六;象3进5,兵三进一;炮2进2,相三进五;士4进5,兵九进一;卒7进1,炮八平三;车1平4,炮三平六;车4平2,车九平八;炮2进2,前炮平四;炮6进3,马三进四;卒3进1,兵七进一;象5进3,兵一进一;车2进4,双方大体均势。

10.炮五平六　象3进5　　11.车九平四　马6进7

12.车四进五　炮2进1

黑方进炮扼守卒林线,正着。

13.车四进一　马7退8

黑方退马,正着。如改走炮7平9,则炮六进一;士4进5,车四平二;马7退6,马三进二,红优。

14.相三进五　士4进5　　15.车四退四　炮2进1

16.仕四进五　卒1进1　　17.马七进六　卒1进1

18.兵九进一　车1进5　　19.马六进七　马8进7

20.马三退二　车1进1　　21.马二进一　马7进9

22.炮六平一

红方易走。

第三节　黑平车邀兑变例

第72局　红过河车对黑平车邀兑

1.炮二平五　马2进3　　2.马二进三　炮8平6

3. 车一平二　马8进7　　4. 兵七进一　卒7进1

5. 车二进六　车9平8

黑方平车邀兑，实战效果欠佳。

6. 车二平三　车8进2　　7. 炮八平七　…………

红如改走炮八进四，黑则炮6退1；兵五进一，炮6平7；车三平四，士4进5；兵五进一，卒5进1；马三进五，马7进8；马八进七，卒7进1；车四退一，卒5进1；炮五进二，车8平5；车四平二，车5进3；炮八退二，车5退2；炮八平三，炮7进5；相七进五，红优。

7. …………　象3进5　　8. 兵五进一　…………

红冲中兵，准备直攻中路，是正确的选择。如改走马八进九，则黑方有炮2退1的反击手段。

8. …………　炮2退1

黑如改走士4进5，红则马八进九；炮2进4，兵五进一；炮6进3，车九平八；炮6平5，仕六进五；车1平2，兵七进一；象5进3，兵五平六；象7进5，兵六平七；象5进3，车三退一，红优。

9. 兵五进一　卒5进1　　10. 马三进五　炮2平7(图72)

如图72形势下，红方有两种走法：车三平七和炮五进三。现分述如下。

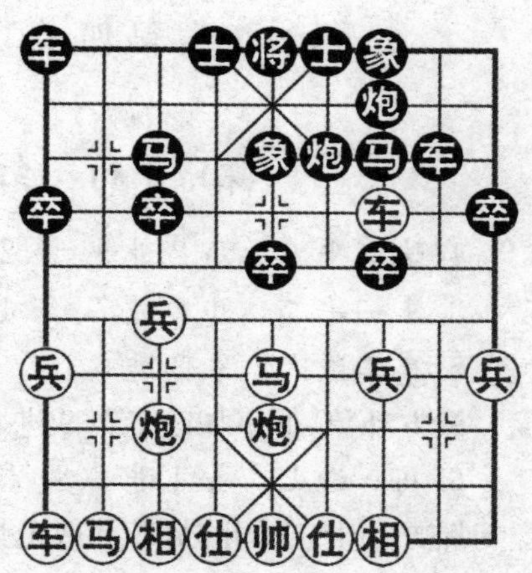
图72

第一种走法：车三平七

11. 车三平七　卒5进1

12. 炮五进二　士4进5

13. 兵七进一　车1平2

14. 兵七平六　车2进6

15. 马五进七　马7进6

16. 相七进五　马6进7

17. 炮五进一　马3退1

18. 马八进九　车8进6

19. 车七平四　炮6平9

20. 车九平八　…………

兑车弃马，是红方预谋的战斗方案。

20. …………　车2进3

21. 马九退八　车8平2

22. 马七进六　马 7 退 5　　23. 仕四进五　车 2 进 1

24. 车四进二　…………

红方进车捉炮，是紧凑有力之着。

24. …………　马 1 进 2　　25. 车四平三　马 2 进 4

26. 车三退二

红有强大攻势。

第二种走法：炮五进三

11. 炮五进三　士 4 进 5　　12. 车三平七　马 7 进 8

黑如改走车 1 平 4，红则兵七进一，红优。

13. 兵七进一　马 8 进 7　　14. 兵七平六　车 1 平 4

15. 炮七进五　马 7 退 6　　16. 炮七进二　车 4 进 2

17. 炮七平九　将 5 平 4　　18. 兵六进一　将 5 平 4

19. 仕四进五　马 6 进 5　　20. 兵六进一　炮 6 平 4

21. 炮五平八

红方胜势。

第四节　黑飞右象变例

第 73 局　红过河车对黑飞右象

1. 炮二平五　马 2 进 3　　2. 马二进三　炮 8 平 6

3. 车一平二　马 8 进 7　　4. 兵七进一　卒 7 进 1

5. 车二进六　象 3 进 5

黑方补象，似不如改走车 9 进 2，这样更具反击性。

6. 马八进七　士 4 进 5(图 73)

黑方补士，巩固阵势。如改走炮 6 进 5 串打，则炮五进四；马 3 进 5，炮八平四，红方多中兵易走。

如图 73 形势下，红方有两种走法：马七进六和炮八平九。现分述如下。

第一种走法：马七进六

7. 马七进六　…………

红方进马，是新的尝试。

7. …………　车 9 平 8

8. 车二进三　…………

红方进车应兑，是稳健的走法。如改走车二平三，则炮2进4；马六进四，马7退9，红方无便宜可占。

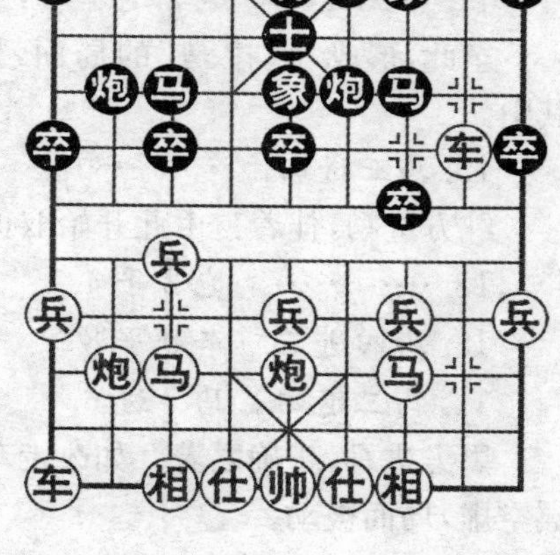

图73

8. …………　马7退8

9. 炮八平九　车1平4

10. 车九平八　车4进5

11. 车八进七　车4进1

黑如改走卒7进1，红则兵三进一；车4平7，炮五平八；车7退1，相七进五；马8进7，兵九进一，红优。

12. 炮九进四　车4平1

13. 炮九平五　马3进5

14. 车八进二　士5退4　　15. 炮五进四　士6进5

16. 车八退四　炮6进5　　17. 车八平五　…………

红方平中车保兵，是似笨实佳之着，可以硬保多兵之利。如改走兵五进一，则车1平7，红方反而有麻烦。

17. …………　马8进7　　18. 炮五平四　炮6退3

19. 炮四进二　车1退4　　20. 车五退一　炮6平1

21. 马三退五　车1平4　　22. 马五进七

红方多兵占优。

第二种走法：炮八平九

7. 炮八平九　…………

红方平炮，准备开出左车。

7. …………　炮2进4　　8. 兵三进一　…………

红方进兵，是新的尝试。以往红方曾走车九平八，黑方则炮2平7；相三进一，车9平8；车二进三，马7退8；马七进六，马8进7；兵五进一，炮6进1；车八进三，车1平4；马六进五，马7进5；兵五进一，炮6平7；炮五进四，车4进7；马三退二，前炮进2；车八进四，马3进5；兵五进一，前炮平1；马二进四，车4平3；马四进五，车3进2；车八退六，炮1进1；帅五进一，对攻中红方易走。

8. …………　卒7进1　　9. 车二平三　车9进2

10. 马七进六　炮6进4

黑方进炮嫌软,应以改走卒7进1为宜。

11.车三退二　炮2退1　　12.车九平八　车1平2

至此,形成“猴拉马”的局面,黑方看似形势不错,其实红方有妙手暗藏其中。

13.马三进四　…………

红方进马,佳着! 由此开始取得局面的主动权。

13.…………　炮2平4　　14.车八进九　马3退2

15.马四进三　车9平8　　16.车三平六　车8进2

17.马三退四　马7进6

黑方进马,正确之着。如改走车8平6,则马四进六,红方攻势强大,黑方右翼空虚,局面被动。

18.车六退三　车8进1　　19.马四进六　车8平4

黑方换车减少了变化,明显落入下风,应该车8平3吃兵,这样比实战效果要好一些。

20.车六进三　马6进4　　21.炮五进四　炮6平1

22.炮五退二　炮1平9　　23.炮九平三

红方优势。

第五节　其他变例

第74局　红进正马对黑进炮串打

1.炮二平五　马2进3　　2.马二进三　炮8平6

3.车一平二　马8进7　　4.兵七进一　卒7进1

5.马八进七　炮6进5　　6.炮五进四　马3进5

黑如改走炮6平2,红则炮五退一;车9平8,车二进九;马7退8,马七进六;前炮退3,马六进七;车1进1,车九进二;车1平4,炮五退一;马8进7,兵七进一;前炮进2,车九平四,红方弃子,有空心炮攻势,易走。

7.炮八平四　炮2平5(图74)

如图74形势下,红方有两种走法:相七进五和仕六进五。现分述如下。

第一种走法:相七进五

8.相七进五　车1平2

9. 仕六进五　车 2 进 6
10. 车九平六　车 2 平 3
11. 车二进六　马 5 进 6
12. 马三退一　士 6 进 5
13. 车二平四　马 7 进 5
14. 车六进六　炮 5 进 4
15. 马七进五　车 3 平 5
16. 炮四平一　卒 9 进 1
17. 兵一进一　象 7 进 5
18. 炮一进三　车 5 平 1
19. 车四平五　…………

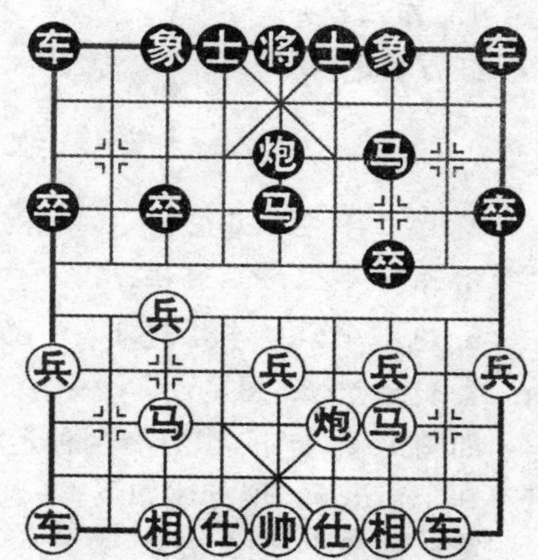

图 74

红方一车换两子，势在必行。

19. …………　马 6 退 5　　20. 车六平五　车 1 平 7
21. 车五平七　车 9 平 8　　22. 车七平九　车 8 进 5
23. 炮一进二　卒 7 进 1

黑如改走车 8 平 9，红则炮一平三；车 7 平 6，马一进三；卒 7 进 1，车九平三，双方也是和势。

24. 车九平三　车 8 平 9　　25. 车三退二

和势。

第二种走法：仕六进五

8. 仕六进五　车 1 进 1　　9. 相七进五　车 1 平 6
10. 车九平六　车 6 进 5　　11. 车二进六　车 9 平 8
12. 车二平三　士 6 进 5

这里，黑方还有另外两种走法：

①炮 5 进 4，车六进三；车 6 进 1，车六平五；车 6 平 7，车三进一；车 8 进 3，车三平六；象 7 进 5，车六退一；车 8 进 3，车六平五；车 8 平 9，兵三进一；车 9 退 2，前车平七，红方多子胜势。

②车 8 进 5，兵三进一；车 6 平 7，马七进六；马 5 进 4，车六进四；车 8 退 3，炮四进五；马 7 退 8，炮四退二；马 8 进 7，炮四平五；士 6 进 5，帅五平六；将 5 平 6，车六平四；炮 5 平 6，车四退二；象 7 进 5，帅六平五；卒 7 进 1，相五进三，红优。

13. 马七进六　马 5 进 4　　14. 车六进四　车 8 进 2

15. 车三退一

红方易走。

第75局　红五六炮对黑右横车

1. 炮二平五　马2进3　2. 马二进三　炮8平6
3. 车一平二　马8进7　4. 兵七进一　卒7进1
5. 炮八平六　车1进1　6. 马八进七　车1平4
7. 仕六进五(图75)　…………

如图75形势下，黑方有两种走法：炮2进4和车4进5。现分述如下。

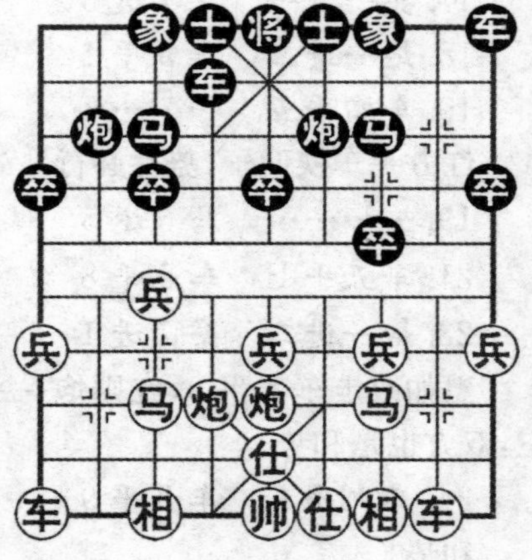

图75

第一种走法：炮2进4

7. …………　炮2进4
8. 车九平八　…………

红如改走车二进六，黑则车9平8；车二平四，炮2平7；相三进一，士6进5；车四退二，车4进5；马七进六，象7进5；马六进七，卒7进1；车四平三，马7进6；相七进九，车8进8；车九平七，车8平7，黑方大占优势。

8. …………　炮2平7
9. 相三进一　象7进5
10. 兵五进一　车4进5　11. 兵五进一　车4平3
12. 车二进六　卒5进1　13. 车二平四　士6进5
14. 炮六进六　车3进1　15. 马三进五　车3平5
16. 相七进五　卒5进1　17. 马五退七　车9平8
18. 车八进三　车8进6　19. 相一退三　马3进5
20. 车四平五　炮6进4　21. 车五进一　炮7平2
22. 车五平三　炮6平9

黑方优势。

第二种走法：车4进5

7. …………　车4进5　8. 车九平八　…………

红方应以改走马七进八为宜。

8. ………… 车4平3　9. 车八进二　车9平8
10. 车二进九　马7退8　11. 炮五平四　马8进7
12. 相七进五　马7进6　13. 炮六退二　炮6进5
14. 仕五进四　炮2平1　15. 炮六平七　车3平4
16. 车八进三　马6进5　17. 马七进五　车4平5
18. 兵七进一　车5平3　19. 兵七进一　车3退3

黑方反先。

第76局　红五七炮对黑飞右象

1. 炮二平五　马2进3　2. 马二进三　炮8平6
3. 车一平二　马8进7　4. 兵七进一　卒7进1
5. 炮八平七　象3进5　6. 炮七进四（图76）

红炮打卒谋取实利，并为左马让路。

如图76形势下，黑方有四种走法：马7进6、炮2进4、士4进5和炮2进6。现分述如下。

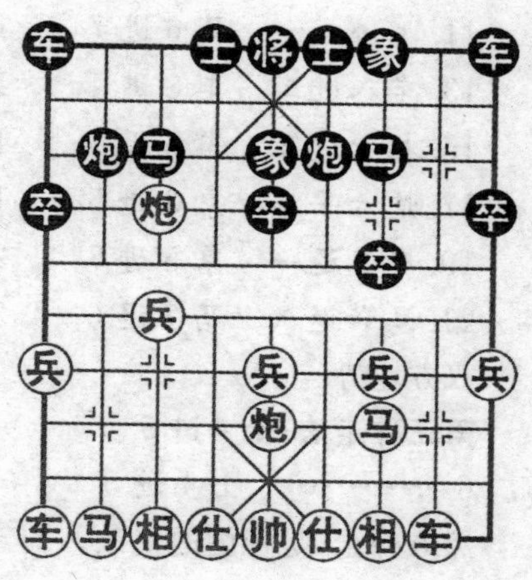

图76

第一种走法：马7进6

6. ………… 马7进6
7. 马八进七　炮2退1

黑方退炮，准备左移威胁红方三路线。

8. 车九平八　炮2平7
9. 车八进五　…………

红如改走车二进六，黑则车9进2，红无便宜可占。

9. ………… 马6进7
10. 炮五平六　卒9进1　11. 马七进六　卒9进1
12. 车二进六　士4进5　13. 马六进五　车1平2

黑如改走马3进5，红则车二平五，红优。

14. 车八进四　马3退2　15. 车二平三　炮7平8
16. 马五退三　…………

红方退马踩卒谋取实利，是简明的走法。

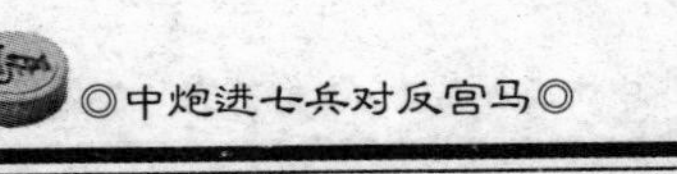

16. ………… 象5进7　17. 车三退一　车9进3
18. 炮六平七　马2进4　19. 前炮进二　马4进5
20. 车三退二　炮8平3　21. 炮七进六　象7进5
22. 兵一进一　马5进7　23. 马三进一　车9平3
24. 炮七平九　炮6平7　25. 马一进三　车3进2
26. 相三进五

红方优势。

第二种走法:炮2进4

6. ………… 炮2进4　7. 马八进七　马7进6
8. 车九平八　车1平2　9. 仕四进五　车9进1
10. 车二进六　士4进5　11. 车二平三　…………

红方平车,是稳健的走法。

11. ………… 马6进7　12. 兵七进一　车9平8
13. 车八进二　车8进4　14. 炮五平六　车8平6
15. 相七进五　车6退1　16. 炮六进三　象5进3
17. 炮六平三　象3退5　18. 马七进六　车6平7
19. 车三退一　象5进7　20. 车八进一　车2进6
21. 马六退八　马7退6　22. 炮七平一　炮6平5

双方均势。

第三种走法:士4进5

6. ………… 士4进5

黑方补士,是稳健的走法。

7. 马八进七　车1平4　8. 车九平八　炮2平1
9. 仕六进五　卒9进1　10. 车二进六　马7进6
11. 车二平四　…………

红如改走车八进五,黑则马6进4;马七进六,车4进5;兵七进一,炮1进4,黑可抗衡。

11. ………… 马6进4

黑如改走马6进7,红则炮五平四,红方先手。

12. 马七进六　车4进5　13. 兵七进一　车9平8
14. 炮五平七　象5进3　15. 车八进三　车8进6

16. 相七进五　车 8 平 7

黑不难走。

第四种走法:炮 2 进 6

6. …………　炮 2 进 6

黑方进炮压马,是针锋相对之着。

7. 车九进一　车 1 平 2　　8. 车二进一　炮 2 退 2

9. 马八进七　炮 2 平 7　　10. 车九平四　…………

红方平车捉炮,着法积极。如改走马三退五,则车 9 平 8;车二进八,马 7 退 8;马七进六,马 8 进 7;马五进七,炮 6 进 5;车九平四,炮 6 平 7;车四进一,后炮进 3;仕四进五,后炮退 2;兵七进一,后炮平 8;车四平二,卒 7 进 1;炮五平三,马 3 退 5;车二退二,炮 7 退 1;车二进一,炮 7 进 1;相七进五,炮 7 平 9;兵七平八,车 2 进 2,双方对峙。

10. …………　士 4 进 5　　11. 马三退五　…………

红如改走兵五进一,黑则车 2 进 3;马七进六,炮 7 退 1;车四进三,炮 7 进 4;仕四进五,卒 7 进 1,黑优。

11. …………　车 2 进 4　　12. 马七进六　炮 7 平 1

黑如改走卒 9 进 1,红则马五进七;卒 9 进 1,马六进五;卒 7 进 1,兵七进一;车 2 退 1,车四平八;车 2 进 5,车四平八,红优。

13. 马五进七　炮 1 退 1

双方对峙。

第 77 局　红进七兵对黑左横车

1. 炮二平五　马 2 进 3　　2. 马二进三　炮 8 平 6

3. 车一平二　马 8 进 7　　4. 兵七进一　车 9 进 1(图 77)

黑方高横车,是不落俗套的走法。

如图 77 形势下,红方有两种走法:炮八进四和炮八平七。现分述如下。

第一种走法:炮八进四

5. 炮八进四　车 9 平 4

黑方横车过宫,大胆弃空头,是力争主动的走法。如改走炮 6 平 5,则马八进七;车 9 平 4,兵三进一;车 4 进 3,马三进四;车 4 平 6,炮八退二;车 1 进 1,车二进六;卒 3 进 1,炮五平四;车 6 平 9,兵七进一;车 9 平 3,相七进五;炮 5 平 4,仕六进五;马 3 进 4,车二退一;炮 2 进 2,炮八平五;象 3 进 5,马四进五;马 7 进

5,车二平五;士4进5,车五进一;马4进3,车九平八;马3退5,兵五进一,红优。

6.车二进四　…………

红方高车巡河,是稳健的走法。如改走炮八平五,则马3进5;炮五进四,卒3进1;相七进五,卒3进1(如炮2进5,则炮五退二;炮2平7,车二进五,红方弃子抢攻);相五进七,卒7进1;炮五退二,车4进2;车九进一,马7进6;车九平六,炮2平4;车六平八,车1进2;车二进五,马6进7;车二平三,马7退5;兵五进一,车4进3;马三退五,炮4平5;车三平五,车4平7;相七退五,车1平3;车八进四,炮6进4;马五进七,炮6平9;车五平三,车7平3,黑方易走。

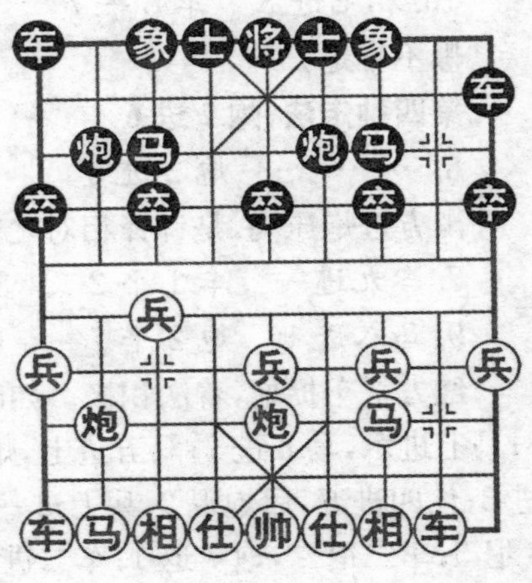

图77

6.…………　士4进5　　7.马八进七　车4进3

8.车二平六　车4平2　　9.炮八平五　马3进5

10.炮五进四　炮6平5　　11.炮五退二　马7进5

12.炮五进三　象3进5　　13.车六平五　马5退3

经过一番转换,双方趋于平稳。

14.兵三进一　车1平4　　15.马三进四　车4进3

16.仕六进五　炮2平1　　17.相七进五　卒3进1

18.车九平七　炮1退2　　19.车五平六　车4平6

20.马四退六　炮1平3　　21.兵七进一　车2平3

22.马七进八　车3进5　　23.相五退七　炮3平1

24.兵五进一　炮1进6　　25.兵一进一

红方略优。

第二种走法:炮八平七

5.炮八平七　象3进5　　6.炮七进四　…………

红如改走车二进六,黑则卒7进1;车二平三,马7退8;马八进九,车9平4;仕六进五,士4进5;车九平八,车1平2;车八进六,车4进4;兵七进一,卒3进1;炮七进五,炮6平3;炮五进四,炮3进7;相三进五,车4进3;马九进七,车4退5;车八退六,马8进9;马七进五,车4进2;车三平四,炮3退2;马三退一,炮2进5;仕五退六,车2进5,黑优。

6.…………	卒7进1	7.马八进七	车9平4
8.车二进六	士4进5	9.车九平八	车1平2
10.车二平三	马7退8	11.车八进六	卒9进1
12.仕四进五	马8进9	13.车三平二	车4进5
14.炮五平四	炮2平1	15.车八进三	马3退2
16.车二平五	马2进4	17.车五平二	炮6平7
18.相三进五	卒7进1	19.相五进三	炮1平3
20.相七进五	炮7进1	21.炮七平四	马4进5
22.前炮平九	马5进6	23.车二退四	炮7平3
24.炮九退二	马6进7	25.马七退八	车4平1
26.炮九平八	前炮平2	27.马八进六	车1平4
28.仕五进六	车4平2	29.炮八平九	车2平1
30.炮九平八	炮3平4	31.仕六退五	车1平4
32.马六进八	炮2进4	33.炮四平八	马7退5

黑方多子胜势。

小结:红方进车上二路卒行线,是为了控制黑方7路马的出路。这种攻法虽然合乎棋理,但黑方全局布阵也较从容,所以近年来较少运用。黑方第5回合车9进2和士4进5这两种应法含蓄多变,是应对过河车的重要变例。

第五章　中炮急进七路马对反宫马

中炮急进七路马对反宫马是20世纪80年代兴起的一种布局阵势。红方急进七路马，是意在夺取中卒，谋得子力上的优势后再进取的一种攻法。其战略目的是先避开常套，寻求复杂变化，较量中残局功力，是中炮方的主要攻法之一。本章列举了12局典型局例，分别介绍这一布局中双方的攻防变化。

第一节　红急进盘河马变例

第78局　红急进盘河马对黑补右士(一)

1. 炮二平五　马2进3　2. 兵七进一　…………

红方改变正常的出子顺序，先挺七兵，再根据黑方应对行棋。这是近年比较流行的走法。

2. …………　炮8平6　3. 马八进七　马8进7

黑方进左马，是稳健的走法。如改走炮6进5串打，则红可车九进二弃子抢先。

4. 马七进六　…………

至此，形成中炮急进七路马对反宫马的阵势。红方跃马河口，威胁黑方中卒，是一种直攻的走法。

4. …………　士4进5　5. 炮八平七　象3进5

6. 车九平八　炮2平1

黑方平边炮，以免受红车牵制。

7. 马二进三　车9平8　8. 车一平二　…………

红方兑窝车，消除黑方的反击之力，是后中先的走法。

8. …………　车8进9　9. 马三退二　卒7进1(图78)

如图78形势下，红方有四种走法：车八进三、马二进三、马六进五和马六进七。现分述如下。

第一种走法：车八进三

10. 车八进三　…………

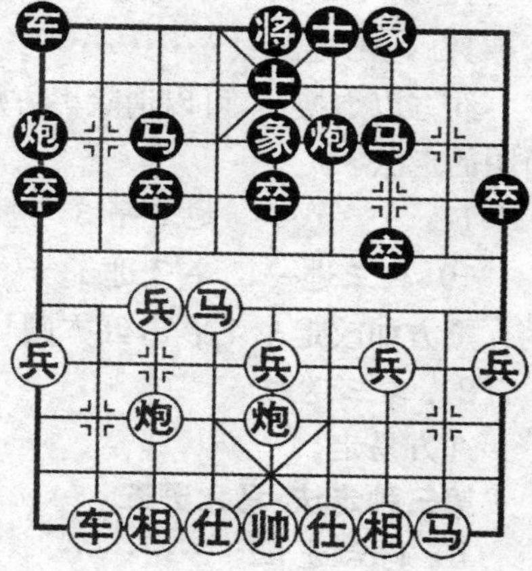

图 78

红方高车守护兵线，是稳健的走法。

10. ………… 车 1 平 2
11. 车八进六 马 3 退 2
12. 炮五进四 炮 6 进 1
13. 炮七平一 …………

红方左炮右移谋取边卒，是谋取实利的走法。

13. ………… 炮 1 进 4
14. 炮五平一 炮 1 平 7
15. 相三进五 炮 6 平 8
16. 前炮平七 马 2 进 4
17. 炮七平八 炮 8 进 3
18. 仕四进五 马 4 进 5

黑方进马兑炮简化局势，正着。如误走炮 8 平 5，则马二进四，黑方失子。

19. 马六进五 马 7 进 5 20. 兵一进一

红方多兵稍优。

第二种走法：马二进三

10. 马二进三 车 1 平 4

黑如改走马 7 进 8，红则车八进三；马 8 进 7，马六进七；炮 1 退 1，兵五进一；炮 6 平 7，兵五进一；炮 1 平 3，炮五进四；马 3 进 5，兵五进一；炮 3 进 4，相七进五；炮 3 平 5，仕四进五；车 1 平 4，车八平五；炮 5 平 8，兵五进一，红优。

11. 马六进七 …………

红方马踏 3 卒，是保持变化的走法。如改走马六进五，则马 3 进 5；炮五进四，马 7 进 6；炮五退一，炮 1 平 2；车八进五（如仕四进五，则车 4 进 4；炮五进一，马 6 进 4；炮七平五，车 4 平 6；前炮平九，车 6 进 2；炮九退二，车 6 平 7；炮九平六，车 7 进 1；车八进六，卒 7 进 1；仕五退四，卒 7 平 6；兵七进一，车 7 进 2，黑优），马 6 进 7；相七进五，车 4 进 3；炮七平八，炮 2 进 5；车八进四，车 4 退 3；车八退七，炮 6 进 1，双方大体均势。

11. ………… 炮 1 进 4 12. 车八进三 炮 1 进 3
13. 仕四进五 马 7 进 6 14. 兵五进一 马 6 进 4

黑如改走车 4 进 8，红则车八退三；炮 1 退 4，兵五进一；马 6 进 7，炮五平六，红优。

15. 马七退六　车 4 进 5　　16. 马三进五　炮 1 退 5

17. 炮七进五　…………

红方以炮换马，可以消除黑方炮 6 进 4 打车再车 6 进 1 胁马的反击手段，是简明的走法。

17. …………　炮 6 平 3　　18. 相七进九　炮 3 进 4

19. 兵三进一　卒 7 进 1　　20. 马五进三　炮 1 平 7

黑方如改走车 4 平 5，红方则马三进二；车 5 平 6，车八进三，也是红方易走。

21. 马三退四

红方易走。

第三种走法：马六进五

10. 马六进五　…………

红方马踩中卒，谋取实利。

10. …………　马 7 进 6

黑方跃马避兑，是保持变化的走法。

11. 马五进七　炮 6 平 3　　12. 车八进七　炮 3 进 3

13. 炮七平九　马 6 进 5　　14. 炮九进四　炮 1 进 4

15. 相七进九　马 5 进 3　　16. 仕四进五　炮 3 平 5

17. 车八退五　马 3 退 4　　18. 炮九平一　炮 1 平 9

19. 马二进一　车 1 进 6

黑方优势。

第四种走法：马六进七

10. 马六进七　炮 1 退 1　　11. 车八进七　…………

红方进车逼马，准备通过兑子谋象争先。如改走马七退六，则车 1 平 4；马六进五，马 3 进 5；炮五进四，红方多兵占优。

11. …………　马 7 进 6

黑进左马，暗伏舍象争先的手段，是机警之着。

12. 马七进五　象 7 进 5　　13. 炮七进五　马 6 退 4

黑方退马捉车，可谓“回马金枪”，顿令红方进退两难。红如接走车八平九，黑则马 4 进 2，黑亦占优。

14. 车八退一　…………

这里，红方还有车八退三，炮 6 平 3；相七进九，卒 5 进 1；兵七进一的选择，形成一方多子、一方占先，双方各有顾忌的局面。

14. …………　马4进3　15.车八平七　…………

红如改走车八平五，黑则炮6平3；车五平七，马3进4；帅五进一，车1平2；帅五平四，车2进8；仕四进五，士5进6，黑亦胜势。

15. …………　马3进4　16.帅五进一　车1平2

17.帅五平四　炮6退1

黑方退炮避兑、伏杀，是紧凑有力之着。

18.仕四进五　士5进6　19.仕五进四　车2进8

20.帅四退一　…………

红如改走仕六进五，黑则士6退5杀。

20. …………　士6退5　21.仕四退五　炮1平3

黑方胜势。

第79局　红急进盘河马对黑补右士(二)

1.炮二平五　马2进3　2.兵七进一　炮8平6

3.马八进七　马8进7　4.马七进六　士4进5

5.炮八平七　象3进5　6.车九平八　炮2平1

7.马二进三　车9平8　8.车八进三　…………

红方高车占兵线，以逸待劳。

8. …………　卒7进1(图79)

如图79形势下，红方有两种走法：车一平二和相三进一。现分述如下。

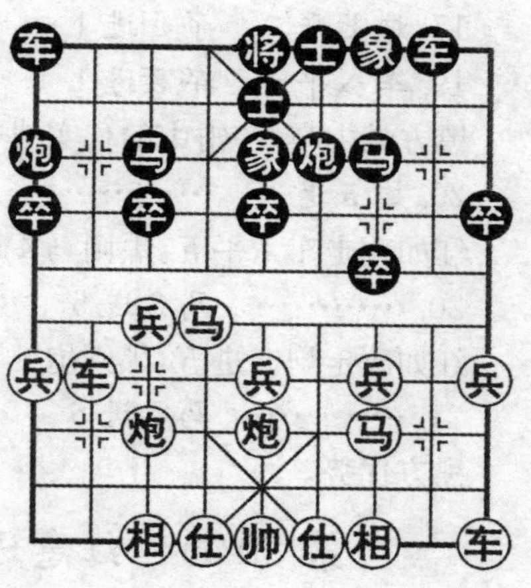

图79

第一种走法：车一平二

9.车一平二　…………

红如改走兵五进一，黑则车1平4；马六进七，炮1退2；车一进一，炮1平3；马七进九，车8进5；车一平四，车8平5；马三进五，车5平4；仕六进五，后车进1；车八进四，前车进1；炮七进五，后车进1；炮七平五，象7进5；车八平六，炮6平4；马五进四，炮3进9；马四进五，炮4平2；炮五平八，将5平4；仕五进六，车4退4；马五进三，炮2退1；车四平七，车4平1，黑方多子

胜势。

9. ………… 车8进9　10. 马三退二 车1平4
11. 马六进七 炮1退2　12. 仕六进五 炮1平3
13. 炮五平六 马7进6　14. 相七进五 炮3进3
15. 炮七进四 卒9进1　16. 马二进三 马6进7
17. 炮六进一 马7退8　18. 炮六退一 车4进5
19. 炮七平八 马8进7　20. 炮六平七 马3进4
21. 炮八进三 马4进6　22. 炮八平九 马6进8
23. 车八进六 士5退4　24. 炮七退一 车4进3
25. 仕五进六 马7进5

黑方胜势。

第二种走法:相三进一

9. 相三进一 …………

红方飞相,嫌软。

9. ………… 车1平4　10. 马六进七 炮1退2
11. 兵七进一 炮1平3　12. 兵五进一 象5进3
13. 兵五进一 炮3进3　14. 炮七进四 卒5进1

黑方以炮兑马后,多中卒,已呈反先之势。

15. 车一平二 车8进9　16. 马三退二 马7进6
17. 炮七平二 卒5进1　18. 炮二退一 马6进4
19. 车八平六 卒5进1

黑方献中卒,一击中的!实战中弈来甚是精彩!

20. 炮五退一 …………

红如改走车六平五,黑则马4进3;车五平七,炮6平5,黑方速胜。

20. ………… 马3进5　21. 车六退一 …………

红如改走炮五进五,黑则炮6平5,红亦难应对。

21. ………… 马5进6

黑方优势。

第80局　红急进盘河马对黑补右士(三)

1. 炮二平五 马2进3　2. 兵七进一 炮8平6
3. 马八进七 马8进7　4. 马七进六 士4进5

5.炮八平七　象3进5　　6.车九平八　炮2平1

7.马二进三　车9平8(图80)

如图80形势下,红方有三种走法:炮五平六、马六进七和马六进五。现分述如下。

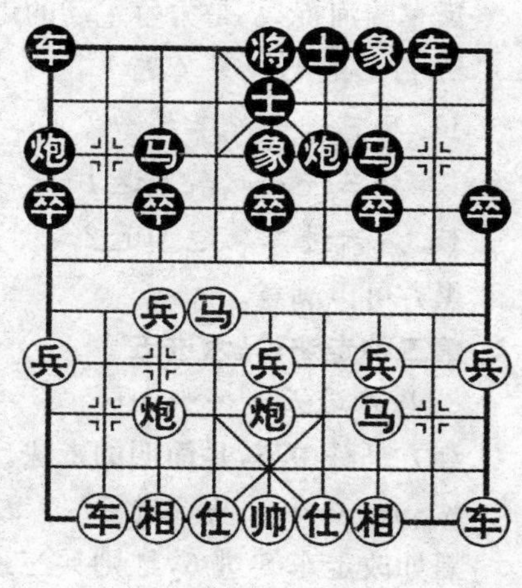

图80

第一种走法:炮五平六

8.炮五平六　车8进5

黑方抓住红方阵势虚浮的弱点,进车骑河捉马,准备通过一车换双的战术手段来争取主动。

9.马六进四　…………

红方进马,不甘示弱。如改走马六进七,则车8平3;马七进九,车1进2;炮七进五,局势迅速简化。

9.…………　车8平3

10.马四进六　…………

红如走炮七平九,黑则炮6进1,红无便宜可占。

10.…………　车3进2　　11.马六进七　将5平4

12.马七进九　车3平4　　13.相七进五　车4退6

黑方退车,准备围歼红马,是一车换双的后续手段。

14.马九退八　卒7进1　　15.车一进一　车4平2

16.车八进三　车2平4　　17.车八退三　炮1退1

18.马八进九　炮1进5

黑方运用顿挫先手打兵,又争得一先。

19.马九退八　炮1进1　　20.马三退二　炮1平4

21.车一平八　将4平5　　22.前车进五　车4平1

黑方平车保卒,为擒红马做好准备。

23.仕六进五　炮4退7　　24.前车平七　车1进1

黑方升车瞄马,为下一步炮4平2打车擒马创造了有利条件,已令红方防不胜防了。

25.兵五进一　炮4平2　　26.马八进七　象5退3

黑方多子,大占优势。

第二种走法:马六进七

8. 马六进七　车 8 进 5

黑车骑河捉兵,是力争主动的走法。

9. 相七进九　卒 7 进 1　　10. 车一进一　卒 7 进 1

11. 兵三进一　车 8 平 7　　12. 炮五平六　炮 1 进 4

13. 相三进五　车 7 退 1　　14. 车八进三　车 1 平 4

15. 炮六进二　炮 1 退 2　　16. 炮七平六　车 4 平 1

黑方可以满意。

第三种走法:马六进五

8. 马六进五　…………

红方马踩中卒,是简明的走法。

8. …………　马 3 进 5　　9. 炮五进四　卒 7 进 1

黑如改走车 8 进 6,红则兵三进一;卒 7 进 1,兵三进一;车 8 平 7,兵三进一;车 7 进 1,兵三进一;车 7 平 3,兵三平四;炮 1 平 6,车八进三;车 1 平 4,仕四进五;车 3 退 2,相三进五;车 3 平 6,车一平三;车 6 退 2,炮五平九;卒 3 进 1,炮九退二;车 6 进 2,车三进六,红方多中兵略优。

10. 车八进五　车 1 平 4　　11. 炮五退二　车 8 进 6

12. 相三进五　车 8 平 7　　13. 仕四进五　卒 7 进 1

14. 车八平三　炮 6 进 4　　15. 车一平二　车 4 进 3

16. 车三平八　卒 7 平 6　　17. 车二进六　车 4 退 3

18. 炮五进一

红方易走。

第 81 局　红急进盘河马对黑补右士(四)

1. 炮二平五　马 2 进 3　　2. 兵七进一　炮 8 平 6

3. 马八进七　马 8 进 7　　4. 马七进六　士 4 进 5

5. 炮八平七　象 3 进 5　　6. 车九平八　车 1 平 2(图 81)

如图 81 形势下,红方有三种走法:马二进三、马六进五和车八进四。现分述如下。

第一种走法:马二进三

7. 马二进三　车 9 平 8　　8. 车一进一　卒 7 进 1

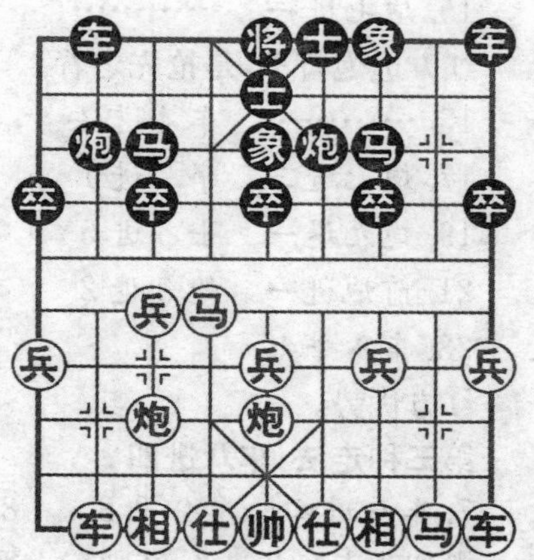

图 81

黑方挺卒，活通左马。也可改走车 8 进 4，准备平车顶马争先。

9. 车八进四　车 8 进 5

10. 马六进七　卒 7 进 1

黑如改走马 7 进 6，红则车一平六；炮 6 平 7，车六进四；马 6 进 7，炮五平六；车 8 进 3，仕六进五；马 7 退 8，车六退一；车 8 平 6，相七进五；车 6 退 4，马三进四；马 8 进 7，马四进六；马 3 退 4，相三进一；马 7 进 6，车六退一，红方先手。

11. 兵三进一　车 8 平 7

12. 车一平六　炮 2 进 1

黑方升炮别马，防止红方马七进九捉车争先。

13. 相三进一　车 7 进 1　　14. 车六进四　炮 6 进 2

15. 炮五平六　炮 6 平 7

黑应改走炮 6 平 5，红如相七进五，黑则马 7 进 6，这样要比实战走法为好。

16. 相七进五　炮 7 进 3　　17. 炮六平三　车 7 平 5

18. 相一进三　车 5 平 7　　19. 炮三退二　…………

经过以上几个回合的交换，黑方虽然谋得中兵，并打通了兵线，但主力位置欠佳，易受攻击。

19. …………　马 7 退 9　　20. 车六进三　车 7 平 3

21. 炮三进二　炮 2 进 1　　22. 仕四进五　马 9 进 8

23. 车六平七　车 2 进 2　　24. 炮七平八　…………

红方平炮拴链黑方无根车炮，巧妙地谋得一子，为取胜奠定了基础。

24. …………　马 8 进 7　　25. 炮八进三

红方多子，大占优势。

第二种走法：马六进五

7. 马六进五　马 3 进 5　　8. 炮五进四　车 9 平 8

9. 马二进三　车 8 进 6　　10. 炮五平九　车 8 平 7

11. 相三进五　车 2 平 4　　12. 仕四进五　车 4 进 4

13. 兵九进一　炮 2 平 1　　14. 车一平三　卒 7 进 1

15. 炮七进一　…………

红方进炮打车，是抢先之着。

15. …………　车4进2　16. 车八进九　士5退4
17. 炮七进三　卒7进1　18. 炮七进二　车4退3
19. 炮九退一　士6进5　20. 炮七平九　炮1平3
21. 前炮进一　炮3退2　22. 前炮平七　象5退3
23. 车八平七

红方优势。

第三种走法：车八进四

7. 车八进四　车9平8　8. 马二进三　卒7进1

黑如改走车8进4，红则车一平二；车8进4（如车8进5，则马三退二；卒7进1，兵七进一；象5进3，兵三进一；卒7进1，马六进五，红方先手），车二进四；车2平4，兵七进一，红优。

9. 车一进一　车8进5

黑如改走炮6进3，红则兵三进一（如车八进二，则炮6退2；车一平四，红方占先手）；卒7进1，马三进四；卒7进6，车一平三，红方先手。

10. 马六进七　卒7进1

黑如改走马7进6，红则车一平六；炮6平7，车六进四；马6进7，炮五平六；车8进3，仕六进五；马7退8，车六退一；车8平6，相七进五；车6退4，马三进四；马8进7，马四进六；马3退4，相三进一；马7进6，车六退一；炮7进1，马七进六；炮2平4，前马进八；炮4进4，马八退九，红优。

11. 兵三进一　车8平7　12. 车一平六　炮2进1
13. 相三进一　车7进1　14. 车六进四　炮6进2
15. 炮五平六　炮6平7　16. 相七进五　炮7进3
17. 炮六平三　车7平5　18. 相一进三　车5平7

红方子力灵活占优。

第82局　红急进盘河马对黑补右士（五）

1. 炮二平五　马2进3　2. 兵七进一　炮8平6
3. 马八进七　马8进7　4. 马七进六　士4进5
5. 炮八平六　车9平8　6. 马二进三　卒7进1（图82）

如图82形势下，红方有两种走法：相三进一和车九平八。现分述如下。

第一种走法:相三进一

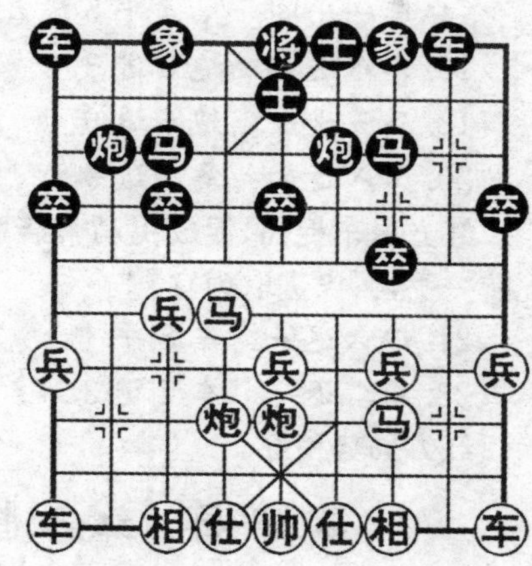

图 82

7. 相三进一　…………

红方飞边相,嫌缓。

7. …………炮 2 进 3

8. 马六进七　炮 2 退 5

9. 马七退六　象 3 进 5

10. 兵七进一　…………

红方应以改走车九平八为宜。

10. …………　炮 2 平 4

黑方平炮邀兑,是争先之着。

11. 车九进二　象 5 进 3

12. 炮六进七　…………

红方兑炮嫌软,应改走马六进五。黑如接走马 3 进 5,红则炮五进四;炮 6 平 5,炮五退一,这样要优于实战效果。

12. …………　车 1 平 4　　13. 马六进五　马 3 进 5

14. 炮五进四　炮 6 平 5　　15. 炮五退二　马 7 进 6

黑方跃马出击,其势渐盛。

16. 车九平八　车 8 进 5　　17. 车八进二　…………

红方进车,无奈之举。如改走仕四进五,则马 6 进 5,红方难应对。

17. …………　马 6 进 4　　18. 兵三进一　马 4 进 3

19. 仕四进五　车 8 进 2　　20. 车八进二　车 8 平 7

黑方多子胜势。

第二种走法:车九平八

7. 车九平八　车 8 进 5

黑方进车捉马,逼红方交换,是紧凑有力之着。

8. 马六进五　马 3 进 5　　9. 炮五进四　象 3 进 5

10. 相三进五　车 8 退 2　　11. 炮五退二　马 7 进 6

12. 仕四进五　车 1 平 4　　13. 炮五平四　…………

红方献炮,准备通过先弃后取的手段拆散黑方“担子炮”,并解除黑方对红方右车的封锁。如改走车八进五,则马 6 进 7;车一平四,车 4 进 3,黑不难走。

13. …………　车 4 进 5

黑方进车捉炮,正着。如改走炮 6 进 3,则车八进七,红方易走。

14. 车一平四　车4平6　　15. 车四进四　炮6进3
16. 车八进七　炮6进3　　17. 兵五进一　马6进7
18. 兵五进一　炮6退6　　19. 车八进二　士5退4
20. 车八退六　马7进9

红方退车捉马，促成黑马奔袭卧槽，对红方构成威胁。应以改走相五退三先防一手，再谋进取为宜。

21. 炮六退一　车8平4　　22. 马三进二　车4进5
23. 马二退一　车4退3

红方局势稍好。

第83局　红急进盘河马对黑补右士(六)

1. 炮二平五　马2进3　　2. 兵七进一　炮8平6
3. 马八进七　马8进7　　4. 马七进六　士4进5
5. 炮八平九　车9平8　　6. 车九平八　卒7进1

黑方挺7卒，活通马路。

7. 马二进三　车8进5　　8. 马六进五　马3进5
9. 炮五进四　象3进5　　10. 相三进五　车1平4

黑如改走马7进6，红则兵三进一；车8退2，炮五平九，也是红优。

11. 仕四进五　车4进3
12. 炮五退二　车4进1
13. 车八进六(图83)　…………

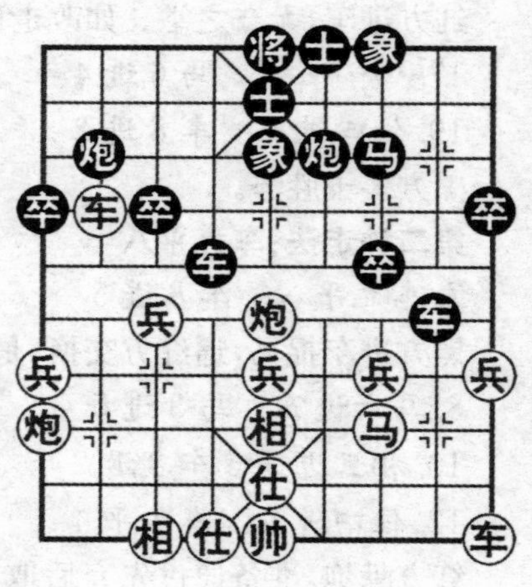

图83

红方抓住黑方右车巡河后右侧子力薄弱的特点，挥车过河取势，是紧凑有力的走法。

如图83形势下，黑方有两种走法：马7进6和车8退2。现分述如下。

第一种走法：马7进6

13. …………　马7进6
14. 兵三进一　车8退1
15. 兵三进一　车8平7
16. 车一平二　卒3进1

黑如改走马6进7，红则车八平七；马7退5，兵五进一，红方多兵占优。

17.兵七进一　车4平3　　18.车二进六　马6进7

19.炮五进二　…………

红方进炮避兑,正着。

19.…………　卒1进1　　20.车二平一　车3进2

黑如改走马7进9,红则车一平四;车7平6,车四退一;车3平6,炮九退一,红方多兵,占优。

21.车一平四　将5平4　　22.炮九平六　车3平1

黑方平车吃兵是败着,应以改走车3退6防守为宜。

23.炮六平八　…………

红方平炮邀兑,一击中的,令黑方难以应对。

23.…………　炮2平3　　24.车八进三　将4进1

黑方上将,无奈之举。如改走炮3退2,则炮五平九,红优。

25.炮五平九　车1平3　　26.车四平六　士5进4

27.车八平四

红方胜势。

第二种走法:车8退2

13.…………　车8退2　　14.车一平二　车8平4

黑方平车避兑,是无奈之举。如改走车8进6,则马三退二,黑方卒林线失守,红方可稳持多兵之利。

15.炮九进四　马7进6　　16.兵三进一　卒7进1

17.相五进三　前车进2　　18.炮五平四　…………

红方平炮顶马巧兑,妙!黑方不能接走炮6进3打炮,否则车八进一,红方大占优势。

18.…………　前车平1　　19.车二进五　马6退7

20.车二平五　炮6进1

黑方升炮,欲通过兑子来简化局势。否则红方兵七进一,黑方难应对。

21.车八进一　车1退3　　22.车五平三　炮6平7

23.炮四平五

红方优势。

第84局　红急进盘河马对黑补右士(七)

1.炮二平五　马2进3　　2.兵七进一　炮8平6

3. 马八进七　马 8 进 7　　4. 马七进六　士 4 进 5

5. 炮八平九　车 9 平 8　　6. 车九平八　车 8 进 4

7. 马六进五　马 3 进 5　　8. 炮五进四　炮 6 平 5

黑如改走炮 2 平 5，红则炮五退二；车 8 平 5，炮五进三；象 3 进 5，马二进三；卒 7 进 1，相三进五；马 7 进 6，车八进三；车 1 平 4，仕四进五；卒 3 进 1，兵七进一；车 5 平 3，炮九平六；马 6 进 7，车一平二；卒 1 进 1，双方局势平稳。

9. 炮五退二　炮 2 平 4(图 84)

如图 84 形势下，红方有两种走法：马二进三和相三进五。现分述如下。

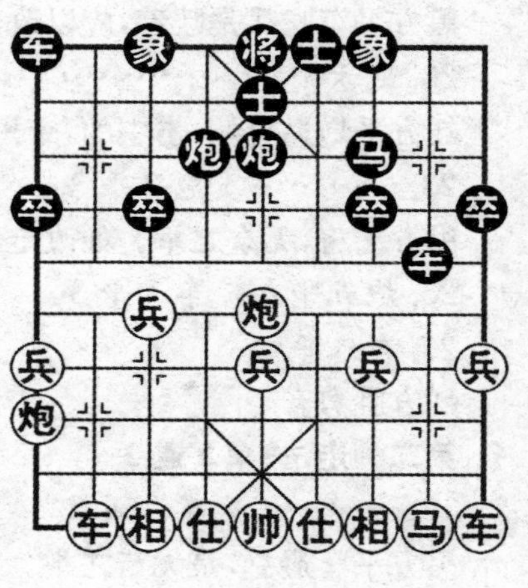

图 84

第一种走法：马二进三

10. 马二进三　马 7 进 5

黑如改走车 8 平 7，红则相三进五；车 7 进 2，仕四进五；马 7 进 5，炮五平三；炮 5 平 7，炮三进三；马 5 退 7，车一平四；象 3 进 5，车四进六；车 1 平 3，车八进五；卒 3 进 1，兵七进一；象 5 进 3，车四平六；卒 7 进 1，车六平三；象 3 退 5，炮九平六；卒 9 进 1，兵五进一；马 7 退 8，兵五进一；马 8 进 9，车三平九，红优。

11. 相三进五　炮 5 进 3

12. 兵五进一　炮 4 平 5

13. 仕四进五　马 5 进 7　　14. 车一平二　车 8 进 5

15. 马三退二　马 7 进 5　　16. 车八进六　车 1 进 2

17. 车八平七　炮 5 进 2　　18. 马二进四　车 1 平 6

19. 炮九退一　象 7 进 5　　20. 车七平五　马 5 进 4

21. 炮九平六　马 4 退 3

双方均势。

第二种走法：相三进五

10. 相三进五　车 8 平 5

黑方平车兑炮，是简化局势的走法。

11. 炮五进三　象 3 进 5　　12. 马二进四　车 1 平 4

13. 车一进二　卒 7 进 1　　14. 车一平四　马 7 进 6

15. 兵五进一　车 5 平 4　　16. 车八进三　炮 4 进 1

17. 车八平四　炮 4 平 6

黑方平炮打车，势在必行。

18. 前车进二　炮 6 进 4　　19. 车四退三　后车进 3

20. 炮九进四　卒 3 进 1　　21. 兵七进一　前车平 3

22. 炮九退二　车 3 进 2　　23. 车四进二　车 4 进 3

24. 车四平一　卒 9 进 1

双方大体均势。

第 85 局　红急进盘河马对黑补右象(一)

1. 炮二平五　马 2 进 3　　2. 兵七进一　炮 8 平 6

3. 马八进七　马 8 进 7　　4. 马七进六　象 3 进 5

5. 马二进三　车 9 平 8　　6. 炮八平九　车 8 进 4(图 85)

如图 85 形势下，红方有两种走法：车九平八和马六进五。现分述如下。

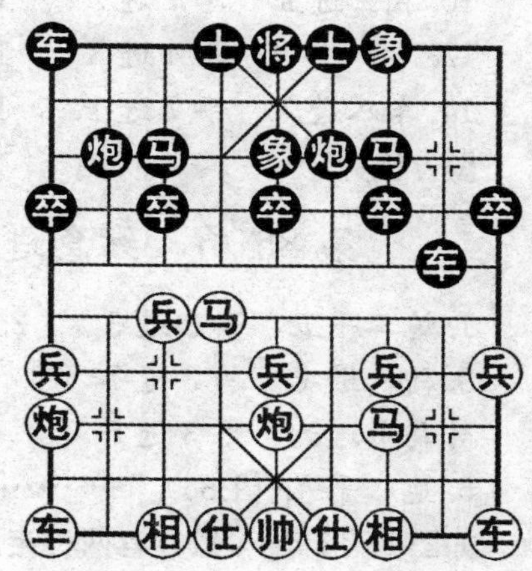

图 85

第一种走法：车九平八

7. 车九平八　车 8 平 4

8. 车八进七　车 4 进 1

黑方以炮兑马，正着。

9. 车一平二　士 4 进 5

10. 车二进六　车 4 平 3

11. 车二平三　马 7 退 8

12. 车八退七　马 8 进 9

13. 车三平一　炮 6 平 7

黑方平炮瞄马，看似平淡，实乃含蓄有力之着，可以牵制红方双炮马的活动。

14. 仕四进五　车 1 平 2

黑方兑车是炮 6 平 7 的后续手段，属后中先的走法。

15. 车八进九　马 3 退 2

16. 炮五平六　车 3 进 4

黑方乘机掠相，为取胜打下基础。

17. 相三进五　车 3 退 3　　18. 炮九进四　卒 3 进 1

19. 兵九进一　炮 7 进 5　　20. 炮六平三　车 3 平 5

黑方优势。

第二种走法:马六进五

7. 马六进五　…………

红方马踏中卒,是谋取实利的走法。

7. …………　马 3 进 5　　8. 炮五进四　士 4 进 5

9. 车九平八　车 8 进 7

黑如改走卒 3 进 1,红则车一平二;车 8 进 5,马三退二;卒 3 进 1,车八进六;卒 7 进 1,炮五平三;车 1 平 3,炮九平三;车 3 进 4,相三进五;炮 2 平 1,兵三进一;士 5 退 4,马二进四;士 6 进 5,马四进二;象 7 进 9,兵三进一;象 9 进 7,仕四进五;卒 1 进 1,前炮平二;炮 6 退 2,炮二进一;炮 6 平 8,马二进三;卒 3 进 1,车八平四;士 5 进 6,兵五进一;炮 8 平 6,车四平三;士 6 退 5,炮三进三;炮 6 平 7,炮二平五;士 5 退 6,红方大占优势。

10. 相三进五　车 7 进 2　　11. 仕四进五　车 1 平 4

12. 车一平四　车 4 进 3　　13. 炮五退二　卒 7 进 1

14. 车八进六　卒 7 进 1　　15. 兵七进一　马 7 进 8

黑方优势。

第 86 局　红急进盘河马对黑补右象(二)

1. 炮二平五　马 2 进 3　　2. 兵七进一　炮 8 平 6

3. 马八进七　马 8 进 7

4. 马七进六　象 3 进 5

5. 炮八平九(图 86)　…………

如图 86 形势下,黑方有两种走法:卒 7 进 1 和车 9 平 8。现分述如下。

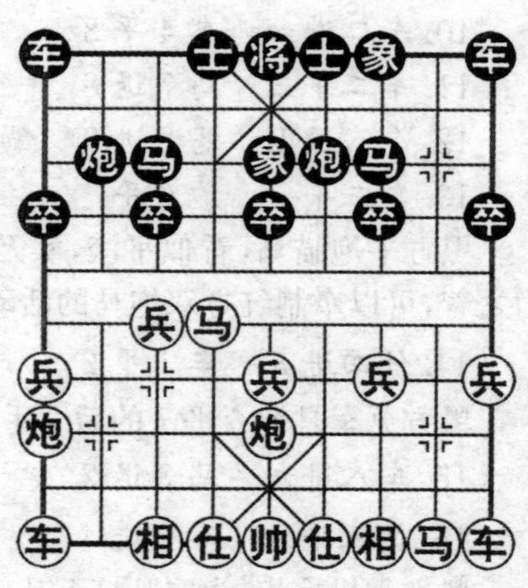

图 86

第一种走法:卒 7 进 1

5. …………　卒 7 进 1

6. 车九平八　炮 2 平 1

7. 马二进三　车 9 平 8

8. 仕四进五　士 4 进 5

9. 马六进五　…………

红方马踏中卒,是简明之着。

9. ………… 马7进6

黑方进马避兑，是保持变化的走法。如改走马3进5，则炮五进四，也是红方多中兵占优。

10. 车八进三　马6进7　11. 马五进七　炮6平3

12. 兵五进一　马7退5

黑方退马吃中兵，造成丢子之势；但如改走马7进5，则相三进五，也是红方多中兵且兵种齐全，占优。

13. 马三进五　马5退6　14. 炮九进四　…………

红方边炮打卒捉双，乘机擒得一子，为取胜奠定基础。

14. ………… 炮1进4　15. 马五进四　…………

红方进马，老练之着！正所谓"死子不急吃"，如改走车八平九（如炮九平四，则车8进6），则车8进6，黑可得回一子。

15. ………… 马6退4　16. 车八平九　卒3进1

17. 相七进九　车8进3　18. 车九平六　马4进5

19. 车六平五　马5退4

黑如改走马5进3，红则相九进七；炮3进3，炮五平七；车1进3，相三进五，红亦多子占优。

20. 炮九退三　车8进6　21. 马四退六　卒3进1

22. 相九进七

红方多子占优。

第二种走法：车9平8

5. ………… 车9平8　6. 车九平八　炮2平1

黑如改走车1平2，红则马二进三，以下黑方有两种走法：

①卒7进1，车一进一；士4进5，车一平四；车8进5，马六进五；马3进5，炮五进四；车2平4，相七进五；车4进3，车四进五；马7进8，炮九进四；卒3进1，炮九退二；车8进2，车四进一；车4平5，车四退三；炮2平1，车四平六；士5退4，车六进三；炮1进1，兵七进一；车8平7，炮九平六；士6进5，车六进一；炮1平2，炮六进二；车7退1，车八进六，红优。

②车8进4，马六进五；马3进5，炮五进四；士4进5，炮五平九；炮2进4，相三进五；车2进2，仕四进五；卒3进1，兵七进一；车8平3，车一平四；卒7进1，车四进六；马7进8，前炮平五；炮2平7，车八进七；炮6平2，车四退二；马8退7，炮五平九；炮2平1，车四平八；马7进5，兵九进一，红方略优。

7.马二进三　卒7进1

这里,黑方还有另外两种走法:

①车8进4,车一平二;车8进5(如车8平4,则车二进四),马三退二;卒7进1,马二进三;士4进5,马六进五;马3进5,炮五进四;炮6进1,炮九平五,红方易走。

②士4进5,兵三进一;车8进4,马六进七;卒7进1,马三进四;卒7进1,马四进五;马3进5,炮九进四;车1平3,炮九平五;车8平4,后炮平七;炮1平3,相三进五;炮6进1,炮五退一;车4退1,马七退八;炮3进5,马八退七;车4进1,炮五退一;卒7平6,兵七进一;车4进3,炮五平七;车3进4,车一平三;马7进8,车八进九;士5退4,马七退九;车4退1,黑优。

8.车一平二　…………

红兑窝车,属后中先的走法。

8.…………　车8进9　　9.马三退二　士4进5

10.马二进三　马7进8　　11.马六进五　…………

红方马踏中卒,是简明的走法。如改走马六进七,则炮1进4;车八进三,炮1退1,黑方也可抗衡。

11.…………　马8进7　　12.马五进七　炮6平3

13.炮九进四　炮1进4　　14.炮五平九　炮3进3

15.相三进五　…………

红如改走车八进三捉炮,黑则炮3平7,也是黑方易走。

15.…………　炮3平1

黑方平炮邀兑,是获得简明局势的巧妙之着。

16.后炮进二　车1进3　　17.炮九平五　炮1平4

18.仕四进五　卒3进1　　19.车八进九　炮4退6

20.炮五平六　车1进2　　21.炮六平八　炮4平3

22.仕五进六　卒9进1　　23.仕六进五　士5退4

24.炮八退一　卒7进1

黑方易走。

第二节　红五九炮变例

第 87 局　红平边炮对黑左直车(一)

1. 炮二平五　马 2 进 3　　2. 兵七进一　炮 8 平 6

3. 马八进七　马 8 进 7　　4. 炮八平九　…………

红方平边炮，欲开出左车牵制对方，是近年来比较流行的走法。

4. …………　车 9 平 8

黑如改走士 4 进 5，红则车九平八；炮 2 平 1，马二进三；车 9 平 8，兵三进一；象 3 进 5，车一平二；车 8 进 9，马三退二；卒 7 进 1，炮五平三；马 7 退 9，兵三进一；象 5 进 7，炮三退一；象 7 退 5，马二进三；车 1 平 4，车八进七；炮 1 退 1，相三进五；卒 3 进 1，兵七进一；炮 1 平 3，马七进八；炮 3 进 3，炮九进四，红优。

5. 马二进三　卒 7 进 1　　6. 车九平八(图 87)　…………

如图 87 形势下，黑方有两种走法：车 1 平 2 和士 4 进 5。现分述如下。

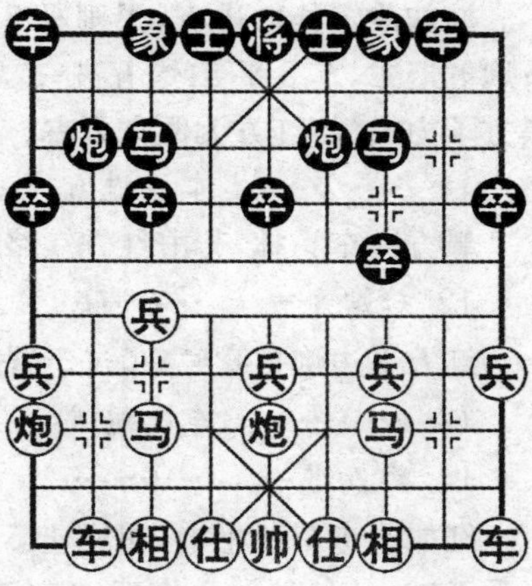

图 87

第一种走法：车 1 平 2

6. …………　车 1 平 2

黑如改走炮 2 平 1，红则车一进一；士 4 进 5，车一平四；车 8 进 6，兵五进一；车 8 平 7，马三进五；卒 7 进 1，相三进一；卒 7 平 8，车八进六；车 1 平 2，车八平七；马 3 退 4，兵七进一，红方易走。

7. 车八进六　象 7 进 5

8. 车一进一　马 7 进 6

9. 兵五进一　士 6 进 5

10. 马三进五　炮 6 进 1

11. 车八退三　炮 2 进 2　　12. 兵五进一　卒 5 进 1

13. 马五进六　炮 6 平 4　　14. 车八平四　车 8 平 6

15. 炮九平八　炮 2 平 3　　16. 兵七进一　卒 3 进 1

17. 车一平四　马 6 进 7　　18. 前车进六　士 5 退 6

19. 车四进二　马 3 进 4　　20. 车四平三　炮 4 平 3

21. 车三进二　车2进7　　22. 车三平五　车2平3

23. 车五平六　炮3平5

和势。

第二种走法:士4进5

6. …………　士4进5　　7. 马七进六　炮2平1

黑如改走车8进5,红则马六进五;马3进5,炮五进四;象3进5,相三进五,红方易走。

8. 马六进五　马3进5　　9. 炮九进四　…………

红方边炮发出,似先实后,棋形略嫌失调。应直接走炮五进四,象3进5,相三进五,这样红方可以占先手。

9. …………　炮1平4

"炮不轻发",黑方平肋炮是稳妥之着,为1路车留出通路。如改走炮1进4,则炮九平五;象3进5,车八进五,红方先手。

10. 炮九平五　炮6平5　　11. 前炮退一　…………

红如改走仕四进五,黑则马7进5;炮五进四,车8进7;车一进二,车8退4;炮五退二,车8平5;炮五进三,象7进5;车八进三,车1进4,红方虽多兵,但黑方子力灵活,红方无便宜可占。

11. …………　车8进6

黑方进车兵林,袭击红方三路弱马,是紧凑的走法。

12. 后炮平九　…………

红方平边炮贪吃底象,过于冒险。不如车八进三,这样双方陷入互缠局面。

12. …………　车1进6　　13. 车八进九　马7进5

14. 兵五进一　…………

红如改走车八平七,黑则士5退4;炮九平五,炮5进2;炮五进三,炮4平5;兵五进一,车8退1;炮五进二,象7进5;车七退三,车8平5;相三进五,车1平7,黑优。

14. …………　车8退1　　15. 车八平七　士5退4

16. 炮九平五　…………

红如改走炮五进二,黑则象7进5;车七退三,车8平5;仕四进五,红方虽形势不利,但对黑方还有牵制。

16. …………　车8平5　　17. 后炮退一　…………

此为速败走法。但如改走前炮进二,黑则象7进5;车七退三,马5进6,也

是黑方大占优势。

17.…………　车1平4　　18.前炮平九　车5平4

黑方亦可走车4进2,这样更为严厉。

19.炮九退五　炮5进6　　20.仕四进五　马5进6

黑方强子俱活,占位极佳;红方已难以抵挡黑方强大的攻势。

21.马三退四　炮4平5　　22.马四进五　马6进8

黑方胜势。

第88局　红平边炮对黑左直车(二)

1.炮二平五　马2进3　　2.兵七进一　炮8平6

3.马八进七　马8进7　　4.炮八平九　车9平8

5.马二进三　车8进4　　6.车九平八　…………

红如改走车一平二,黑则车8平2;兵五进一,士4进5;马七进五,卒7进1;车二进六,马7进6;兵五进一,马6进5;马三进五,炮6平5;仕四进五,卒3进1;马五进六,马3进4;兵七进一,车2平3;兵五平六,车3平4;车九平八,炮2平4;车二平五,车4进2;兵一进一,车4平7;炮五进五,象3进5;相三进五,车7平1;车五平一,双方均势。

6.…………　卒3进1

7.车八进四(图88)　…………

如图88形势下,黑方有两种走法:卒3进1和士4进5。现分述如下。

第一种走法:卒3进1

7.…………　卒3进1

8.车八平七　象3进5

9.马七进六　炮2退1

10.车一平二　车8进5

11.马三退二　炮2平3

12.炮五进四　…………

红炮打卒谋取实利,是简明的走法。

12.…………　士4进5

13.炮五平七　马3进5

14.炮七平三　炮3进8

15.车七退四　马5进4

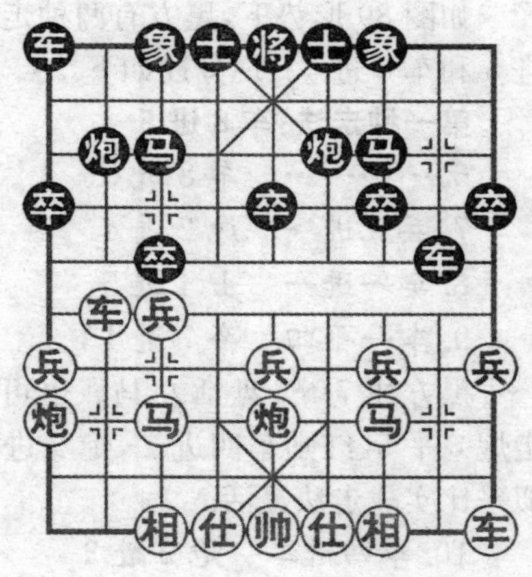

图88

16. 兵五进一　车 1 平 2

黑方可以满意。

第二种走法:士 4 进 5

7. …………　士 4 进 5　8. 车一平二　车 8 平 4

9. 车二进四　…………

红方升车巡河,是稳健的走法。

9. …………　卒 3 进 1　10. 车八平七　马 3 进 2

11. 兵九进一　象 3 进 1　12. 炮九进四　象 1 进 3

13. 兵九进一　炮 6 平 3　14. 车七平六　车 4 进 1

15. 车二平六　象 3 退 5　16. 车六平七　炮 3 退 2

17. 兵九平八　车 1 进 3　18. 兵三进一　炮 3 进 7

19. 车七退二　车 1 进 2　20. 相三进一

红方优势。

第 89 局　红平边炮对黑左直车(三)

1. 炮二平五　马 2 进 3　2. 兵七进一　炮 8 平 6

3. 马八进七　马 8 进 7　4. 炮八平九　车 9 平 8

5. 马二进三　车 1 平 2

黑方出右车,是改进后的走法。

6. 车九平八(图 89)　…………

如图 89 形势下,黑方有两种走法:车 8 进 5 和车 8 进 4。现分述如下。

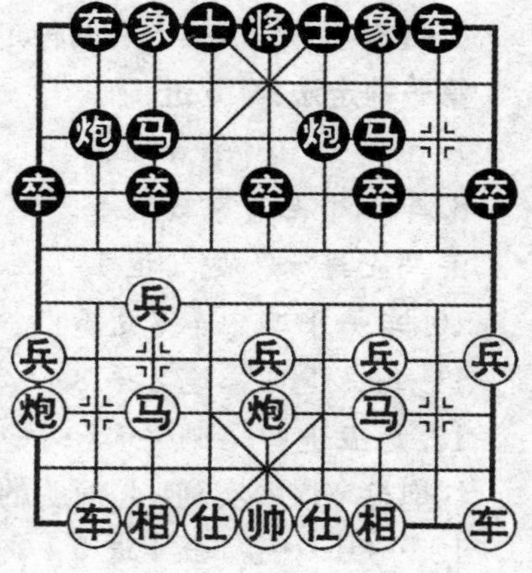

图 89

第一种走法:车 8 进 5

6. …………　车 8 进 5

7. 兵五进一　炮 2 进 4

8. 车一进一　士 4 进 5

9. 车一平四　卒 7 进 1

黑方冲 7 卒,盘活左马。也可考虑改走炮 6 平 5,红则车四进二,炮 2 进 2,这样似乎比实战走法灵活。

10. 车四进二　炮 2 进 2

黑如改走炮 2 退 2,红则车四进三;马 7 进 8,马七进五;卒 7 进 1,兵三进一；马8退6，马三进二；炮6平5，兵三进一；卒5进1，兵三平四；马6进4，车八进三；卒5进1，马五退七；卒5平6，仕四进五；卒6平7，车八平六；马4进6，车六进四；炮2进2，马二进三，红优。

11. 兵三进一　车8退1

黑方退车，是力求稳健的走法。

12. 兵五进一　炮6平5　　13. 马三进五　炮5进2

14. 炮五进三　卒5进1　　15. 马五进六　马7进5

16. 马七进八　…………

红方进马拦车捉炮，双方由此展开争斗。

16. …………　卒3进1　　17. 车八进一　马3进4

18. 兵七进一　马4退5

黑方退马，是无奈之举。如改走马5进3，则车八平七；车2进5，车七进四，红优。

19. 兵七平六　卒7进1　　20. 炮九平三　前马进7

黑方垫马解杀，失策。不如改走象7进9，红如接走车四进三（如兵六进一，则前马进7，黑不难走），黑则前马退3；兵六平七，卒5进1；兵七进一，马5进4，黑方易走。

21. 兵六平五　卒7进1

黑如改走象7进9，红则兵五平四；卒7进1，兵四平三，红方得子占优。

22. 车四平三　马7退6　　23. 兵五进一　车8平5

24. 车八平五　车5进4　　25. 仕六进五　车2进5

26. 兵五平四　…………

红方平兵捉肋马，是争先取势的有力之着。如改走兵五进一，则象7进5，立成和势。

26. …………　马5进6

黑如改走象7进9，红则兵四进一；士5进6，车三进四，红亦得士，占优。

27. 兵四进一　象7进5　　28. 车三平七

红方优势。

第二种走法：车8进4

6. …………　车8进4　　7. 车一平二　车8进5

黑如改走车8平4，红则车二进四；炮2进4，车二平六；车4平2，兵三进一；士4进5，炮五平四；卒7进1，马三进四；卒7进1，炮四平三；象3进5，马四进三，红方占优。

8. 马三退二　炮2进6　　9. 兵三进一　炮6进5

10. 马七进八　炮6平1　　11. 车八进一　炮1进2

黑方应以改走象3进5为宜。

12. 马二进三　车2进4　　13. 马三退五　炮1退2

14. 炮五平七　…………

红方平炮威胁黑方右翼，攻击点准确。

14. …………　卒1进1　　15. 兵七进一　…………

红方献七兵，有力一击，是取势的紧要之着。

15. …………　卒3进1　　16. 炮七进五　…………

红方进炮打马，是简明的走法。如改走车八退一，则炮1进1；炮七进五，卒3进1；马八退七，炮1平2；马五进三，卒3进1；马七退五，炮2退2；马五进四，卒5进1；马四进二，马7进5；炮七退一，车2退1；炮七进二，卒7进1；兵三进一，马5进7；车八进一，马7进8；车八平四，卒3平4；炮七平二，车2平8；炮二平一，车8平3，双方各有顾忌。

16. …………　卒3进1　　17. 车八平七　炮1平8

18. 车七进三　炮8退2　　19. 兵五进一　卒5进1

20. 马五进六

红方多子占优。

小结：应对中炮急进七路马，黑方应当尽快出动子力，以便加强防御，这样才能取得抗衡之势。

第六章 中炮进七兵对反宫马平边炮

中炮进七兵对反宫马平边炮，是近年来出现的新变着。黑方第4回合平炮亮车，意在打破常规、寻求变化，是一种积极的应法。自流行以来，一直得到棋手们的重视，其攻防变化也在不断完善中。本章列举了4局典型局例，分别介绍这一布局中双方的攻防变化。

第90局 黑平边炮对红左炮过河

1.炮二平五 马2进3 2.马二进三 炮8平6

3.车一平二 马8进7 4.兵七进一 炮2平1

黑方平炮亮车，意在打破常规、寻求变化，是一种积极的应法。

5.炮八进四 …………

红方进炮，窥视黑方中卒。

5.………… 车1平2

黑方出车捉炮，准备抢攻，是力争主动的走法。如改走士4进5，则马八进七，红方仍持先手。

6.炮八平五 马3进5 7.炮五进四 车2进8

黑方进车压马，是改进后的走法。如改走车2进7，则车九进二；车2进2，车二进五；炮6平2，炮五退二；炮2进3，兵七进一；车9平8，车二平六；车2平3，车九平六；炮1退2，相三进五；车3退3，仕六进五；炮2进4，帅五平六；车3平1，后车平八；车1进3，帅六进一；车1退1，帅六退一；车1进1，帅六进一；车8进1，兵三进一，红方大占优势。

8.车二进五 …………

红方进车骑河，正着。如改走炮五退二，则车9平8，红方的空头炮无其他子力配合，黑方可抗衡。

8.………… 炮6进2(图90)

黑方进炮拦车，是进车压马的后续手段。如改走车9平8，则车二平六，以下红方有炮五退二和车九进二的手段，红方具有强烈攻势。

如图90形势，红方有两种走法：炮五退二和车二平四。现分述如下。

第一种走法:炮五退二

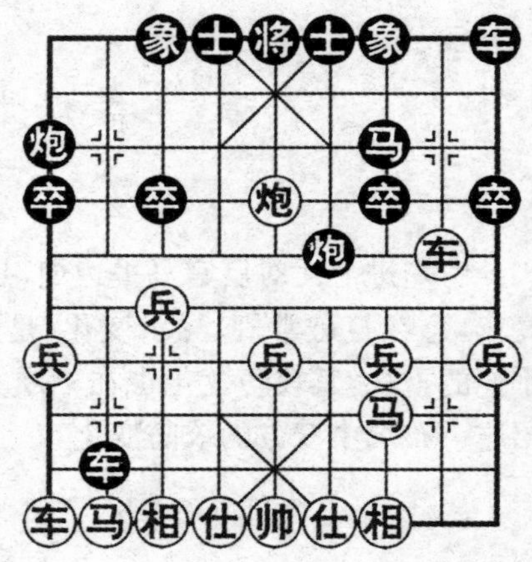

图 90

9. 炮五退二　…………

红方退炮,保持变化。

9. …………　炮 6 平 1

10. 车二平五　马 7 进 5

黑方中路献马,妙手!

11. 车五平八　…………

正着。如改走车五平九,则马 5 进 3;又如车五进一,则士 6 进 5,红方失车。

11. …………　马 5 进 7

以往黑方曾走马 5 进 3,红方则车八退四;马 3 进 5,兵五进一;前炮进 5,相三进五;车 9 进 1,车八进二;车 9 平 4,仕四进五;后炮平 5,马三进五;车 4 进 4,马八进七;车 4 平 5,兵九进一;士 6 进 5,车八平九,和势。

12. 车八退四　前炮进 5　　13. 相三进五　车 9 平 8

14. 炮五平六　…………

红如改走兵三进一,黑则马 7 进 5;兵五进一,后炮平 5;仕四进五,车 8 进 7;马三退四,车 8 退 1,黑方易走。

14. …………　马 7 退 5　　15. 炮六平五　马 5 进 7

16. 炮五平六　后炮平 5

黑方补架中炮,是积极求变的走法。如改走马 7 退 5,则炮六平五;马 5 进 7,双方不变作和。

17. 车八平七　…………

红方平车保相实属无奈,如改走仕四进五,黑方则马 7 进 6,这样黑方有攻势。

17. …………　车 8 进 7　　18. 炮六退二　马 7 进 8

这里,黑方以走车 8 退 2 为宜。

19. 马八进七　炮 5 平 9　　20. 车七平三　卒 7 进 1

21. 兵三进一　炮 9 平 7　　22. 车三平九　卒 7 进 1

23. 车九退一　炮 7 进 5　　24. 仕六进五　炮 7 平 4

25. 仕五进六　卒 7 进 6

黑方优势。

第二种走法:车二平四

9.车二平四　…………

红方平车吃炮,是稳健的走法。

9.…………　马7进5　10.车四平五　车9进1

黑如改走炮1平2,红则车五进一;象3进5,马三退五;车9进1,马五进七;车9平2,车五平三;炮2进2,车九进一;炮2进5,车九平八;车2进7,马七退八;车2进1,车三平七;车2退3,车七平五;士4进5,兵九进一;卒9进1,相三进五,红方多兵占优。

11.车五进一　象3进5　12.车五平七　车9平4

13.仕四进五　卒7进1

黑方应以改走炮1平2为宜。

14.兵七进一　…………

红方乘机渡兵过河,其势愈盛。

14.…………　车4平8　15.兵七平八　车8进6

16.马三退四　车8平2　17.兵八进一　前车进1

18.车九平八　车2进2　19.兵八平九　炮1进4

20.车七退三　…………

红方退车捉炮,试探黑方应手。

20.…………　炮1进3

黑方进炮乃失察之着,应以改走炮1退2为宜。

21.相三进五　车2退4　22.车七平九　炮1平2

23.车九退三

红方多兵胜势。

第91局　黑平边炮对红平炮七路(一)

1.炮二平五　马2进3　2.马二进三　炮8平6

3.车一平二　马8进7　4.兵七进一　炮2平1

5.炮八平七　象3进5　6.炮七进四　卒7进1

7.马八进七　车1平2

这里,黑方还有另外两种走法:

①马7进6,车九平八;车9进1,车二进六;马6进7,马七进六;车9平4,

马六进五；士4进5，马五进七；炮6平3，炮七平一；车4进5，仕六进五；卒7进1，炮五平四；炮1进4，炮四进六；象7进9，车二平五；车4退4，炮一平二；象5进7，炮二进三；象9退7，车五平三；车4平8，炮二平一；象7退9，炮四退三；车8进2，车三平四；炮3退2，相七进五；卒7平8，炮四平七，红方大占优势。

②士4进5，车九平八；马7进6，车二进四；车9进2，炮五平六；车9平7，相七进五；马6进7，仕六进五；卒5进1，马七进六；车7进1，炮七平六；车1平2，车八平七；炮1进4，兵七进一；车2进5，兵七进一；卒7进1，马六退七；炮1平3，车二进一；车2退1，马七进九；车2进2，马九进八；车2退2，车七进三；车2进5，后炮退二；车2退5，相五进三；马3退1，红方易走。

8. 车二进六(图91) …………

红如改走马七进六，黑则士4进5；马三退五，车9平8；车二进九，马7退8；马五进七，马8进7；车九进一，炮6进5；炮五退一，双方局势平稳。

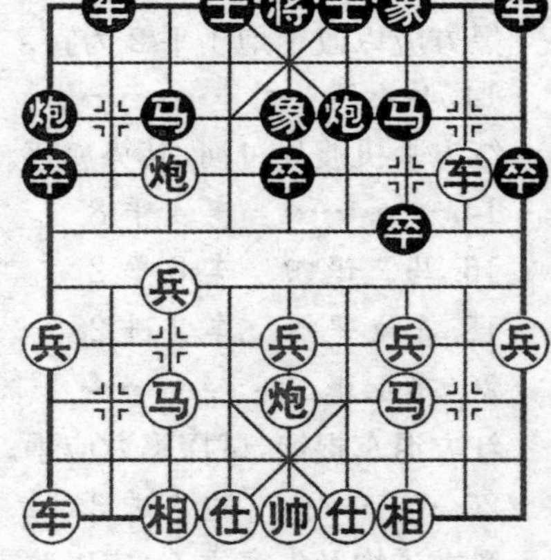

图91

如图91形势下，黑方有三种走法：士4进5、车9进2和车9平8。现分述如下。

第一种走法：士4进5

8. ………… 士4进5

9. 车二平三 车9进2

10. 马七进六 …………

红如改走兵七进一，黑则象5进3；马七进六，炮6退1；车三退一，象3退5；车三平八，车2平4；车八退一，炮6进1；炮五平六，车4平1；兵三进一，红方占优。

10. ………… 车2进3

黑方进车牵制红炮，是改进后的走法。以往多走炮6退1，则马六进四；马3退4，炮五进四；马7进5，车三平五；马4进3，车五平三，红方多兵易走。

11. 马三退五 …………

红如改走车九进一，黑则车9平8；马三退五，炮6退1；马五进七，炮6平7；车三平二，车8进1；炮七平二，车2进1；炮二退五，车2退1；仕四进五，马3进4；车九平八，车2进5；炮二平八，炮1平3；炮八进六，士5退4；炮五平六，马4进6；相七进五，炮3进5；马六退七，马7进6；炮六退一，炮7进5；炮八退二，炮7平8；兵七进一，后马退7；炮八进四，将5进1；兵七进一，炮8进3；相三进

一，马6进5；马七进六，马5退3；炮六平九，炮8退6；炮八退二，马7进8；炮九进五，马8进7；炮九平五，将5平6；炮八退五，炮8进3；炮八进一，炮8退3；炮八退一，炮8进3；炮八进一，炮8退3，双方不变作和。

11. …………　炮6进5　　12. 车三平四　炮6平8

13. 车四平二　炮8平6　　14. 车九进一　车2进1

15. 车二平四　炮6平8　　16. 马五进七　炮8平3

17. 马六退七　车9平8

黑方平车嫌软，应改走马7进8，这样较为积极有力。

18. 车四平三　车2退1

黑方应以改走马3退2为宜。

19. 兵七进一　象5进3　　20. 马七进六　象7进5

21. 马六进四　马3退4

红方进马是抢先之着，由此打开局面。黑如接走车2平3吃炮，红则炮五平七；车3平2，炮七进五，黑方难应。

22. 炮五平七　炮1平4　　23. 车九平六　车2进2

24. 车六进五　象3退1

黑方退象，无奈之举。如改走车2平6捉马，则马四进三；车8平7，车三进一；炮4平7，车六进二，黑方崩溃。

25. 后炮平六　…………

红方平炮邀兑，着法有力，一举击中黑方要害，先手优势进一步扩大。

25. …………　炮4平3　　26. 相三进五

红方大占优势。

第二种走法：车9进2

8. …………　车9进2　　9. 马七进六　士4进5

黑如改走炮6退1，红则马三退五；车2进3，马五进七；炮6平2，炮五平四；士4进5，相七进五；卒1进1，车九平七；车9退1，炮四进四；车9平7，仕六进五；炮2平4，车二进一；士5退4，炮四平三；马7退5，兵七进一；车2退3，兵七平八，红方大占优势。

10. 车二平三　…………

红如改走马三退五，黑则车9平8；马五进七，车8进1；炮七平二，炮6进5；车九平八，炮6平3；车八进九，马3退2；马六退七，红方稍好。

10. …………　炮6退1　　11. 马六进四　马3退4

12. 炮五进四　马7进5　13. 车三平五　马4进3
14. 车五平三　车2进7　15. 车九进二　车2平1
16. 相七进九　车9平6　17. 马四进六　车6进5
18. 车三平四　车6退4　19. 炮七平四　马3进4
20. 炮四平九　马4进6　21. 马三退二　炮1进4
22. 兵五进一

红方多兵占优。

第三种走法:车9平8

8. …………　车9平8

黑方平车邀兑,是新的尝试。

9. 车二平三　车8进2　10. 马七进六　炮6退1
11. 马六进四　象5退3　12. 马四进六　…………

红方进马略嫌急,应改走车九进一,这样较为积极主动。

12. …………　马3退5

黑方退马兑马,巧着!

13. 马六退五　…………

红方退中马授人以隙,应以改走马六进五为宜。

13. …………　车2进3　14. 炮五平七　炮6平7
15. 车三平二　车8进1　16. 前炮平二　卒5进1
17. 马五进七　马5进3　18. 炮二退五　象3进5
19. 马七退九　车2退1　20. 兵七进一　马3进5
21. 兵七进一　卒1进1　22. 马九退七　车2进4
23. 马七退五　马5进3　24. 车九进一　马7进8
25. 炮二进二　车2进1　26. 马三退五　马3进2
27. 炮二退一　车2进2

黑方攻势猛烈。

第92局　黑平边炮对红平炮七路(二)

1. 炮二平五　马2进3　2. 马二进三　炮8平6
3. 车一平二　马8进7　4. 兵七进一　炮2进1
5. 炮八平七　象3进5　6. 兵三进一　车1平2
7. 马八进九　车9进1(图92)

如图 92 形势下，红方有两种走法：炮七进四和炮五平四。现分述如下。

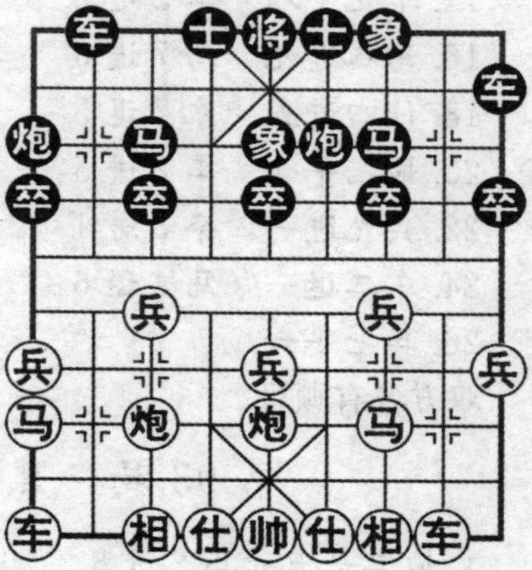

图 92

第一种走法：炮七进四

8. 炮七进四　车 9 平 4
9. 炮五平七　炮 1 进 4
10. 马九退七　炮 1 退 2
11. 马七进五　车 2 进 5
12. 车九进三　车 2 平 3
13. 车九平七　车 3 平 7
14. 车二进六　车 4 进 2
15. 相三进一　车 7 退 1
16. 马三进四　车 7 平 6
17. 马四退三　卒 7 进 1
18. 兵五进一　士 4 进 5　　19. 仕四进五　车 6 平 2
20. 车二平三　马 7 退 8　　21. 车三平一　…………

红方应改走相一退三，以利巩固阵势。

21. …………　炮 1 进 5

黑方进炮沉底，积极争取对攻机会。

22. 马三进四　卒 1 进 1　　23. 后炮平六　车 2 退 1
24. 炮六平七　车 4 进 5

黑方进车塞相眼，着法凶悍，并由此渐入佳境。

25. 马四进五　车 2 进 6　　26. 车七平九　马 3 进 5
27. 车一平五　象 5 进 3

黑方飞象，构思巧妙。

28. 后炮平六　炮 6 平 3

黑方攻势强大。

第二种走法：炮五平四

8. 炮五平四　…………

红方卸炮调整阵势，是稳健的走法。

8. …………　车 2 进 6　　9. 炮四进一　车 2 进 1
10. 炮四退一　车 2 退 1　　11. 炮四进一　车 2 进 1
12. 相三进五　卒 7 进 1　　13. 兵三进一　象 5 进 7

14. 车九平八　车 2 进 2　　15. 马九退八　车 9 平 2
16. 马八进九　马 7 进 6　　17. 炮四进四　炮 1 平 6
18. 仕四进五　象 7 退 5　　19. 车二进五　马 6 进 4
20. 炮七平六　车 2 进 5　　21. 兵九进一　士 4 进 5
22. 兵九进一　卒 3 进 1　　23. 兵七进一　卒 1 进 1
24. 车二退一　马 4 退 6　　25. 车二平七　马 3 进 1
26. 兵七平六

双方各有顾忌。

第 93 局　黑平边炮对红平炮六路

1. 炮二平五　马 2 进 3　　2. 马二进三　炮 8 平 6
3. 车一平二　马 8 进 7　　4. 兵七进一　炮 2 平 1
5. 炮八平六　…………

红方平炮仕角，是稳健的走法。

5. …………　车 1 进 1

黑如改走车 1 平 2，红则马八进七；卒 7 进 1，马七进六，形成五六炮正马对反宫马的常见阵势。

6. 马八进七　车 1 平 4　　7. 仕六进五　卒 7 进 1
8. 车九平八(图 93)　…………

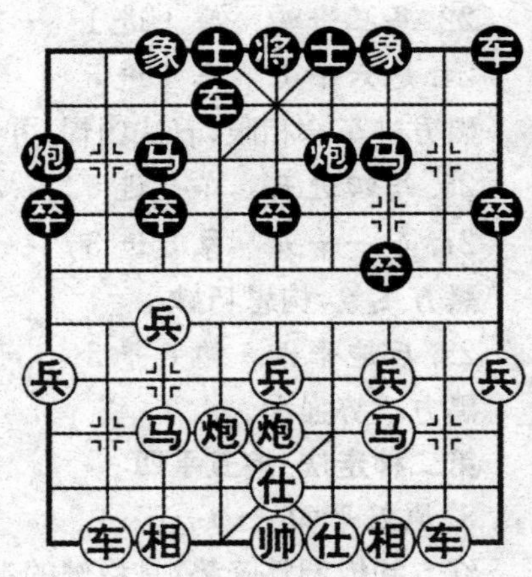

图 93

如图 93 形势下，黑方有两种走法：象 7 进 5 和车 9 平 8。现分述如下。

第一种走法：象 7 进 5

8. …………　象 7 进 5
9. 车二进六　…………

红方挥车过河，压制黑方左翼子力。

9. …………　士 6 进 5
10. 车二平三　车 9 平 7
11. 炮六进二　车 4 进 3
12. 兵五进一　炮 1 进 4
13. 车八进三　炮 1 进 3
14. 相七进九　马 7 退 9
15. 车三平一　马 9 进 7　　16. 车一平三　马 7 退 9

17. 车三进三　马 9 退 7　　18. 马三进五　炮 6 进 4
19. 车八进四　炮 6 平 9　　20. 兵三进一　卒 7 进 1
21. 兵五进一　车 4 平 1　　22. 马五进三　炮 9 退 4
23. 炮六进四　炮 9 平 7　　24. 相三进一　卒 5 进 1
25. 马三进四　马 7 进 6　　26. 炮六平九　象 3 进 1
27. 炮九进一　象 5 退 3　　28. 车八退四

红方大占优势。

第二种走法:车 9 平 8

8. …………　车 9 平 8

黑方兑车,是稳健的走法。

9. 车二进九　马 7 退 8　　10. 车八进六　车 4 进 5
11. 马七进八　车 4 平 3　　12. 相七进九　象 7 进 5
13. 马八进七　士 6 进 5　　14. 车八进二　炮 1 退 1
15. 兵五进一　马 8 进 7　　16. 兵五进一　炮 6 退 1
17. 车八退一　炮 6 进 1　　18. 车八进一　炮 6 退 1
19. 车八退一　炮 6 进 1

双方不变作和。

小结:本章介绍了红方的三种着法:第一种炮八进四,威胁黑方中卒,双方变化复杂,各有顾忌;第二种和第三种分别为炮八平七与炮八平六,走法相对比较稳健。

实战对局选例

第1局

广东吕钦(先胜)上海胡荣华

(1986年4月25日于邯郸)

全国象棋团体赛

1. 炮二平五　马2进3　　2. 马二进三　炮8平6

3. 车一平二　马8进7　　4. 炮八平六　车1平2

5. 马八进七　炮2平1

形成五六炮进七兵对反宫马的阵势。黑方平边炮活通车路,是比较稳健的走法。也可改走车9进1,双方另有攻守。

6. 兵七进一　卒7进1　　7. 马七进六　士4进5

黑方士4进5为老式的应法,现在一般多走士6进5。由于士的方向不同,两者的差别很大,形成的变例也不同。

8. 车九进二　车9平8

黑方邀兑左车,正着。

9. 车二进九　马7退8　　10. 车九平七　象3进5

黑方应改走象7进5,较为稳健。

11. 车七进一　马8进7　　12. 兵五进一　车2进4

13. 马六进五　马3进5

黑方应改走马7进6,要比实战走法为好。

14. 炮五进四　炮6进1　　15. 炮六平五　炮6平7

16. 相三进一　炮1平3　　17. 仕六进五　炮3退2

18. 兵一进一　…………

红方挺边兵静观其变,老练的走法。

18. …………　炮7平8　　19. 前炮平三　车2进5

黑方沉底车力求一搏,不如改走车2平4或炮8进2稳健。

20. 兵五进一　炮8进2(图1)　21. 车七平五　…………

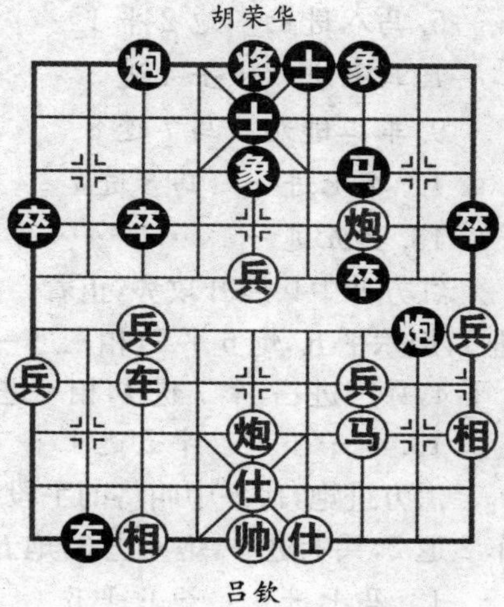

如图1形势,红方平中车放弃底相,有胆有识!下伏中兵直逼九宫之势。

胡荣华

吕钦

图1

21. …………　车2平3

22. 仕五退六　车3退2

23. 相一退三　炮8进2

24. 兵五进一　炮8平5

黑方如改走炮3平2,则炮五平二,炮2进9,帅五进一,车3平7,兵五进一,象7进5,炮二进五,车7平8,炮二平五,士5进4,炮五平四,士4退5,车五平八,将5平4,炮四进一,绝杀,红胜。

25. 相三进五　炮3平2

26. 仕六进五　炮2进9

黑方如改走炮2进3,则炮三平七,车3平2,兵五进一,亦是红方优势。

27. 帅五平六　车3进2　28. 帅六进一　车3退1

29. 帅六退一　车3进1　30. 帅六进一　炮2退6

31. 车五平八　…………

红方平车提炮,简明。如改走炮三平七,则车3平2,兵五进一,车2退5,红方取胜要费周折。

31. …………　炮2平5　32. 车八进六　士5退4

33. 车八平六　将5进1　34. 马三进五　车3退1

35. 帅六退一　炮5进4　36. 马五进四　马7进5

37. 炮三平七

红方得子胜定。

第2局

上海孙勇征(先胜)黑龙江赵国荣

(2012年11月27日于北京)

"国弈大典"之决战名山巅峰对决

1. 炮二平五　马2进3　2. 马二进三　炮8平6

3. 车一平二　马8进7　　4. 炮八平六　车1平2
5. 马八进七　炮2平1　　6. 兵七进一　卒7进1
7. 马七进六　士4进5　　8. 车九进二　车9平8
9. 车二进九　马7退8　　10. 车九平七　象7进5
11. 车七进一　马8进7　　12. 兵五进一　车2进4
13. 兵五进一　…………

红方冲中兵展开攻势，正着。如改走马六进五，则马3进5，炮五进四，炮6进1，炮六平五，炮6平7，相三进一，卒1进1，仕六进五，炮7平8，前炮退一，车2平4，兵三进一，卒7进1，相一进三，炮8平5，黑可抗衡。

13. …………　卒5进1　　14. 马六进七　炮6进3

黑方进炮，伏平中叫将的手段，是必走之着。如改走卒5进1，则马七进九，车2退2，兵七进一，炮6进3，炮五退一，红方易走。

15. 马七进九　炮6平5　　16. 车七平五　…………

红方平中车兑炮，正着。

16. …………　象3进1　　17. 炮五进二　卒5进1
18. 车五进一　象1退3　　19. 车五退一　马7进6
20. 车五平四　马3进5　　21. 相三进五　马5退7
22. 车四平六　车2平5　　23. 仕六进五　卒1进1
24. 车六平七　马7进5　　25. 炮六平九　车5平2
26. 马三退二　马6进4　　27. 马二进四　马5进6
28. 炮九平六　马4退5　　29. 马四进二　车2平4
30. 车七平四　象3进1　　31. 兵三进一　车4进1
32. 兵三进一　马5进7　　33. 马二进三　象1退3
34. 车四平五　…………

对方呈对峙状态，迂回运子，调整位置。这样的棋非常考验棋手的耐心，一方想赢棋难，另一方想和棋也没有立即和棋的办法。

34. …………　车4进1　　35. 车五平六　马6进4
36. 帅五平六　马7进5　　37. 马三退五　马4进2
38. 炮六进二　…………

双方兑车后，红方多一兵，兵种较好。黑方还是不能马上解决两组对头兵(卒)的问题，双方战线仍然漫长。

38. …………　马2进1

黑方进边马给对手机会，不如士5退4较好。

39. 马五退七　…………

红方可直接走兵九进一，黑如卒1进1，则炮六平九，马5进3，炮九进五，士5退4，炮九平六，马3进2，帅六进一，红方吃掉黑方一士。

39. …………　士5进4

黑方应改走马1退2为宜。

40. 兵九进一　卒1进1　41. 炮六平九　马5进7
42. 炮九进五　将5进1　43. 炮九平四　…………

红方抓住良机，破去黑方一士，优势扩大。

43. …………　马7退8　44. 炮四平一　马1退2
45. 马七进五　马2退4　46. 马五进三　象5进7
47. 炮一平四　将5平6　48. 炮四平二　象7退5
49. 仕五进四　将6退1　50. 炮二退三　士4退5
51. 炮二平八　象5进7　52. 仕四进五　象3进5
53. 仕五进六　马8进7　54. 仕四退五　马7退5
55. 炮八退五　马5退6　56. 马三退五　将6平5
57. 仕五进四　马6进8　58. 马五进三　马8进7
59. 仕四退五　马7退5　60. 帅六平五　将5平6
61. 马三退五(图2)　士5退4

如图2形势，黑方双马位置还不错，还能苦守。此时，黑方退士漏着，胜负立判。

62. 炮八平六　马4退5
63. 炮六进八　…………

红方平炮串打，白吃一士，胜负只是时间问题。

63. …………　前马进7
64. 炮六退三　马7退8
65. 马五退三　马5进4
66. 马三进二　象7退9
67. 马二进四　象9进7
68. 兵一进一　将6进1
69. 相五进三　将6退1　70. 相七进五　将6进1

赵国荣

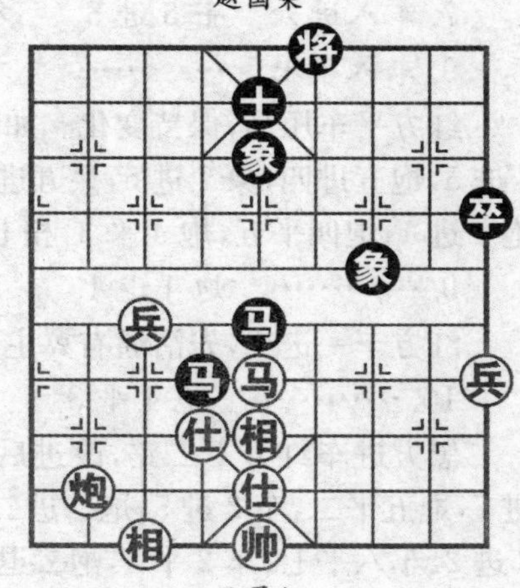

孙勇征

图2

71. 帅五平六　将6退1　　72. 炮六平九　马4退6
73. 帅六平五　将6进1　　74. 马四进六　马8退7
75. 帅五平四　将6退1　　76. 炮九退二　马7进5
77. 兵七进一　将6平5　　78. 炮九平五　将5平4
79. 兵七平六　马5进4　　80. 相五进七　马6退7
81. 马六退八　马4进3　　82. 马八进七　将4进1
83. 炮五退一　马3退4　　84. 炮五平六　象7退9
85. 马七退五

红方步步为营，至此捉死黑马，获胜。

第3局

北京蒋川(先胜)上海孙勇征

(2008年12月27日于上海)

首届“九城置业杯”全国象棋超霸赛

1. 炮八平五　马8进7　　2. 马八进七　炮2平4
3. 车九平八　马2进3　　4. 炮二平四　车9平8
5. 马二进三　炮8平9　　6. 兵三进一　卒3进1
7. 车八进六　士6进5　　8. 马三进四　车1平2
9. 车八平七　…………

红方平车压马，保持变化。如改走车八进三兑车，则马3退2，马四进五，马7进5，炮五进四，象7进5，兵五进一，马2进3，车一进一，车8进4，车一平三，炮4进1，炮四平五，炮4平3，相七进九，炮9进4，黑可对抗。

9. …………　炮4退1　　10. 车一进二　…………

红方车一进二，先活通右翼主力。

10. …………　炮4平3　　11. 车七平六　车2进8

黑方进车红方下二路，改进后的走法。如改走炮9退1，则车一平二，车8进7，炮五平二，车2进5，炮二进二，象7进5，相三进五，车2进3，仕四进五，马3进2，车六平七，车2平4，炮二退三，车4退3，兵七进一，车4退3，兵七进一，马2退1，车七平八，象5进3，炮二进六，马7退8，炮二退一，马8进7，马四进五，红方多兵占先易走。

12. 炮四平三　车2平6　　13. 马四进三　炮9退1

14. 车一平二　车8进7　　15. 炮五平二　车6平8

黑方平车捉炮，防止红方炮二进五骚扰，稳健的走法。

16. 炮二平一　炮9平7

黑方平炮瞄马，非当务之急。似不如先走车8退2，更具针对性。红如接走马三退四，则车8平7，要比实战走法为好。

17. 相七进五　车8退1　　18. 马七退五　炮7进2

黑炮兑马，虽可简化局势，但也容易落入后手。可考虑改走车8退3，静观其变为宜。

19. 炮三进四　象3进5　　20. 马五进三　马3进2

21. 仕六进五　马2进3　　22. 马三进四　卒1进1

23. 兵三进一　…………

红兵乘机过河，其势渐盛了。

23. …………　车8退2　　24. 马四进二　马7退9

25. 炮三平四　炮3平2　　26. 车六平八　马3退4

黑方如改走炮2平1，则车八平五，也是红方优势。

27. 炮四退一　马9进8　　28. 炮一进四　象5进7

黑方如改走马8进6踩炮，则炮一平二打车，黑方也难应付。

29. 炮四平七　象7退5　　30. 炮一平五　炮2平3

31. 车八平六　马4进5

32. 马二进四　马8进6

33. 炮七平五　车8进2

34. 车六平七　炮3平4

35. 车七平六　炮4平1(图3)

黑方还应改走炮4平3，较为顽强。

36. 前炮进二　…………

如图3形势，红方舍炮硬轰黑方中士，准备用车马炮三子联攻之势抢先攻城，大赛中敢于弃子弄强，甚有胆识。

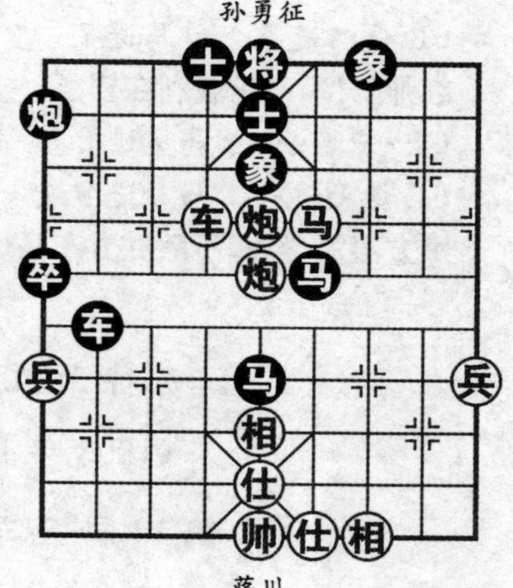

图3

36. …………　士4进5

37. 马四进五　炮1平3

黑方平炮解杀，无奈之着。

38. 马五退七　象5退3

39. 车六进二　车2退4　40. 仕五退六　将5平6
41. 车六进一　将6进1　42. 车六平七　马6退5
43. 车七平三　…………

以上一段，红方乘机毁去黑方双象，其势更盛了。

43. …………　车2进2

黑方如改走车2进1，则马七退五，车2进1，车三退三，也是红方大占优势。

44. 车三平五　前马退6　45. 炮五退一　车2进2
46. 炮五平三　车2平5　47. 仕六进五　马6退4
48. 炮三退三　炮3平5　49. 仕五进四　…………

红方撑仕做炮架助攻，机动灵活之着。

49. …………　马5进6　50. 炮三平五　车5平2
51. 炮五平七　…………

红方得回一子，加快了胜利步伐。

51. …………　车2进4　52. 帅五进一　车2退7
53. 马七退五　马6退5　54. 炮五平六　马4进5
55. 炮六退七　车2平4　56. 炮六进三　车4平2
57. 炮六退三　车2平4　58. 炮六平七　车4平2
59. 炮七进一　前马进4　60. 帅五平四　马4退5
61. 仕四进五　前马进7　62. 帅四退一　…………

红帅归位，已是胜利在望了。

62. …………　马7进8　63. 帅四平五　马8退9
64. 炮七进一　马9进8　65. 相五退七

黑方藩篱尽失，不敌红方车马炮的攻击，遂停钟认负。

第4局

江苏徐天红（先负）广东许银川

（1993年12月25日于广州）

第14届“五羊杯”全国象棋冠军赛

1. 炮二平五　马2进3　2. 马二进三　炮8平6
3. 车一平二　马8进7　4. 炮八平六　车1平2
5. 马八进七　炮2平1　6. 兵七进一　卒7进1

7. **马七进六**　士 6 进 5　　8. **车二进六**　…………

红方挥车过河，力争主动。如改走车九进二，车 9 平 8，车二进九，马 7 退 8，车九平七，象 7 进 5，车七进一，马 8 进 7，局势相对平稳。

8. …………　车 9 平 8　　9. **车二平三**　炮 6 退 1

10. **马六进七**　…………

红马踩卒，试探黑方应手。

10. …………　车 2 进 3

黑方高车捉马，必走之着。如改走炮 6 平 7，则马七进九，炮 7 进 2，马九进七，将 5 平 4，炮六进一，车 2 进 7，车九进二，车 2 平 5，相七进五，红方大占优势。

11. **兵七进一**　炮 6 平 7　　12. **车三平四**　炮 1 退 1

13. **马七退五**　车 2 进 2　　14. **炮六平七**　…………

红方平炮攻马，是寻求变化的走法。如改走兵七进一，则马 3 退 4，马五退六，车 2 平 3，黑方易走。

14. …………　卒 7 进 1

黑方弃马过卒，掀起争斗高潮。如改走卒 5 进 1，则炮七进五，马 7 进 8，炮五进三，象 7 进 5，车四平三，红方占优。

15. **兵三进一**　…………

红方以兵吃卒，稳健的选择。如改走炮七进五，则卒 7 进 1，马三退五，马 7 进 8，车四平五，车 2 平 6，黑方弃子占势。

15. …………　卒 5 进 1　　16. **炮七进五**　车 2 平 7

17. **炮五进三**　象 7 进 5　　18. **车九进二**　马 7 进 8

黑方如改走车 8 进 4，则兵七平六，车 8 平 6，车四平二，将 5 平 6，相三进一，红方稳占多兵之利。

19. **车四平五**　…………

红方平中车攻象，是特级大师徐天红的创新。如改走车四退一，则炮 7 进 5，炮五平二，车 8 进 3，红方虽多兵稍优，但难以取胜。

19. …………　马 8 进 6

面对新着，特级大师许银川扑马以攻对攻，甚有大将风度。如改走炮 7 进 6，则炮五进二，象 3 进 5，车五进一，炮 1 平 3，炮七平九，炮 3 平 1，炮九平七，双方不变作和。

20. 车五进一　…………

红方车砍中象，破釜沉舟，如改走马三进四，则马7进8，仕四进五，炮7平9，车九平四，车8进9，仕五退四，车8退1，仕四进五，车7进4，仕五退四，车7退3，仕四进五，车8进1，仕五退四，车7平5，相七进五，车8退6，黑方占优。又如改走炮五进二，则象3进5，车五进一，炮1平3，炮七平九，车7进2，车九平三（如相三进五，则车7平6，仕六进五，车6进1，相五进三，马6进7，车九平六，炮7退1，黑可捷足先登），马6进7，炮九进二，炮3退1，车五平三，马7退6，车三进一，马6进4，车三退七，马4退3，红方也难谋和。

20. …………　将5平6　21. 车九平四　象3进5

22. 马三进四（图4）　士5进6

如图4形势，黑方扬士，巧妙地化解了红方车马炮的攻势，稳占多子之优。

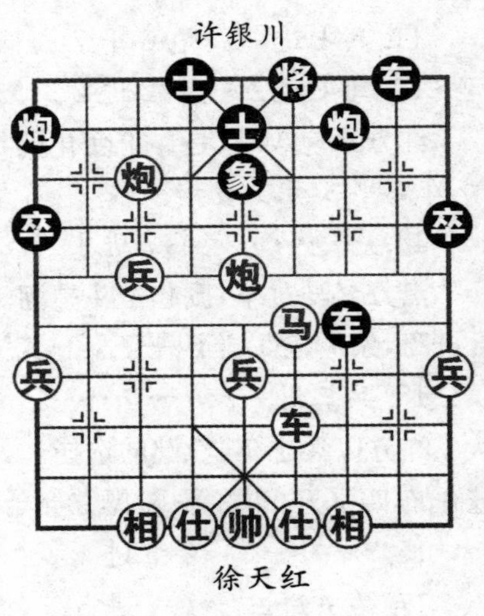

图4

23. 马四进五　…………

红方如改走马四进六，则炮7进7，仕四进五，象5退3，车四进五，炮1平6，炮五平四，将6平5，相七进五，车7退1，黑方多子占优。又如改走相七进五，则车7退1，马四退六，士4进5，也是黑方多子占优。

23. …………　炮1平6

24. 车四平六　炮7进8

25. 仕四进五　士6退5

26. 车六平四　士5进6

27. 车四平六　士4进5

28. 车六平八　士5退4

29. 车八平六　士4进5

30. 车六平八　士5退4

31. 炮五进二　…………

红方属于长杀，只好变着。

31. …………　炮7平9　32. 炮七进二　士4进5

33. 炮七平二　车7进4　34. 仕五退四　车7退2

35. 仕四进五　车7平2

兑车后形成有车杀无车的局面，黑方胜局已定。

36. 相七进五　车 2 退 4　　37. 马五退六　炮 6 平 7

38. 炮二退七　士 5 进 4

黑胜。

第 5 局

北京蒋川(先胜)黑龙江陶汉明

(2008 年 11 月 17 日于东莞)

第 3 届"杨官璘杯"全国象棋公开赛

1. 炮二平五　马 2 进 3　　2. 马二进三　炮 8 平 6

3. 车一平二　马 8 进 7　　4. 炮八平六　车 1 平 2

5. 马八进七　炮 2 平 1　　6. 兵七进一　卒 7 进 1

7. 马七进六　士 6 进 5　　8. 车二进六　象 7 进 5

9. 车九进二　车 9 平 7　　10. 车二平三　马 7 退 6

黑方可考虑改走马 7 退 9，车三平一，马 9 进 7，车一平三，马 7 退 9，这样兑车后马位似要好于实战。

11. 车三进三　象 5 退 7　　12. 炮六平七　…………

红平七路炮威胁黑方右翼，保持变化的走法。如改走马六进五，马 3 进 5，炮五进四，象 7 进 5，局势趋向简化。

12. …………　象 7 进 5

黑方补象，正着。如改走车 2 进 5，则炮五退一，象 7 进 5，马六进七，车 2 进 3，兵五进一，炮 1 退 1，兵五进一，炮 1 平 3，马三进五，炮 3 进 2，炮七进四，卒 5 进 1，炮五进四，马 3 进 5，马五进六，红方优势。

13. 车九平八　…………

红方因马炮位置好于黑方，所以主动邀兑车，是后中先的走法。

13. …………　车 2 进 7　　14. 炮五平八　马 6 进 7

15. 炮七进四　炮 1 进 4　　16. 兵七进一　卒 1 进 1(图 5)

17. 炮八进五　…………

如图 5 形势，红方进炮管马，是上一着兵七进一的续进手段，目的是通过对黑方右翼的封锁压制来扩大全局的主动权。

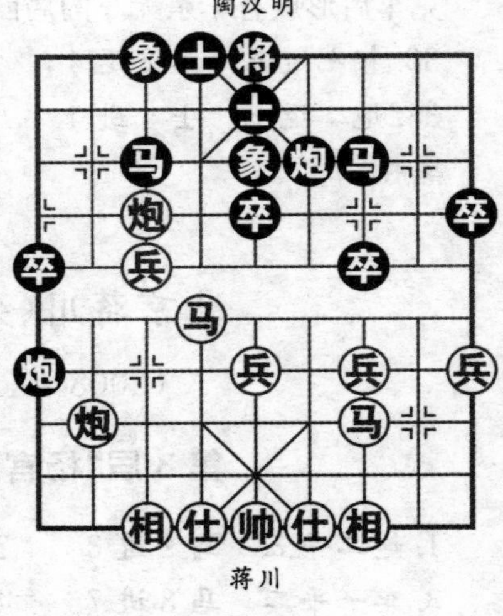

图5

17. ………… 炮1平7
18. 相三进五 卒1进1
19. 仕四进五 …………

红方补仕，巩固阵势。如改走兵一进一，则卒7进1，相五进三，马7进8，马六进四，炮6退1，兵七平六，马8进6，兵五进一，士5进6，马四退二，马6进7，马二退三，炮7平2，相三退五，炮6平9，马三进二，炮9进4，马二进四，炮9平6，兵六进一，士6退5，仕四进五，卒1平2，炮八退四，卒2进1，炮七平八，双方再兑一炮后，形成马炮双兵对马炮三卒的残棋，红虽不多兵，但马炮兵的占位极佳，仍占有较大先手。

19. ………… 炮6退1　　20. 炮七平六 炮6平9
21. 兵七进一 马3退2　　22. 炮八平三 …………

红炮兑马，以利谋取中卒，简明实惠的走法。

22. ………… 炮7退4　　23. 马三进四 卒5进1
24. 马四进三 卒9进1　　25. 马三退一 炮9进5
26. 马一进三 炮9退5　　27. 马三退五 …………

红方再得一卒，其势更盛了。

27. ………… 马2进1　　28. 炮六平一 炮7平8
29. 兵七平六 炮8进3　　30. 马五进三 卒1平2
31. 兵六平五 象5退7

黑方退象避捉，无奈之举。如改走马1退3，则马六进七，红亦大占优势。

32. 马三进四 炮9平7　　33. 炮一退二 士5进6
34. 马四退六 炮7平4　　35. 后马退四 …………

红方退马捉双，可以巧妙消灭黑卒，是进一步扩大优势的有力着法。

35. ………… 炮8平6　　36. 炮一平八 马1进3
37. 马六退七 士4进5

黑方如改走炮4平3，则兵五平六，炮3进3，兵六平七，红亦胜势。

38. 前兵平六 象7进5　　39. 炮八进二 炮4平3

40. 马七进五

黑方少子不敌，遂停钟认负。

第6局

浙江赵鑫鑫（先胜）广东许银川

（2008年11月18日于东莞）

第3届"杨官璘杯"全国象棋公开赛

1. 炮二平五　马2进3　2. 马二进三　炮8平6
3. 车一平二　马8进7　4. 兵七进一　卒7进1
5. 炮八平六　车1平2　6. 马八进七　炮2平1
7. 马七进六　士6进5　8. 车九进二　象7进5

黑方补象，静观其变。

9. 车二进六　车9平7　10. 车二平三　马7退9
11. 车三平一　马9进7　12. 车一平三　马7退9
13. 车三进三　马9退7　14. 炮六平七　…………

红方平炮牵制黑方3路线，保持变化的走法。如改走马六进五，马3进5，炮五进四，局势趋向简化。

14. …………　车2进5

黑车骑河，力争主动的走法。

15. 马六进七　车2平3　16. 炮五退一　…………

红方退中炮，下伏炮五平七轰车争先的手段。如改走马七进九，则象3进1，红无便宜可占。

16. …………　炮6进5　17. 炮五平七　炮6平1
18. 后炮进三　前炮平7　19. 前炮进三　炮1进4
20. 后炮平五　炮1平7　21. 相三进一　前炮平8
22. 炮五进四　…………

双方经过一番拼兑，形成双炮马双兵对双炮马卒的残棋，红方多中兵仍占主动。

22. …………　炮8进2　23. 帅五进一　炮8退7

黑方退炮兑炮，力求稳健的走法。如改走炮8退3捉兵，则兵五进一，炮7平9，马七进五，也是红方优势。

24. 炮七平二　马 7 进 8　　25. 炮五平九　炮 7 平 8

黑方可考虑改走炮 7 平 6，红如接走兵五进一，则炮 6 退 3，炮九进三，象 5 退 7，以后再炮 6 平 9，伏马 8 进 6 和谋取红方边兵的手段，要比实战走法为好。

26. 相七进五　马 8 退 7　　27. 兵一进一　炮 8 进 3

28. 兵一进一　炮 8 平 4　　29. 兵五进一　马 7 进 6

30. 兵五进一　炮 4 退 2　　31. 兵五平四　炮 4 平 9

32. 兵四进一　马 6 进 8(图 6)

黑方如改走马 6 退 7，则兵一平二，炮 9 退 4，兵二进一，黑方亦难守和。

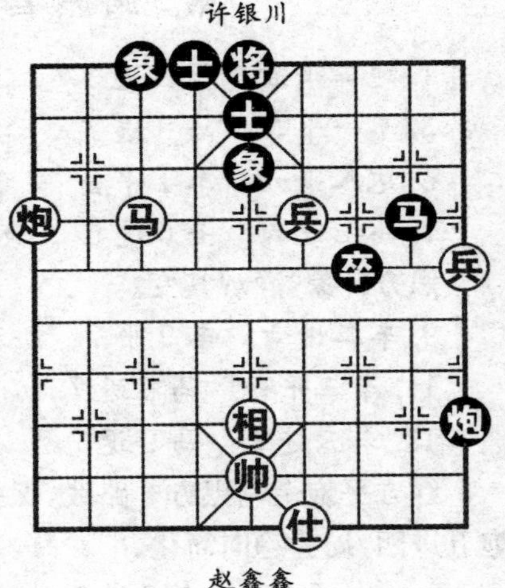

图 6

33. 马七进五　…………

如图 6 形势，红方舍马硬踏黑方中象，伏有先弃后取的手段，已算准交换后可以演成炮双兵单仕相胜炮单卒缺象的残棋，简明有力的走法。

33. …………　象 3 进 5

黑方如改走马 8 进 9，则马五进三，将 5 平 6，炮九退二，将 6 进 1，炮九平四，士 5 进 6，相五退三，红方速胜。

34. 炮九平二　炮 9 平 8

35. 炮二退三　象 5 退 7

36. 炮二平五　将 5 平 6

37. 兵一平二　象 7 进 9

38. 兵四平三　炮 8 平 6　　39. 兵三平二　炮 6 退 6

40. 帅五退一　士 5 进 4　　41. 炮五平六　将 6 平 5

42. 后兵平三　…………

消灭黑卒后，红方可以放手进攻了。

42. …………　炮 6 平 2　　43. 兵三平四　士 4 进 5

44. 相五进三　象 9 退 7　　45. 兵二平三　象 7 进 5

46. 炮六平五　将 5 平 4　　47. 兵四平五　象 5 退 7

48. 仕四进五　炮 2 平 4　　49. 兵三平四　炮 4 平 1

50. 兵四平五　炮 1 平 2　　51. 炮五平三　象 7 进 9

先将黑象逼至边线，可以削弱黑方的防御能力。

52. 仕五进四　士5退6　53. 前兵平六　士4退5
54. 兵五进一　炮2进3　55. 帅五进一　炮2平5
56. 炮三退三　炮5进2　57. 兵六平七　炮5平8
58. 兵五平六　炮8平5　59. 兵七进一　将4平5
60. 兵七进一　将5平4　61. 帅五进一　炮5退2
62. 炮三平六　炮5平4

黑方如改走将4平5，则兵七平六，红亦胜势。

63. 仕四进五　象9退7　64. 兵六平五　炮4平7
65. 仕五进六　将4平5　66. 兵五平四　象7进5
67. 炮六平五　象5退7　68. 兵四进一　将5平4
69. 炮五平六　士5进4

黑方撑士解将，无奈之着。如改走将4平5，则兵七平六，炮7平5，兵四进一，象7进9，帅五平四，象9进7，炮六平五，红亦胜定。

70. 兵四进一　炮7平1　71. 炮六进七　炮1退3
72. 炮六进一

黑方少卒不敌，遂停钟认负。

第7局

广东吕钦(先胜)上海胡荣华

(1989年1月21日于广州)

第9届“五羊杯”全国象棋冠军赛

1. 炮二平五　马2进3　2. 马二进三　炮8平6
3. 车一平二　马8进7　4. 炮八平六　车1平2
5. 马八进七　炮2平1　6. 兵七进一　车2进6

形成五六炮进七兵对反宫马阵势。黑方挥车过河，是力争主动的走法。一般多走卒7进1，活通左马。

7. 兵三进一　车9进1

黑方高横车，继续贯彻力争主动的战略意图。如改走象7进5，则局势相对平稳。

8. 仕六进五　车9平4　9. 马三进四　…………

红方右马盘河，针锋相对。如改走车二进六，则士4进5，车二平三，炮6退

1，车三平四，炮6平7，相三进一，车4进1，黑可抗衡。

9. ………… 车2平3

黑方平车压马，正着。如改走炮6进7打仕，则车二进五，卒7进1，车二平三，象7进9，车三平六，车4平6，马四退三，炮6退5，车九平八，车2进3，马七退八，红方优势。

10. 车二进五 …………

红方进车骑河，大局感甚强。

10. ………… 车4进4 11. 马四进六 象7进5

黑方补象，嫌软。可改走卒7进1，车二平三，象7进9，车三进二，车4退1，黑方下伏炮6平5的反击手段，足可应战。

12. 马六进八 车4退4

黑方退车防守，正着。如误走炮1平2顶马，则马八退九，炮2进3，车九平八，卒7进1，车二进一，卒1进一，车八进四，卒1进1，车八进四，红方优势。

13. 车九平八(图7) 车4平2

如图7形势，黑方平车拴马，失算。应改走卒7进1，红如车二进一，则卒7进1，车二平三，马7退9，车三退二，卒1进1，黑可抗衡。

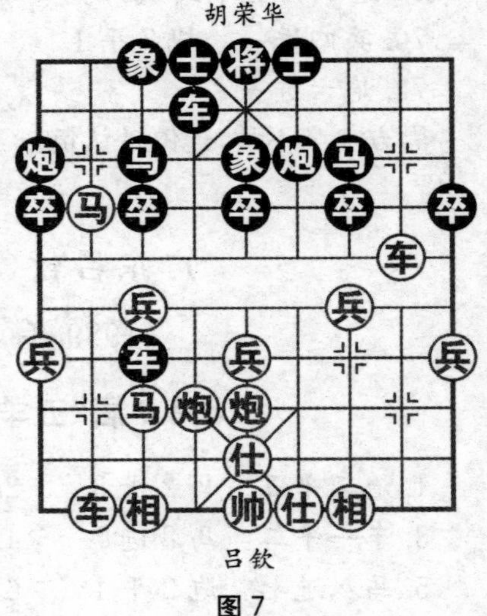

图7

14. 兵七进一 象5进3

红方冲兵，展开攻击。黑方不能走卒3进1，否则马八进六，黑方失车。

15. 炮五平三 炮6平5

16. 兵三进一 卒7进1

17. 车二平三 马7退9

18. 炮三平二 炮5平8

19. 炮六平四 象3退5

20. 车三进一 车3退2

21. 相七进五 车3平7

黑方平车邀兑，以求减轻左翼压力。

22. 车三退一 象5进7 23. 炮四进四 炮8进1

24. 马七进六 象3进5 25. 马六退四 马3退5

26. 马四进三 …………

谋得一象，红方优势渐趋扩大。

26. ………… 马5退3　27. 炮二进二　炮1平2

28. 车八平七　车2平7

黑方如改走车2平6捉炮，则炮四平七，马3进1，炮二平五，马1进2，炮七进三，士4进5，炮七平九，将5平4，马三进五，红方弃子占优，黑方难以应付。

29. 马三进一　马9进7　30. 炮四平三　车7平4

31. 炮二平三　马7进9　32. 前炮平一　士6进5

33. 炮三进二　卒5进1　34. 车七进四　卒3进1

35. 车七平二　…………

左车右移，红方胜利在望。

35. ………… 炮8退1　36. 炮一进三　将5平6

37. 炮三进三　将6进1　38. 炮三平七

红方得子胜定。下略。

第8局

重庆洪智（先胜）上海孙勇征

（2006年7月30日于北京）

第5届“威凯房地产杯”全国象棋排名赛

1. 炮二平五　马2进3　2. 马二进三　炮8平6

3. 车一平二　马8进7　4. 兵七进一　卒7进1

5. 炮八进四　象3进5　6. 马八进七　士4进5

7. 炮八平五　卒3进1

形成五八炮进七兵对反宫马的阵势。黑方弃3卒，以后要平车捉回来，是相对稳健的走法。如改走炮6进5，则马七进六，车1平4，前炮平九，车4进5，车九平八，形成另一种红方弃子抢攻的变化，以下黑方有炮2进4、炮2退2、炮2进5等走法，另有复杂攻守。

8. 兵七进一　马3进5　9. 炮五进四　车1平3

10. 车九平八　车3进4　11. 马三退五　…………

红方右马归心，保持变化的走法。如改走马七进六，则车3平4，车二进四，车9平8，车二平四，车8进3，车八进六，炮6退1，车四进四，车8平5，车八进一，车4进1，局势相对简化。

11. ………… 马7进6　　12. 车八进六　车3进2

13. 炮五退一　车9进2　　14. 车二进六　马6进7

15. 相七进五　…………

红方补相，巩固阵势。

15. ………… 车3退2　　16. 炮五进一　车9平7

黑方平7路车，反给红方留下马六进五捉双车的手段。可考虑改走卒9进1，准备大出边车为宜。

17. 马七进六　马7进6　　18. 车八平九　炮2平4(图8)

19. 炮五进二　…………

如图8形势，红方抓住黑方局势的弱点，乘机舍炮硬轰黑方中士，下伏马六进五踩双车的手段，是迅速扩大主动的精彩之着！

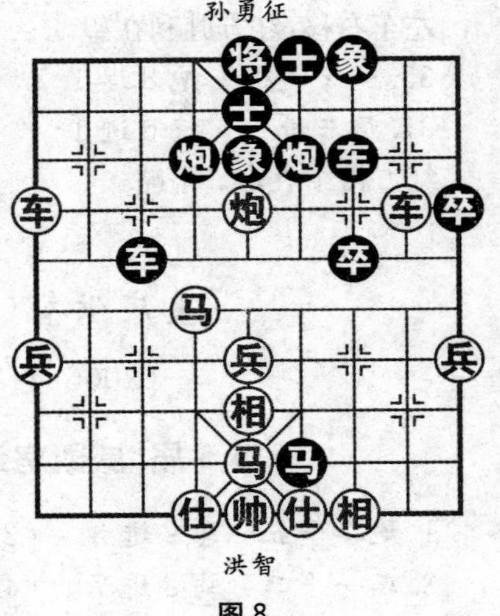

图8

19. ………… 车7退1

黑方如误走车3平4，则炮五平六，炮4进3，车九进三，将5进1，车二进二，炮6退1，炮六平四，红方速胜。

20. 车二平四　炮6平7

21. 相三进一　车7平5

黑方只好平车吃炮，如改走马6退7，则车九进三，炮4退2(如象5退3，则炮五退四)，车四进三，将5平6，车九平六，将6进1，炮五平三，红方得子胜定。

22. 车四退五　车3平4　　23. 马六进四　炮7平8

黑方如改走车5平6，则马四进五，红亦大占优势。

24. 马五进七　车4进3　　25. 马四退六　车5平3

26. 车四进五　车3进5　　27. 车九平七　炮8进4

黑方进炮，保持变化的走法。如改走车3退3兑车，则车四平七，黑方少卒少士也难对抗。

28. 兵五进一　车3平4　　29. 仕四进五　前车平5

30. 车四进二　炮4退2　　31. 帅五平四　…………

红方出帅，试探黑方如何应手，机警的走法。如误走车七平五，则炮8平5，红方反而不好。

31. ………… 炮4平3

黑方应改走车5退2吃中兵，较为顽强。

32. 马六进八 炮8退6 33. 马八进六 将5平4

34. 车七进五

黑如接走车4退3，则车四平六，车4退2，车七进一，红胜。

第9局

广东许银川（先胜）上海孙勇征

（2012年12月16日于广州顺德）

首届"碧桂园林"全国象棋冠军邀请赛

1. 炮二平五 马2进3 2. 马二进三 炮8平6
3. 车一平二 马8进7 4. 兵七进一 卒7进1
5. 炮八进四 象3进5 6. 马八进七 士4进5
7. 炮八平五 卒3进1 8. 兵七进一 马3进5
9. 炮五进四 车1平3 10. 车九平八 车3进4
11. 马三退五 卒9进1

黑方挺9路边卒，活通车路。

12. 车二进六 车3退1

13. 兵五进一 炮2进1

14. 兵五进一 炮2平5

15. 兵五进一 …………

红方如改走马七进六，则车3平4，车八进四，车9进3，车二平一，马7进9，兵五进一，车4进1，红方主动，但取胜的难度也很大。

15. ………… 马7进6

16. 车八进三（图9） …………

红方高车兵线要道，控制黑方反击的路线，攻守兼备。

16. ………… 卒9进1

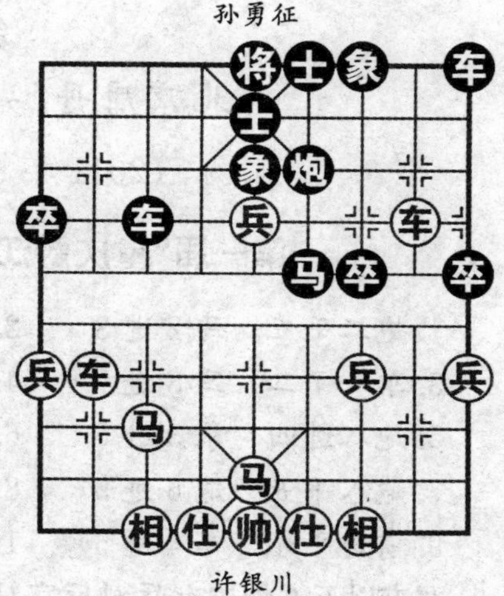

图9

如图9形势，黑方河口马成为对方打击的目标。此时进卒过于悠闲，局面的危机感不足，遭到红方的突袭以致迅速崩溃。黑应改走象5退3，红如车二平三，则车3进1，车三退一，车9进3，车八进三，象7进5，马五进六，车3平4，车三平二（如马七进八，则车4进2，车三平四，车4平5，相七进五，车5退3，车八平五，车9平5，黑方可以抗衡），车4进2，车二平四，车4平3，马七退五，车3平5，车四进一，炮6平7，相七进五，车9平6，兵五平四，车5平7，车八平九，炮7平9，兵九进一，炮9进4，黑方可以一战。

17. 车二平四　车3进1　　18. 马五进六　…………

红方见时机成熟，窝心马跳出凌空一击，让对方猝不及防。

18. …………　车3进3　　19. 兵五进一　象7进5

20. 马六进五　…………

红方马跃当顶，杀机四伏，抢先夺势，这步棋是整个战术组合的精华所在！

20. …………　车3退7

黑方只有走车3平4，则车四退一，炮6平8，车八进六，车4退7，车八平六，将5平4，车四进一，黑方不致速败，但局面相差很多，红方大占优势。

21. 车四进一

以下黑方不能走士5进6吃车，因马五进四，如将5进1，则车八进五杀；再如将5平4，则车八平六杀。此时黑马也逃不了（如马6进7，则车四平五，黑方崩溃），只好投子认负了。

第10局

北京唐丹（先负）黑龙江王琳娜

（2011年9月29日于重庆）

第一届"重庆黔江杯"全国象棋冠军争霸赛

1. 炮二平五　马2进3　　2. 马二进三　炮8平6
3. 车一平二　马8进7　　4. 兵七进一　卒7进1
5. 炮八进四　象3进5　　6. 马八进七　士4进5
7. 炮八平五　炮6进5　　8. 马七进六　车1平4
9. 前炮平九　车4进5　　10. 车九平八　炮2退2

双方以五八炮进七兵对反宫马进7卒列阵，形成一路红方弃子抢攻的变化。此时黑方退炮保持多子，态度颇为强硬，局面由此更为复杂。另有炮2进

4、炮2进5等走法，另有不同攻守变化。

11. 车二进七　车9进2　　12. 车二平一　象7进9
13. 仕四进五　炮6退2　　14. 炮五进五　士5退4
15. 炮九退二　…………

红方如改走车八进七捉马，则局面也较为复杂。

15. …………　车4平3(图10)　　16. 炮九进三　…………

如图10形势，红方进炮作用不大，是局面被动的根源。此时只有相三进五，车3平4，炮九平四，车4平6，炮五退三，变化尚多。

王琳娜

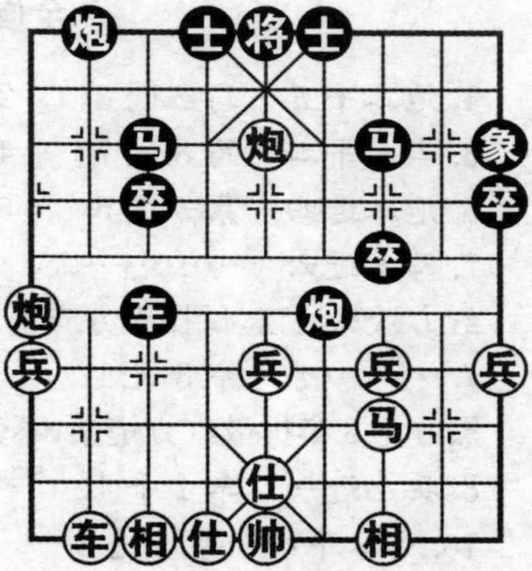

唐丹

图10

16. …………　马7进5
17. 相三进五　车3平4
18. 车八进七　炮2平3
19. 兵五进一　…………

红方不能走炮九平七，因黑方可车4退3，此时也没有什么有效的进攻手段了。

19. …………　车4平2

黑方逼兑红车，形成优势局面。

20. 兵五进一　车2退3
21. 炮五平八　马5退4
22. 炮八平一　卒3进1　　23. 炮九退三　炮6平5
24. 兵三进一　马3进2　　25. 帅五平四　马4进6
26. 兵五平四　卒7进1　　27. 炮九平三　马6进4
28. 炮三进五　将5进1　　29. 马三进二　炮3进3

黑方高炮卒林守住要道，不给红方任何反扑的机会。

30. 兵九进一　马2进3　　31. 兵九进一　炮5平2
32. 炮三退一　马3退5　　33. 炮一进一　将5退1
34. 炮三进一　将5进1　　35. 炮三退一　将5退1
36. 相五进七　卒3进1　　37. 炮三进一　将5进1
38. 炮三退一　将5退1　　39. 炮三进一　将5进1
40. 兵四平五　炮3进6　　41. 帅四进一　炮3退1
42. 仕五进四　马5进4　　43. 帅四平五　炮2平8

44. 兵五进一　后马进5　　45. 炮三退一　将5退1

黑胜。

第11局

黑龙江陶汉明(先负)上海洪智

(2007年9月6日于呼和浩特)

全国象棋个人赛

1. 炮二平五　马2进3　　2. 马二进三　炮8平6
3. 车一平二　马8进7　　4. 兵七进一　卒7进1
5. 炮八进四　象3进5　　6. 马八进七　士4进5
7. 马七进六　…………

红方跃马河口,试探黑方应手。

7. …………　卒3进1

黑方兑3卒拆散红方炮架,不失为灵活的走法。

8. 兵七进一　车1平4　　9. 车二进四　车9平8
10. 车二平四　象5进3　　11. 炮八平七　…………

红方平炮压马,保持变化的走法。如改走炮五平六,则马3进4,炮六进三,车4进4,炮八退四,炮6平4,马六退七(如炮八平六,则炮2进3),车4进4,炮八平九,炮2平3,车四平六,车4退3,马七进六,车8进5,马六进八,炮3平2,马八退七,车8平2,黑方易走。

11. …………　车8进6
12. 炮五平六　车4平2
13. 车九平八　炮6平4
14. 马六进四　象3退5
15. 炮六平七　炮2平1(图11)
16. 马四进五　…………

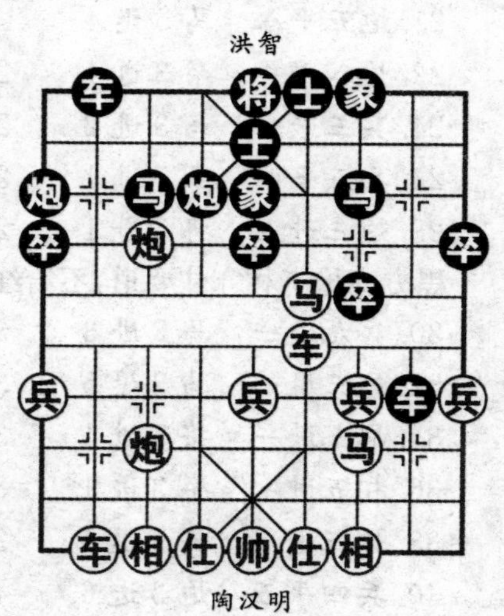

图11

如图11形势,红方弃马踏象,寻求变化的走法,但实战证明效果不佳。不如改走车八进九,马3退2,马四进三,炮4平7,车四平八,马2进4,前炮进二,炮1平2,相

七进五，红方较为易走。

16. ………… 象7进5

黑方以象飞马，正着。如改走车2进9，则马五进三，将5平4，后炮平六，红胜。

17. 车八进九 马3退2 18. 车四平八 马2进4

19. 前炮进二 炮1进4

黑炮打兵，防止红炮平边作攻，紧凑有力的走法。

20. 后炮平六 车8平7 21. 相七进五 马7进6

22. 车八进五 士5退4 23. 炮六进六 车7进1

24. 炮七进一 将5进1 25. 车八退二 车7退1

黑方退车捉中兵，准备弃还一炮畅通车路，是大局感极强的走法。如改走炮4进4逃炮，则车八进一，黑方反有麻烦。

26. 车八平六 车7平5 27. 炮七退一 将5退1

28. 车六平七 士4进5 29. 炮六退六 …………

红方如改走炮七进一，则车5平2，黑亦大占优势。

29. ………… 马6进4 30. 仕六进五 车5平2

黑方形成车马炮三子归边之势，且净多三卒，红方难以对抗，遂停钟认负。

第12局

上海洪智（先胜）河北阎文清

（2007年12月23日于河北承德）

首届“来群杯”象棋名人战

1. 炮二平五 马2进3 2. 马二进三 炮8平6

3. 车一平二 马8进7 4. 兵七进一 卒7进1

5. 炮八进四 士4进5 6. 炮八平五 马3进5

7. 炮五进四 炮6平5

黑方补架中炮，试探红方应手。如改走象3进5，则马八进七，卒3进1，兵七进一，车1平3，车九平八，车3进4，马三退五，也是红占先手。

8. 炮五退一 车9进1 9. 马八进七 车9平6

10. 车九平八 车6进3 11. 炮五退一 炮2平4

12. 相七进五 卒3进1 13. 车二进六 炮5进1

黑方升炮拦车，忽略了红方进骑河车拴链的手段，但如改走卒3进1，则车二平七，也是红方持先。

14. 车八进五 …………

红方把握时机，迅速进车骑河进行拴链，紧凑有力之着。

14. ………… 象3进5 15. 兵七进一 车1平3(图12)

16. 兵七平六 …………

如图12形势，红方平兵弃马，伏有先弃后取的战术手段，是扩大先手的巧妙之着，出乎黑方所料。

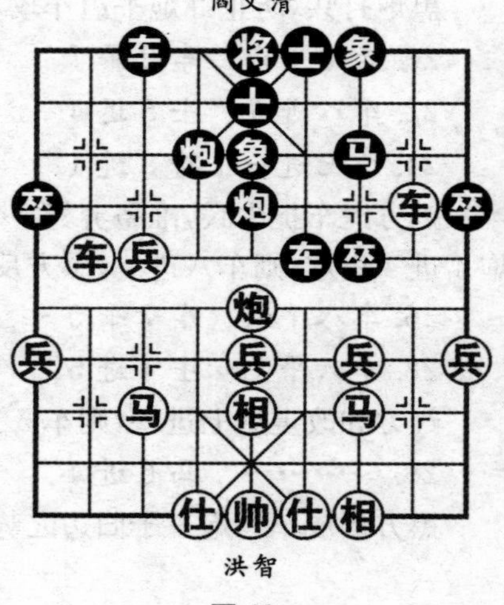

图12

16. ………… 车3进7

17. 兵六平五 炮5进2

黑方如改走车6进3，则兵五进一，车6平7，兵五进一，象7进5，车八进四，炮4退2，车二平三，马7退8，车三平六，炮4平3，车八退二，红方弃子占势易走。

18. 前兵平四 炮5进2

黑方舍炮轰相，力求一搏的走法，如逃炮，红亦多兵大占优势。

19. 相三进五 车3平5

20. 马三退五 炮4平3

21. 车二平七 炮3退2

22. 车七退四 车5退1

23. 车八平五 …………

红方多一车，通过强兑抢回中路，简明有力之着。

23. ………… 车5平7 24. 马五进三 车7平1

25. 兵四进一 车1平6 26. 兵四平三 马7退8

27. 车七进四 炮3平4 28. 马三进五 卒9进1

29. 马五进七 士5进4 30. 车五退二 车6退1

31. 马七进八 …………

红马跃至好位，其势更盛了。

31. ………… 士6进5 32. 车五平二 马8进9

33. 兵三进一 卒7进1 34. 车二进三 车6退1

35. 车二平一　车6平8　36. 车七平二　…………

红方利用多车之利平与邀兑，黑如逃车，则红方可兵三平二捉死马取胜。黑方如兑车，则形成有车杀无车之势，红方车马兵也可胜，黑方难以支撑了。

36. …………　车8平5　37. 仕六进五　车5平3

38. 仕五退六　车3平5　39. 仕六进五　卒7进1

黑方属于一将一捉，需要变着。

40. 兵三平二　车5平3　41. 仕五退六　卒7平6

42. 兵二进一　卒6进1　43. 仕四进五

黑方少子不敌，遂停钟认负。

第13局

浙江赵鑫鑫(先胜)北京王跃飞

(2008年11月16日于东莞)

第3届“杨官璘杯”全国象棋公开赛

1. 炮二平五　马2进3　2. 兵七进一　炮8平6

3. 马八进七　马8进7　4. 炮八平九　…………

红方平边炮准备开出左车牵制对方，是近年来比较流行的走法。如改走马七进六，士4进5，炮八平七，象3进5，车九平八，炮2平1，马二进三，车9平8，黑可对抗。

4. …………　车9平8　5. 马二进三　车1平2

黑方出右车，改进后的走法。如改走车8进4，则车九平八，卒3进1，车八进四，士4进5，车一平二，车8平4，车二进四，卒3进1，车八平七，马3进2，兵九进一，象3进1，炮九进四，象1进3，兵九进一，炮6平3，车七平六，车4进1，车二平六，象3退5，车六平七，炮3退2，兵九平八，车1进3，兵三进一，炮3进7，车七退二，车1进2，相三进一，红占优势。

6. 车九平八　车8进5　7. 兵五进一　炮2平4

8. 车一进一　士4进5　9. 车一平四　卒7进1

黑方冲7卒，活通左马。也可考虑改走炮6平5，车四进二，炮2进2，似要比实战走法灵活。

10. 车四进二　炮2进2　11. 兵三进一　车8退1

黑方退车，力求稳健的走法。

12. 兵五进一　炮6平5　　13. 马三进五　炮5进2

14. 炮五进三　卒5进1　　15. 马五进六　马7进5

16. 马七进八　…………

红方进马拦车捉炮，双方由此挑起争斗。

16. …………　卒3进1　　17. 车八进一　马3进4

18. 兵七进一　马4退5

黑方退马，无奈之举。如改走马5进3，则车八平七，车2进5，车七进四，红方优势。

19. 兵七平六　卒7进1　　20. 炮九平三　前马进7

黑方垫马解杀，失策。不如改走象7进9，红如接走车四平五（如兵六进一，则前马进7，黑不难走；又如车四进三，则前马退3，兵六平七，卒5进1，兵七进一，马5进4，黑方易走），则卒7平6，兵六平五，前马进7，要比实战走法为好。

21. 兵六平五　卒7进1

黑方如改走象7进9，则兵五平四，卒7进1，兵四平三，红方得子占优。

22. 车四平三　马7退6　　23. 兵五进一　车8平5

24. 车八平五　车5进4　　25. 仕六进五　车2进5（图13）

26. 兵五平四　…………

如图13形势，红方平兵捉肋马，争先取势的有力之着。如改走兵五进一，则象7进5，立成和势。

王跃飞

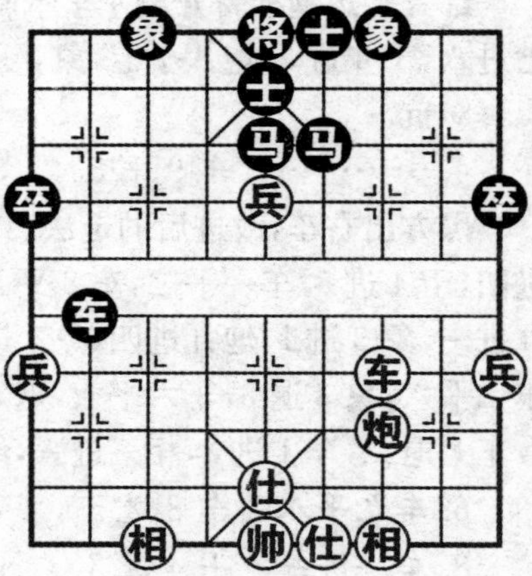

赵鑫鑫

图13

26. …………　马5进6

黑方如改走象7进9，则兵四进一，士5进6，车三进四，红亦得士象占优。

27. 兵四进一　象7进5

28. 车三平七　士5进6

黑方另有车2平7，炮三平五，车7平5，兵四进一，车5退2坚守的选择，也是红方占优，但似要比实战走法顽强。

29. 炮三平五　车2平5

30. 车七进六　将5进1

31. 车七退三　卒1进1

黑方如改走马6进4，则车七退二，将5平6，炮五平八，红方得子。

32. 车七平四　马6进7　33. 车四退三　马7退8
34. 车四进四　…………

红方接连破去黑方士象，已是胜利在望了。

34. …………　将5平4　35. 车四进一　士6进5
36. 炮五平六　车5平6　37. 车四平二　马8退6
38. 炮六退二　将4退1　39. 车二进一　将4进1
40. 车二平一

黑方缺士少象又少卒，遂停钟认负。

第14局

黑龙江王琳娜（先负）河北胡明

（2011年4月13日于江苏句容）

第三届"句容茅山·碧桂园杯"全国象棋冠军邀请赛

1. 炮二平五　马2进3　2. 兵七进一　炮8平6
3. 马八进七　马8进7　4. 炮八平九　车9平8
5. 马二进三　卒7进1

黑方此时的主流变化是车8进4，以下红方主要有两种走法：①车九平八，卒3进1，车八进四，卒3进1，车八平七，象3进5，马七进六，炮2退1，车一平二，车8进5，马三退二，炮2平3，炮五进四，士4进5，炮五平七，马3进5，炮七平三，炮3进8，车七退四，马5进4，兵五进一，车1平2，黑方满意。②车一平二，车1平2，车九平八，车8进5，兵五进一，炮2进4，车一进一，士4进5，车一平四，双方互抢先手。

6. 车九平八　士4进5　7. 马七进六　炮2平1

黑方如改走车8进5，则马六进五，马3进5，炮五进四，象3进5，相三进五，红方易走。

8. 马六进五　马3进5（图14）　9. 炮九进四　…………

如图14形势，红方边炮发出，似先实后，棋形有嫌失调。应直接走炮五进四，象3进5，相三进五，红方先手。

9. …………　炮1平4

黑方平肋炮，正着。如改走炮1进4，则炮九平五，象3进5，车八进五，红方先手。

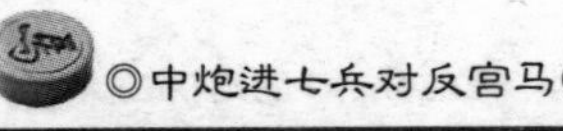

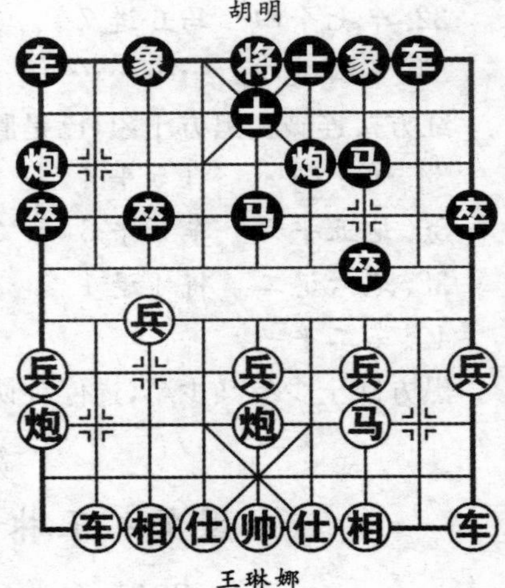

图 14

10. 炮九平五　炮 6 平 5

11. 前炮退一　…………

红方如改走仕四进五，则马 7 进 5，炮五进四，车 8 进 7，车一进二，车 8 退 4，炮五退二，车 8 平 5，炮五进三，象 7 进 5，车八进三，车 1 进 4，红方虽然多兵，但黑方子力灵活，红方并无便宜。

11. …………　车 8 进 6

黑方进车兵线，袭击红方三路弱马，紧凑之着。

12. 后炮平九　…………

红方平边炮贪吃底象，过于弄险。不如改走车八进三，局面互缠。

12. …………　车 1 进 6　13. 车八进九　马 7 进 5

14. 兵五进一　…………

红方如改走车八平七，则士 5 退 4，炮九平五，炮 5 进 2，炮五进三，炮 4 平 5，兵五进一，车 8 退 1，炮五进二，象 7 进 5，车七退三，车 8 平 5，相三进五，车 1 平 7，黑方优势。

14. …………　车 8 退 1　15. 车八平七　士 5 退 4

16. 炮九平五　…………

红方如改走炮五进二，则象 7 进 5，车七退三，车 8 平 5，仕四进五，虽然形势不利，但对黑方还有牵制。

16. …………　车 8 平 5　17. 后炮退一　…………

速败走法，但如改走前炮进二，则象 7 进 5，车七退三，马 5 进 6，也是黑方大占优势。

17. …………　车 1 平 4　18. 前炮平九　车 5 平 4

黑方亦可改走车 4 进 2，更为严厉。

19. 炮九退五　炮 5 进 6　20. 仕四进五　马 5 进 6

黑方强子俱活，占位极佳，红方已经难以抵挡黑方强大的攻势。

21. 马三退四　炮 4 平 5　22. 马四进五　马 6 进 8

23. 车一进二　马 8 进 7　24. 帅五平四　前车平 6

25. 仕五进四　炮 5 平 6　26. 炮九进一　马 7 退 5

黑胜。

第15局

湖北柳大华(先胜)山东王秉国

(1985年4月19日于西安)

全国象棋团体赛

1. 炮八平五　马8进7　　2. 兵三进一　炮2平4

3. 马二进三　马2进3

形成中炮快马对反宫马的阵势。黑方如改走炮4进5,则车九进二,炮4平7,炮五退一,炮7退1,车九平三,红方可弃子抢先。

4. 马三进四　士6进5

黑方也可改走象7进5,使左马生“根”。

5. 炮二平三　象7进5　　6. 车一平二　车9平8

7. 马八进七　车1平2　　8. 车九进一　卒3进1

黑方挺卒活通右马,也可改走车2进4,准备平车顶马争先。

9. 车二进四　车2进5　　10. 马四进三　卒3进1

11. 兵七进一　车2平3　　12. 车九平四　炮8进1

黑方升炮别马,防止红方马三进一捉车争先。

13. 相七进九　车3进1　　14. 车四进四　炮4进2

15. 炮五平四　炮4平3

黑方应改走炮4平5,红如相三进五,则马3进4,要比实战走法为好。

16. 相三进五　炮3进3　　17. 炮四平七　车3平5

18. 相九进七　车5平3　　19. 炮七退二　…………

以上几个回合的交换,黑方虽然谋得中兵,并打通了兵线,但大子位置欠佳,易受打击。

19. …………　马3退1　　20. 车四进三　车3平7

21. 炮七进二　炮8进1　　22. 仕六进五　马1进2

23. 车四平三　车8进2　　24. 炮三平二　…………

红方平炮拴链黑方无根车炮,巧妙地谋得一子,为取胜奠定了基础。

24. …………　马2进3

25. 炮二进三　马3进2(图15)

26. 马三进五　…………

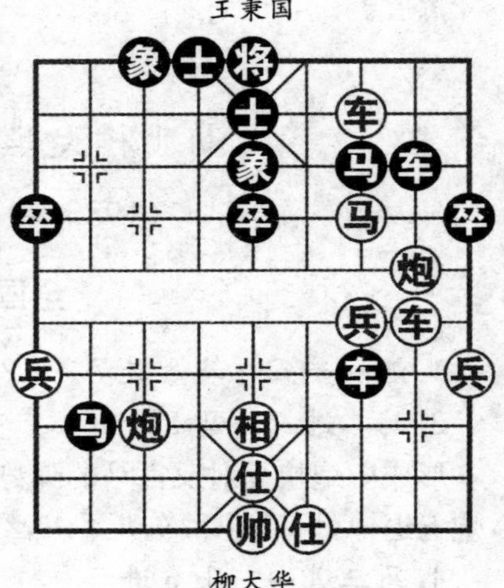

图 15

如图 15 形势，红方马踏中象，构思巧妙！黑如续走象 3 进 5 吃马，则炮二平五，车 8 进 3，炮五进二，士 5 退 6，炮七进七，红方速胜。

26. …………　士 5 进 4
27. 马五退三　士 4 进 5
28. 炮二平八　车 8 进 3
29. 炮八进四　士 5 退 4
30. 车三平七　马 7 退 5
31. 车七平六　马 5 进 7
32. 马三退二　马 2 进 1

黑方如改走车 7 平 3，则炮七进七，车 3 退 6，车六进一，将 5 进 1，车六平七，红方得车。

33. 车六退一　马 7 进 6　　34. 马二进三　车 7 平 3
35. 帅五平六

黑如接走车 3 进 1(如车 3 退 5，则车六进二，将 5 进 1，车六平五，红胜)，则车六进二，将 5 进 1，车六退一，红胜。

第 16 局

河北李来群(先负)上海胡荣华

(1984 年 12 月 7 日于广州)

全国象棋个人赛

1. 炮二平三　马 2 进 3　　2. 兵七进一　卒 7 进 1
3. 马二进三　炮 8 平 6　　4. 车一平二　马 8 进 7
5. 车二进六　车 9 进 2

形成中炮七兵过河车对反宫马的阵势。黑方高边车保马，加快主力出动速度，并准备伺机左马盘河逐车争先。

6. 马八进七　炮 6 进 5

黑方进炮串打，是“反宫马”方寻求对攻的一种重要战术手段。

7. 炮五进四　马 3 进 5

黑方以马踩炮，稳健的走法。如改走炮6平2，则炮五退二，炮2平7，车九平八，红方弃子占势易走。

8. 炮八平四　马5进6　　9. 车九平八　车9平8

黑方乘势逼兑红车，灵活的走法。如改走炮2平5，则仕四进五，马6进7，车二退四，红方多兵易走。

10. 车二进一　炮2平8　　11. 炮四进一　车1进1

12. 车八进五　象7进5　　13. 兵五进一　车1平4

14. 马三进五(图16)　车4进6

如图16形势，黑方进车仕角，是扰乱红方阵势反夺主动的巧妙之着。

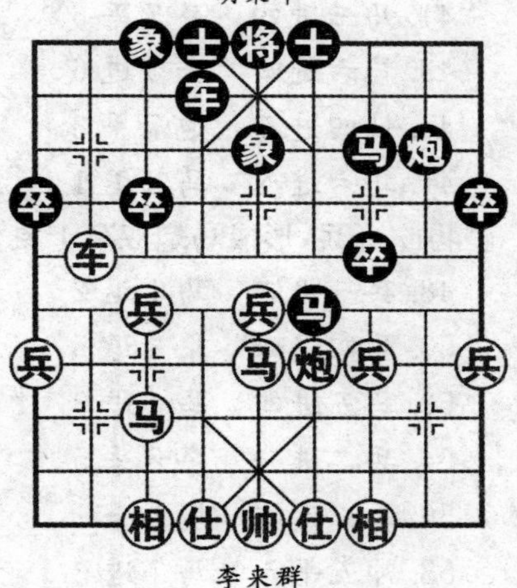

图16

15. 炮四退二　…………

红方如改走仕六进五，则车4平7，黑方优势；又如改走相三进五，则炮8进7，仕四进五，车4退4，也是黑方优势。

15. …………　炮8进2

16. 车八进三　士6进5

黑方补士拦车，不让红方主力增援右翼，老练的走法。

17. 仕六进五　车4平8

18. 车八平七　车8进2

19. 仕五进四　马6进7

黑方献马，巧妙！由此打开了攻击红方九宫的缺口。

20. 马五退三　车8平7　　21. 马七进五　车7退1

22. 兵五进一　炮8进5　　23. 帅五进一　炮8退3

24. 兵三进一　卒7进1　　25. 车七退二　…………

红方如改走马五进三，则车7退1，马三进四，车7平6，车七退二，炮8进2，黑方得子胜势。

25. …………　马7进8　　26. 车七平一　卒7平6

27. 车一平三　炮8进2　　28. 帅五进一　炮8进1

29. 帅五进一　炮8平7　　30. 马五进六　车7平6

舍车砍炮得回一子，黑方可占兵种齐全之利，且有卒过河助战，是简明的走法。

31. 帅五平四　炮7退6　32. 兵五进一　卒6平7
33. 马三退一　卒7进1　34. 兵一进一　炮7进1
35. 马六进四　炮7平6　36. 帅四平五　马8进6
37. 帅五退一　炮6进3

黑方谋得一仕，红边马受困，已难抗衡了。

38. 马四进三　将5平6　39. 马一退三　炮6平7
40. 前马退四　马6退5

黑方退马吃掉红方过河兵，使红方减少反击的可能。

41. 马三进四　卒7平6　42. 后马进六　马5进4
43. 马六进四　士5进6　44. 前马退六　炮7进2
45. 仕四进五　炮7平3　46. 兵一进一　马4进3
47. 马六进八　马3退1

再吃一兵，形成马炮双卒士象全对双马双兵单仕的残棋，黑方已稳操胜算。

48. 兵一平二　马1退2　49. 兵七进一　象5进3
50. 马四退六　象3退5　51. 马六进五　马2进4
52. 马五进四　马4进3　53. 马四进二　将6进1
54. 兵二进一　卒6平5　55. 马二退三　将6退1
56. 马三退四　炮3平1　57. 仕六进五　马3进1
58. 帅五平六　马1进3　59. 帅六进一　炮1退2
60. 马八退七　卒5进1

进卒瞄仕，黑方展开攻击。

61. 马四退六　卒1进1　62. 仕六退五　卒1进1
63. 仕五退六　炮1平3　64. 马六进四　卒1平2
65. 马七进六　马3退2　66. 马四退五　炮3退4
67. 帅六平五　马2退4　68. 帅五平六　炮3平8
69. 马五进三　炮8退2　70. 马三进四　炮8平4
71. 马四进五　士4进5　72. 马五退三　炮4退1
73. 马三进二　将6进1　74. 马二退三　将6退1
75. 马三进二　将6进1　76. 马二退三　将6退1
77. 帅六进一　马4退6

红如接走马六退四，则士5进4，黑方得子胜定。

第 17 局

广东许银川(先胜)上海洪智

(2007 年 6 月 6 日于上海)

全国象棋甲级联赛

1. 炮二平五　马 2 进 3　2. 兵七进一　卒 7 进 1

3. 马二进三　炮 8 平 6　4. 车一平二　马 8 进 7

5. 车二进六　象 3 进 5

黑方补象,似不如改走车 9 进 2 更具反弹性。

6. 马八进七　士 4 进 5

黑方补士,巩固阵势。如改走炮 6 进 5 串打,则炮五进四,马 3 进 5,炮八平四,红方多中兵易走。

7. 马七进六　车 9 平 8　8. 车二进三　…………

红方进车应兑,稳健的走法。如改走车二平三,则炮 2 进 4,马六进四,马 7 退 9,红方无便宜可占。

8. …………　马 7 退 8　9. 炮八平九　车 1 平 4

10. 车九平八　车 4 进 5　11. 车八进七　车 4 进 1

12. 炮九进四　车 4 平 1　13. 炮九平五　马 3 进 5

14. 车八进二　士 5 退 4　15. 炮五进四　士 6 进 5

16. 车八退四　炮 6 进 5　17. 车八平五　…………

红方平中车保兵,似笨实佳之着,可以确保多兵之利。如改走兵五进一,则车 1 平 7,红方反有麻烦。

17. …………　马 8 进 7　18. 炮五平四　炮 6 退 3

19. 炮四进二　车 1 退 4　20. 车五退一　炮 6 平 1

21. 马三退五　车 1 平 4　22. 马五进七　马 7 进 6

23. 车五平四　卒 3 进 1　24. 相三进五　车 4 进 2

25. 兵七进一　车 4 平 3　26. 马七进八　车 3 平 2

27. 炮四平二　马 6 退 7　28. 马八退六　炮 1 进 2

黑方如改走车 2 进 2,则马六进五,车 2 平 5,马五退七,红可得子。

29. 兵五进一　炮 1 平 7　30. 兵五进一　车 2 进 2

31. 马六进八　炮 7 平 8　32. 马八进七　象 5 退 3

33. 炮二退二　象7进5　　34. 仕四进五　炮8进3

35. 马七进六　车2退5

黑方退车捉马，失算。应改走车2平7，红如接走帅五平四(如仕五进六，则车7平4，马六退八，炮8退5)，则卒7进1，车四平三，车7进3，帅四进一，车7退4，相五进三，较易谋和。

36. 炮二进二　车2进2(图17)

37. 兵五进一　…………

如图17形势，红方虎口硬献中兵，构思十分巧妙，顿令黑方进退维谷！黑如接走马7进5，则车四进二，红方得子胜势。

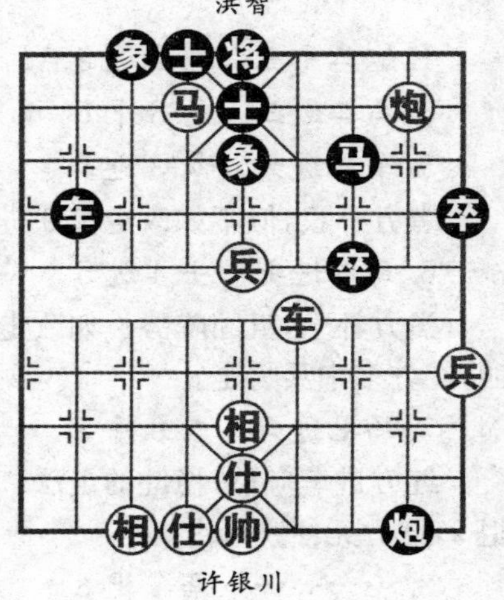

图17

37. …………　车2进1

38. 炮二平三　炮8退9

39. 车四平二　炮8平7

40. 兵五进一　…………

红兵破象，其势更盛。

40. …………　车2平6

41. 车二进五　车6退4

42. 兵五平四　…………

红方虎口再次献兵，妙！

42. …………　马7进6　　43. 炮三平一　炮7进1

44. 炮一进一　炮7平4　　45. 炮一平四　士5退6

46. 兵四进一　士4进5　　47. 兵四平五　将5进1

48. 车二平四　马6进7　　49. 车四平一　炮4进5

50. 车一退一　将5退1　　51. 车一退二　象3进5

52. 兵一进一　炮4退2　　53. 车一平二

黑方马炮象不敌红方车兵的攻击，遂停钟认负。

第18局

重庆洪智(先胜)河北张江

(2005年11月1日于山西太原)

全国象棋个人赛

1. 炮二平五　马2进3　　2. 马二进三　炮8平6

3. 车一平二　马 8 进 7　　4. 兵七进一　炮 2 平 1

形成中炮进七兵对反宫马平边炮的阵势。黑方平炮亮车，演成三步虎的阵势。一般多走卒 7 进 1，炮八进四，象 3 进 5，马八进七，双方另有不同攻守。

5. 炮八进四　…………

红方进炮，窥视黑方中卒。

5. …………　车 1 平 2

黑方出车捉炮，准备舍弃空头抢攻，力争主动的走法。如改走士 4 进 5，则马八进七，红仍持先。

6. 炮八平五　马 3 进 5　　7. 炮五进四　车 2 进 7(图 18)

黑方进车捉马，不甘落后的走法。

张江

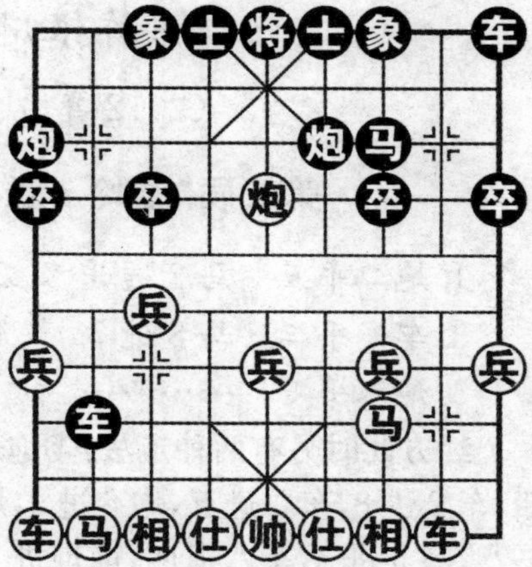

洪智

图 18

8. 车九进二　…………

如图 18 形势，红方进车舍马硬兑，力争主动的有力走法。如改走相七进五，则炮 6 平 2，马八进六，车 2 平 4，炮五退二，车 4 进 1，车二进五，车 4 退 6，黑不难走。

8. …………　车 2 进 2

黑方如改走车 2 平 1，则相七进九，炮 6 进 4，炮五退二，车 9 平 8，车二进九，马 7 退 8，马八进七，也是红占主动。

9. 车二进五　炮 6 平 2

10. 炮五退二　炮 2 进 3

11. 兵七进一　车 9 平 8

12. 车二平六　车 2 平 3

13. 车九平六　炮 1 退 2

14. 相三进五　…………

红方补相捉车，减少黑方的反击力度，老练的走法。如改走兵七进一，则车 3 退 4，红方反而麻烦。

14. …………　车 3 退 3　　15. 仕六进五　炮 2 进 4

16. 帅五平六　车 3 平 1　　17. 后车平八　车 1 进 3

18. 帅六进一　车 1 退 1　　19. 帅六退一　车 1 进 1

20. 车六进一　车 8 进 1

黑方“一将一要抽”属于两打对一打，所以必须变着。

21. 兵三进一　…………

红方挺三兵，准备让出右马助攻，已是胜利在望了。

21. …………　车1退1　22. 帅六退一　车1进1

23. 帅六进一　炮2平5　24. 车八进七　…………

红方沉车催杀发起猛烈的攻击，顿令黑方难以招架了。

24. …………　车1退1　25. 帅六退一　车1进1

26. 帅六进一　车8平3　27. 马三进四

黑方难以解拆红方车六进四，将5进1，马四进五的杀着，遂停钟认负。

第19局

广东许银川（先胜）北京王跃飞

（2012年9月25日于浙江温岭）

第二届"温岭·长屿硐天杯"全国象棋国手赛

1. 炮二平五　马2进3　2. 马二进三　炮8平6

3. 车一平二　马8进7　4. 兵七进一　炮2平1

5. 炮八平七　…………

红方此时另有两种走法：①炮八进四，车1平2，炮八平五，马3进5，炮五进四，车2进8，车二进五，炮6进2，炮五退二，炮6平1，车二平五，马7进5，车五平八，马5进7，车八退四，前炮进5，相三进五，车9平8，黑方满意。②炮八平六，车1平2，马八进七，卒7进1，马七进六，士6进5，车九进二，还原成五六炮进七兵对反宫马的流行变化。

5. …………　象3进5　6. 炮七进四　车1平2

7. 马八进七　卒7进1　8. 马七进六　…………

红方跃马河口，新的尝试。以往多走车二进六，车9平8，黑方满意。

8. …………　士4进5　9. 马三退五　卒1进1（图19）

10. 车九进一　…………

如图19形势，红方高横车，保持变化。如改走马五进七，则卒1进1，兵七进一，象5进3，车九进一，炮6进5，兵三进一，卒7进1，车九平三，炮6平3，炮七退四，车2进5，炮七进五，车2平4，兵九进一，将5平4，仕四进五，车9平8，车二进九，马7退8，双方平稳。

10. …………　卒1进1

11. 兵七进一　马 3 进 1

黑方进边马，争先之着。如改走象 5 进 3，则车九平七，车 2 平 4，车七进三，卒 1 进 1，马五进七，红方先手。

12. 兵七平八　…………

红方如改走马六进五，黑方可炮 6 进 6 或马 7 进 6 扰乱局势，形成混战局面。

12. …………　车 2 平 4

13. 马五进七　马 1 进 2

14. 炮五平六　炮 1 平 4

红方平炮打车，精妙！黑方平炮无奈，如改走马 2 进 3，则炮六进七，马 3 进 1，炮六平九，黑方右翼空虚，红方有强大攻势。

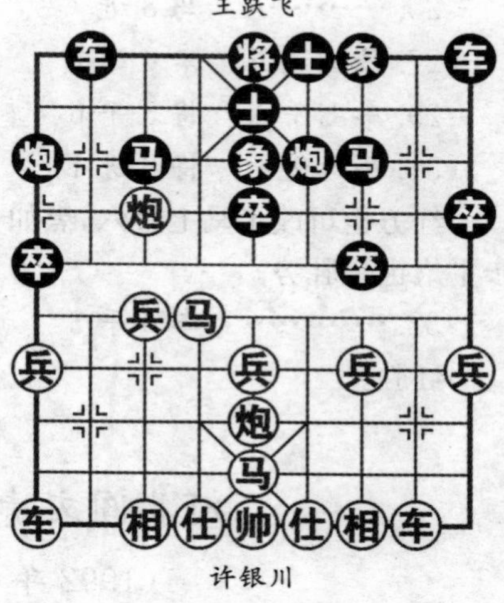

图 19

15. 炮六进五　…………

红方炮六进五，着法简明。如改走马六进五，则车 4 平 3，马七进六，马 7 进 6，炮六进五，炮 6 平 4，兵九进一，马 2 进 3，马六退七，车 3 进 3，马七进六，马 6 进 4，马五退六，车 3 进 6，马六进四，车 9 进 2，红方不易控制局面。

15. …………　炮 6 平 4　16. 兵九进一　炮 4 进 7

黑方炮打底仕有些冒险，不如改走炮 4 平 3，则车二进二，马 2 进 3，马六退七，卒 9 进 1，可能比实战走法好一些。

17. 马六退八　…………

红方退马阻击，从容化解黑方攻势。

17. …………　车 4 进 6　18. 马七进八　车 4 平 2

19. 炮七平八　炮 4 退 4

黑方退炮骑河，力求一搏的走法。如改走炮 4 退 9，则车九平七，炮 4 平 2，仕四进五，红方优势。

20. 车九平七　车 2 平 5　21. 相三进五　炮 4 平 5

22. 帅五平六　…………

红方帅五平六，稳健的走法。

22. …………　车 9 平 8　23. 车二进九　马 7 退 8

24. 炮八进三　士 5 进 4　25. 兵八进一　…………

黑方右翼空虚，已难以阻止红方车马炮兵的侧翼攻势。

25. ………… 马8进7　26. 兵八进一　车5平6
27. 仕四进五　车6退2　28. 车七进六　将5进1
29. 车七平六　将5平6　30. 炮八退一　炮5进3
31. 马八进七　将6进1　32. 车六进一　…………

红方也可改走马七进六，黑如士6进5，则炮八平五，将6退1，炮五进一，下步平炮也是胜势。

32. ………… 车6平3　33. 车六平三

红胜。

第20局

河北阎文清（先负）上海胡荣华

（1992年6月30日于烟台）

"蓬莱阁杯"象棋精英赛

1. 炮二平五　马2进3　2. 马二进三　卒7进1
3. 兵七进一　炮8平6　4. 车一进一　马8进7
5. 马八进七　车9平8

形成中炮横车七路马对反宫马的阵势。黑方出车，稳正的走法。如改走炮6进5，则车一平七，黑方无便宜可占。

6. 炮八平九　…………

红方平边炮，求变的走法。如改走车一平四，则士4进5，炮八平九，炮2进2，黑有反击之势。

6. ………… 炮2进4

黑方右炮过河，是力争主动的走法。如改走马7进6，则车九平八，红方主动。

7. 马七进六　…………

红方左马盘河，准备强攻中路。也可改走兵五进一，防止黑方右炮左移。

7. ………… 炮2平7　8. 马六进五　象7进5

黑方补象，稳健的选择。如改走炮7进3，则仕四进五，马3进5，炮五进四，炮6进7，帅五平四，马7进5，炮九平五，形成对攻激烈难以把握的复杂局面。

9. 相三进一　马3进5　10. 炮五进四　士6进5
11. 车九平八　车1进2　12. 兵五进一　车8进6

黑方左车抢占兵线控制要道，是攻守两利之着。

13. 兵五进一　卒 7 进 1　　14. 炮五平九　…………

红方双车无好点可占，遂炮打边卒谋取实利。如改走车八进二，则车 1 平 4，也是黑方易走。

14. …………　炮 7 平 2　　15. 车八进二　车 1 平 4

16. 仕四进五　车 4 平 2

黑方右车再平二路，含蓄有力。

17. 车一退一（图 20）　炮 2 平 9

如图 20 形势，黑方炮击边兵兑车，一击中的！

18. 车八进五　炮 9 进 3

19. 车八进二　卒 7 进 1

20. 兵五进一　卒 7 进 1

21. 兵五进一　炮 6 进 7

黑方献炮"将军"，妙！红如接走帅五平四，则卒 7 进 1，帅四平五，卒 7 平 6，绝杀黑胜。

22. 相一退三　炮 6 退 6

黑胜。

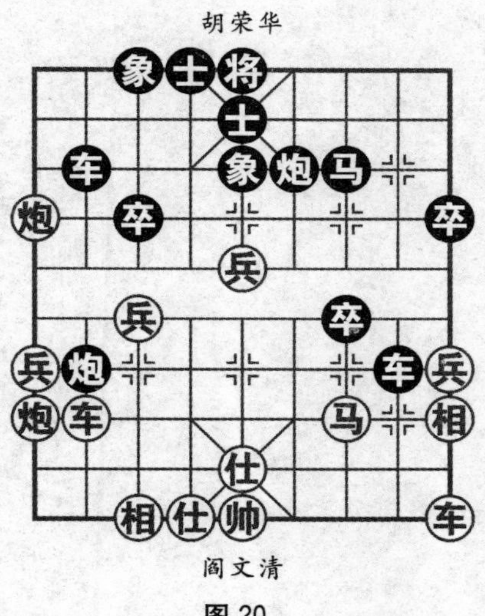

图 20